# 青岛市创新创业生态发展报告

青岛市持续深入优化营商环境和推进政府职能转变领导小组办公室
青岛市社会科学院 编

中国海洋大学出版社

·青岛·

**图书在版编目(CIP)数据**

青岛市创新创业生态发展报告 / 青岛市持续深入优化营商环境和推进政府职能转变领导小组办公室,青岛市社会科学院编. —青岛: 中国海洋大学出版社,2022.12

ISBN 978-7-5670-3381-8

Ⅰ.①青… Ⅱ.①青…②青… Ⅲ.①人才—创新工程—社会环境—研究报告—青岛 Ⅳ.①C964.2

中国版本图书馆 CIP 数据核字(2022)第 242463 号

QINGDAOSHI CHUANGXIN CHUANGYE SHENGTAI FAZHAN BAOGAO

青 岛 市 创 新 创 业 生 态 发 展 报 告

| | | | | |
|---|---|---|---|---|
| 出版发行 | 中国海洋大学出版社 | | | |
| 社　　址 | 青岛市香港东路 23 号 | | 邮政编码 | 266071 |
| 出 版 人 | 刘文菁 | | | |
| 网　　址 | http://pub.ouc.edu.cn | | | |
| 电子信箱 | coupljz@126.com | | | |
| 订购电话 | 0532－82032573(传真) | | | |
| 责任编辑 | 李建筑 | | 电　　话 | 0532－85902505 |
| 印　　制 | 青岛国彩印刷股份有限公司 | | | |
| 版　　次 | 2022 年 12 月第 1 版 | | | |
| 印　　次 | 2022 年 12 月第 1 次印刷 | | | |
| 成品尺寸 | 170 mm×240 mm | | | |
| 印　　张 | 28.5 | | | |
| 字　　数 | 358 千 | | | |
| 印　　数 | 1—2100 | | | |
| 定　　价 | 88.00 元 | | | |

发现印装质量问题,请致电 0532－58700166,由印刷厂负责调换。

# 编辑委员会

# 在全市优化营商环境专题推进会议上的讲话

陆治原

今年以来，按照市委、市政府的部署，各区（市）各部门各单位围绕优化营商环境做了大量工作，取得了一定成效。今天召开这次推进会，主要是调度情况、分析形势、查找问题，研究下一步工作举措。

刚才，我们观看了营商环境内参片，立新同志通报了整治和查处损害营商环境问题情况，庆国同志通报了 2021 年国家营商环境评价主要政策变化和任务要求，市行政审批局、市市场监管局负责同志作了表态发言。曝光和通报的问题，令人很受触动和警醒，内参片中发出的"十问"，问得准确、深刻，可以说是发展之问、责任之问。青岛的人居环境和发展条件这么好，为什么市场主体的增长速度不够快、增量不够大？为什么有些企业和项目，特别是一些大企业、大项目落不了地？仔细分析，还是投资环境、营商环境问题。今年上半年，市 12345 热线受理的公众来电中，涉及企业生产经营和项目落地相关问题 12454 件，平均每天近 70 件。每一条热线背后，可能都关系着一家企业、一个项目的生存发展。对此，我们要高度警醒，深刻反思。问题涉及的区（市）、部门（单位）要迅速整改、举一反三。下面，我讲几点意见。

# 一、切实增强优化营商环境的责任感、紧迫感

营商环境是重要的生产力。习近平总书记对营商环境高度重视,强调"营商环境只有更好,没有最好""营商环境是企业生存发展的土壤""投资环境就像空气,空气清新才能吸引更多外资",深刻阐明了营商环境对于高质量发展的重要性。优化营商环境是建设现代化国际大都市的必然要求。我们要建设现代化国际大都市,需要有与之匹配的市场化、法治化、国际化营商环境。在 2020 年国家营商环境评价中,我市列第 11 位、提高 8 个位次,改善幅度较大。但我们不能满足于此,营商环境还是要看结果导向,我们的营商环境是第 11 位,市场主体的增长速度是不是也位于前列? 我们的绝对数可能不如深圳等城市,但市场主体的增速完全可以提上来。横向看,济南列第 9 位,我市未进前 10,济南这几年抓营商环境力度很大,我们要向济南学习。与上海、北京、深圳等标杆城市相比,我们更是有较大的差距。我们要把优化营商环境作为关键抓手,全面对标先进城市,努力打造一流营商环境,让好的营商环境成为青岛的显著标志,以全省龙头的姿态,昂首挺进全国前 10。优化营商环境是提升城市核心竞争力的必然要求。实践证明,哪里的营商环境好,项目就往哪里走、资金就往哪里流。当前城市间竞争激烈,我市生产总值从 2006 年排名全国第 10 位,陆续被成都、武汉、南京等城市超过,去年排名全国第 13 位,排在我们后面的几个城市与我们的差距也非常小。营商环境好一步,发展才能快一步。近几年各大城市纷纷出台系统性、创新性、突破性的行动方案,像北京营商环境 5.0 版、上海营商环境 4.0 版、深圳营商环境 3.0 版,各项改革举措含金量都很高,提升了发展竞争力、城市影响力。像上海引进全国首个外商独资整车制造项目特斯拉,实现了项目当年开工、投产、交付,体现了上海优质高效的政务服务。优化营商环境需要硬指标,

但也离不开软环境,像上海、深圳等城市,政策公开透明,企业办事不用找人求人,这就是非常重要的软环境。我们必须下更大决心、以更大力度优化营商环境,努力在新一轮城市竞争中抢占先机、赢得主动。优化营商环境是激发城市创新创业活力的必然要求。哪个城市的营商环境好,哪里的创新活力就足,创新型企业就会"出苗快""长势旺"。像成都市针对"四新经济"企业实行柔性监管,企业反响很好,目前成都新经济企业已突破45万家,新经济总量指数城市排名全国第2位,仅次于北京,青岛排名第18位。营商环境好不好,市场主体说了算。我们要以市场主体满意为第一目标,完善创新创业生态,让各类企业和人才引得来、留得下、发展得好。

综合比较,目前我市营商环境相对优势不突出,仍然存在一些问题和短板,主要表现在以下几个方面:一是工作作风还不够实。刚才内参片里曝光的问题,很多都反映了干部不作为、慢作为、乱作为等工作作风问题。有的干部没有服务意识,怕担责;有的干部服务拖沓,让企业"说破嘴""跑断腿";有的干部靠山吃山,靠水吃水,靠手中权力给人办事拿好处,乱作为。二是法治意识还不够强。法治是最好的营商环境。2020年,中央依法治国办评选了第一批40个全国法治政府建设示范地区和项目,全国5个计划单列市里,唯独青岛掉了队。增强法治意识首先要建设法治政府、诚信政府,如果政府都不诚信,"新官不理旧账",很难推动全社会诚信。一些行政执法行为不严格、不规范,一些案件审理周期长、"执行难",像刚才内参片中提到的一个执行案件,当事人赢得了官司,却7年执行不到位,打了一张司法白条。三是惠企政策供给能力还不够优。政策好不好,就看企业感觉解不解渴。2020年国家优化营商环境评价工作中,上海、广州、杭州等提供的涉企政策分别是230个、280个、197个,我市的政策供给能力还有很大差距,个别部门网站还停留在2019年制定的政策。有的政策是转发落实,缺少结合实际推出"立得住、叫得响、真管用"的创新突破举措。还有的政策制定前不征求市场主体意见、针对性不强，"政府端菜"政策多，"企业点菜"政策少。有的政策出台时"难产"，出台后申请流程又烦琐，导致企业发展错过了窗口期。人才政策吸引力还不够强，企业普遍反映人才短缺、招引高层次人才难、优秀人才留不住。四是重商亲商氛围还不够浓。总书记强调构建亲清政商关系，就是要求干部对市场主体既亲又清。但有的干部对协调企业事务的积极性不高，有的不愿意为企业站台，不愿意与企业家打交道。公务洽谈时很热烈，后续项目跟进很冷漠，这种情况是存在的。

全市各级各部门各单位要正视问题不足，勇于自我革命，以坐不住的紧迫感、等不起的责任感、慢不得的危机感，坚决打好优化营商环境这场攻坚战。

## 二、突出重点领域，推动营商环境各项工作尽快见到新成效

我们提出营商环境要聚焦办事方便、法治公平、成本竞争力强、宜居宜业四个重点领域发力，《青岛市营商环境优化提升行动方案》推出了46项具体创新举措。优化营商环境关键看行动，绝不能停留在口号上，各级各部门各单位要立足自身职能，围绕四个重点领域开展项目化、清单化行动，逐一明确该领域该环节优化的具体目标是什么、标准是什么、步骤是什么，要解决什么问题，达到什么效果，确保可量化、可操作、可考核，让企业和群众得到看得见、摸得着的实惠。

在"办事方便"方面，要聚焦"四个全生命周期"，服务企业、自然人、项目建设、创新创业，对企业开办、建设项目审批等涉企高频事项，以及出生、入学、就业、退休等民生服务事项，要一项一项对标全国先进城市标准，研究"减环节、减材料"的有效办法，把审批时间降下来、群众满意度提上去。要树立新型政务服务理念，在实现高效

便捷政务服务基础上，也要注重推动工作由"提速"向"增效"转变，由"便捷"向"公平"转变。要构建开放、公平、非歧视的数字营商环境，加快数字政府建设，拓展政务服务网上办理覆盖面，推进政务服务流程再造，倒逼行政审批制度改革。要加快解决"网通数不通"的问题，前期我市已经印发了数字青岛建设、证明事项告知承诺制等文件，但对照省级清单，仍有 69 项未实现数据共享，要加快解决这个问题。推动办事方便，干部作风是关键，刚才内参片曝光的各种现象，从根子上说还是"官本位"问题。各级干部都要强化为民服务的宗旨意识，树立正确的权力观，放下官架子，当好"店小二"，有求必应、无事不扰，为企业和群众服好务。

在"法治公平"方面，要加快推进法治政府建设，全力争创 2022 年全国法治政府示范市。要依法平等保护各类市场主体产权和合法权益，不论出身，不分大小，只要是市场主体就平等对待，只要是合法经营就要一视同仁，理直气壮地为合法经营的企业和企业家撑腰打气，对企业非法经营活动要依法依规予以查处，对干扰、破坏、影响企业健康有序发展的问题，要坚决予以打击。要重视招商引资，也要重视本土企业，不能"招来女婿气走儿"。要严格规范公正文明执法，维护司法公正，坚决杜绝关系案、人情案、金钱案，解决好"执行难"问题，不能出现"办完一个案子、搞垮一个企业"的情况。如果一个企业家总是奔波在打官司的路上，就会影响企业经营。对于涉企民商事案件，要做到"繁简分流、轻重分离、快慢分道"，能调则调，当判则判，坚决纠正案件久拖不决、久办未果。内参片中曝光的莱西市申惠通机动车检测有限公司在民事纠纷中遭遇司法不公等具体案件，要尽快查明情况，维护当事人合法权益，对涉事政法干警要依法依规处理。要引导企业尊法守法用法，认真履行执法决定和司法判决，依法表达诉求，养成遇事找法、办事依法、解决问题靠法的行为习惯，推动构建亲清政商关系。

在"成本竞争力强"方面，要深入分析企业发展有哪些成本，主动与同类城市比、与国际标准比，逐项研究降成本的办法，让企业得到实实在在的好处。要做好减税降费，我市的养老保险、医疗保险、城镇土地使用税等费率相对还比较高，有关部门要进一步核实清楚，依法依规把确实过高的税费降下来。水电气报装成本也偏高，验收标准不透明，要进一步研究降费的措施，并将有关标准规范进行公示发布；要抓好对中小企业、个体工商户纾困减负、降费政策的落实。"融资难、融资贵"是企业的"老大难"问题，要大力发展普惠金融，促进银企对接，扩大创业担保的覆盖面。要打破隐性门槛，在市场准入、行业准营、生产运行、公共资源交易等各个方面，打造公平竞争环境，取消"费外费"，规范中介服务，打破各种各样的"卷帘门""玻璃门""旋转门"。要保持合理房价收入比，坚持"房住不炒"原则，促进房地产市场平稳健康发展，降低各类人才在青就业创业的居住成本，打造吸引人、留住人的良好环境。

在"宜居宜业"方面，要加强城市建设管理，着眼于更好满足人民群众和企业家、投资者、人才对工作生活品质的需求，以创建全国文明典范城市为契机，着力解决"堵""乱"问题，做好"美"的文章，加快推进实施城市更新与城市建设三年行动，努力实现城市建设品质、市民生活品质和生态环境品质全面提升。要提升公共服务水平，聚焦民生领域短板弱项，推动科教文卫体等公共资源优质均衡发展，特别是要解决好教育、医疗问题。招引人才难是许多企业普遍反映的问题，要进一步优化我市人才"引育留"政策体系，让各类人才在青岛安心、安身、安业。

## 三、健全体制机制，形成工作合力

优化营商环境是一项系统工程，涉及面广。一要压实工作责任。市优化营商环境工作专班要牵头抓总、定期调度，庆国和德智两位组长要把工作紧紧抓在手上。各区（市）都要参照市级做法，党政一把手顶格抓营商环境,建立常委牵头的营商专班,把优化营商环境作为大事要事来抓,对照任务分工,做到守土有责、守土负责、守土尽责。各级各部门各单位要根据职责分工,全面行动起来。二要加强督导考核。市优化营商环境工作专班办公室要定期开展专项督查,检查各项政策落实情况。市委组织部要完善考评机制,提升优化营商环境工作在考核中的分值比重,形成全市上下抓落实的鲜明导向。三要强化各方监督。大力开展党内监督、人大监督、政务监督、政协民主监督、新闻舆论监督、社会公众监督,用好"问政青岛"等平台,建立营商环境问题有奖举报机制,形成从受理、核查到办结反馈的管理闭环,确保反映问题得到处理。要加大典型问题通报曝光力度,对会上通报的整治和查处损害营商环境问题典型案件,凡是已经结案、确定调查结果的,要及时向社会通报、曝光,警示教育广大党员干部知敬畏、明底线、守规矩;对于正在调查的案件,要加快查办力度,调查结果尽快向社会公布。四要注重宣传引导。综合运用报刊、电视、网络、新媒体等渠道,及时总结优化营商环境改革经验和特色亮点,讲好营商环境"青岛故事",提高政策知晓度和应用度,增强广大干部和全体市民的主人翁意识,营造"人人都是营商环境、个个都是青岛形象"的浓厚氛围。

## 四、强化执纪监督问责,为优化营商环境 提供坚强保障

各级纪检监察机关要发挥"监督保障执行、促进完善发展"作用,持续纠治作风顽疾,进一步净化营商环境的清朗空间。一方面,要强化执纪问责。动员千遍不如问责一次。各级纪检监察机关都要行动起来,坚持真管真严、敢管敢严、长管长严,紧盯落实上级政策上"慢半拍",执行工作标准上"掺水分",保障服务水平上"打擦边球"等现象,着力纠治形式主义、官僚主义,严查不担当、不作为、乱

作为问题,严查权力寻租、官商勾结、利益输送等腐败问题,坚持"老虎、苍蝇一起打",发现一起查处一起。市纪委监委要用好考核手段,对长期不对破坏营商环境问题开展执纪问责的区(市),要及时进行约谈。另一方面,要激励担当作为。按照"为担当者担当、让实干者实惠"的思路,认真落实"三个区分开来",健全容错纠错机制,完善澄清保护机制,旗帜鲜明地为敢于担当、踏实做事、不谋私利的干部撑腰鼓劲,汇聚起广大党员干部担当作为、攻坚克难、干事创业的强大能量。

(2021 年 11 月 2 日,根据记录整理)

# 在市政府第五次廉政工作会议暨全市深化"放管服"改革工作会议上的讲话

赵豪志

刚才,我们收看了省政府第四次廉政工作会议暨全省深化"放管服"改革电视会议,李干杰省长作了讲话,我们要认真学习领会,切实抓好贯彻落实。现在接续召开市政府第五次廉政工作会议暨全市深化"放管服"改革工作会议。主要任务是:坚持以习近平新时代中国特色社会主义思想为指导,按照党中央、国务院决策部署和省委、省政府工作要求,总结去年以来全市加强廉政建设、深化"放管服"改革有关工作,研究部署下步工作任务。下面,结合我市实际,我强调三方面意见。

## 一、切实增强推进政府系统廉政建设、深化"放管服"改革的责任感

加强廉洁政府建设、深化"放管服"改革,是推进全面从严治党,提升政府治理体系和治理能力现代化水平的必然要求,是推动全市转作风、创一流、当排头,加快在高质量发展中率先走在前列的重要保障。

去年以来,全市政府系统紧紧围绕中央和省、市重大决策部署,

统筹疫情防控和经济社会发展,深入落实全面从严治党要求,持续深化"放管服"改革,取得了明显成效。一是廉洁政府建设深入推进。聚焦重点领域、关键环节和群众身边腐败问题,严厉惩处违纪违法行为。去年以来,全市政府系统共有 993 人受到党纪政务处分,移送司法机关 25 人;加强审计监督,促进增收节支 4.6 亿元,审减投资 4.5 亿元;省委巡视、市委巡察反馈问题整改扎实推进。二是高效青岛建设纵深拓展。持续推进简政放权、流程再造,除特殊事项外,市级依申请政务服务事项实现 100％网上可办、"一门办理";建成全市统一的掌上政务服务平台"青 e 办"APP,整合 7000 多项政务服务事项;推行"无感审批""智能审批""全市通办""不见面审批",超半数政务服务事项实现"即来即办"。在 2020 年全国营商环境评价中,我市排第 11 位,较 2019 年(第 19 位)提升 8 个位次,是位次提升最快的城市之一,15 个指标领域改革经验和典型做法供全国借鉴或复制推广;口岸营商环境在"2020 年中国十大海运集装箱口岸营商环境测评"中居第 2 位。三是市场主体活力持续激发。精准落实惠企纾困政策,在全省率先出台恢复生产秩序"12 条"等一揽子政策,新增减税降费 340 亿元以上。开展"千名干部联系服务万户企业"活动,完善领导干部常态化联系企业、行业协会商会机制。去年,全市新增市场主体 35.4 万户,总量达到 179.3 万户。四是作风建设不断深化。严格落实中央八项规定及其实施细则,深入开展"反对形式主义官僚主义推动作风攻坚提升"专项行动,市级"督检考"大幅整合压减。坚持政府过"紧日子","三公"经费支出下降 35％。

在肯定成绩的同时,我们也要清醒地看到,对标中央和省要求,面对疫情冲击下风险挑战增多、发展环境更趋复杂的形势,工作中还存在不少问题和薄弱环节。一是营商环境仍有短板。营商环境评价指标有的相对落后,在国家营商环境评价中,我市排名低于济南 2 个位次,办理建筑许可、政务服务、纳税指标没有进入单项指标前 20 名,成绩不理想。企业群众办事难现象依然存在,有企业反映审批事项环节较多、要求提供材料烦琐、办理时间较长。比如,申领政府奖补资金要分期申报,每期申报都要准备材料,并向多个部门重复提供,程序烦琐复杂。数字政府建设进度不快,"城市云脑"建设进度不及预期,数据整合共享力度不足,行政审批效率还需提升,企业和市民对数字化应用场景的体验感、获得感不高。政策落地兑现还有堵点,部分企业反映政府招商时承诺的土地、资金等政策不兑现,"新官不理旧账"现象依然存在。二是廉政建设仍需加强。巡视巡察、审查调查发现,有的市直单位和国有企业管党治党政治责任扛得不牢、对上级重大决策部署落实不到位;有的单位内控机制不健全,存在资金账外管理、资产长期闲置等问题;在高压态势下,仍然存在违规收受礼品礼金、公车私用、私车公养等问题。三是工作作风仍需改进。部分干部紧迫感、危机感、责任感不够强,自我满足、自我封闭,习惯于按部就班、四平八稳抓工作;一些部门单位和政府工作人员缺乏责任意识、担当精神,执行力弱化,效率意识不强,抓工作松懈漂浮、不严不实。这些问题都需要引起高度重视,并采取有效措施切实加以解决。

## 二、扎实推进廉洁政府建设和"放管服"改革

今年是中国共产党成立 100 周年,是"十四五"开局之年,也是我市聚焦高质量发展、狠抓项目落地的攻坚之年,抓好廉政建设和"放管服"改革意义重大。要深入贯彻国务院第四次廉政工作会议和全国深化"放管服"改革着力培育和激发市场主体活力会议精神,落实省政府第四次廉政工作会议暨全省深化"放管服"改革会议要求,围绕建设人民满意的服务型政府,以刀刃向内的勇气扎实推动政府系统廉政建设和"放管服"改革,不断营造风清气正、廉洁高效的发展环境,为推动高质量发展,确保"十四五"开好局、起好步提供

有力保障。要重点抓好五个方面工作。

一是全面落实管党治党责任。要扛牢、扛实全面从严治党、推进党风廉政建设和反腐败工作的主体责任,把全面从严治党的要求贯穿于政府工作方方面面。

要加强政治建设。习近平总书记强调,全面从严治党首先要从政治上看。全市各级各部门要坚持以党的政治建设为统领,自觉在思想上、政治上、行动上同以习近平同志为核心的党中央保持高度一致,增强"四个意识"、坚定"四个自信"、做到"两个维护",不断提高政治判断力、政治领悟力、政治执行力。

要坚持依法履职。进一步强化法治思维,树立法治意识,严格按照法定权限和程序行使权力、履行职责,健全政府重大行政决策程序,推动政府工作全面纳入法治轨道,确保权力在阳光下运行。

要坚守廉洁底线。廉洁是干部从政的底线,是政府公信力的基石。政府系统各级领导干部要以身作则,带头廉洁自律,严格执行规范领导干部配偶、子女经商办企业行为规定,从严要求身边工作人员,决不允许搞特殊、有例外。要带头落实廉洁从政各项规定,持之以恒地落实中央八项规定及其实施细则,毫不松懈地纠治"四风"。近期,中央出台了《关于加强对"一把手"和领导班子监督的意见》,要认真抓好贯彻落实。"一把手"要自觉接受监督,领导班子成员要加强相互监督,加强党组织自上而下的监督,形成一级抓一级、层层抓落实的监督工作格局。

二是不断强化重点领域监管。从近年来发生的腐败案件看,我们在制度上还存在漏洞、部分领域权力运行还不够规范,需要持续强化制度建设,加大监管力度,从源头上加以预防。

要加强公共资金监管。进一步提高财政资金使用绩效,切实开展财经纪律专项检查,确保资金使用安全高效。要严格中央直达资金和专项债券管理,把资金快速用到项目上,发挥最大效益。要实行严格的审计监督,对财政资金分配、重大财政支出、民生资金等实行审计全覆盖,切实做到应审尽审、凡审必严。要牢固树立过紧日子思想,加强预算管理和约束,确保一般性支出逐年压减、"三公"经费只减不增。

要加强公共资源监管。落实好《青岛市公共资源交易目录(2021年版)》,坚持应进必进,将工程项目建设、政府采购、国土资源、国有产权等全部纳入公共资源交易平台进行交易。完善并严格执行招投标制度,实施全过程监管,加大对行贿受贿、恶意串通、围标串标等违法违规行为的查处和打击力度。

要加强国资国企监管。全面实施区域性国资国企综改试验,在深化改革过程中,要依法依规,严格落实国有企业改革的政策规定和程序。市国资委要认真履行出资人职责,建立完善国资监管权责清单,推动经营性国资监管全覆盖。要加大对国企混改、产权交易、投资开发并购、招标投标等重点领域和关键环节的监管力度,确保国有资产安全可控、保值增值,坚决防止国有资产流失。

要加强工程项目监管。今年是我市"项目落地年",工程项目建设比较集中。当前,我市围绕争创全国文明典范城市,在重大基础设施建设,老旧小区、城中村改造,城市快速路网、未贯通道路打通,以及公园城市建设等方面谋划推进了一批重点项目。要加强项目决策、招投标、工程建设、竣工验收、决算审计等全过程监管,既保证工程项目建设质量,又决不能出现任何腐败问题,让每项工程、每个项目都成为阳光工程、廉洁项目。

三是大力支持市场主体发展。经济发展的根基在于市场主体。去年,面对疫情冲击,我市出台了一系列纾困惠企政策。这些政策切实减轻了企业负担,为市场主体健康发展提供了有力的支持。今年,我们继续坚定不移地支持市场主体发展,又发布了落实"六稳""六保"促进高质量发展政策清单。这些政策含金量很高,但在政策落实中,有的企业反映没有及时享受到。这其中有宣传不到位的问题,部分民营企业反映政策宣传主要集中在重点企业和龙头企业,量大面广的中小企业了解政策的渠道有限;有推送不精准的问题,有的企业家反映,政府各部门建了很多微信群,推送了大量政策信息,但从中找到能用得上的比较困难;有个别政策落不了地的问题,主要是缺少实施细则,设置了各种前置条件,政策很好看,落实比较困难。要高度重视企业反映问题,研究有针对性的措施,解决政策落实中的"中梗阻",确保政策落实落地。

四是着力深化"放管服"改革。"放管服"改革,既是激发市场主体活力、优化营商环境的关键之举,也是规范权力运行、加强廉政建设的治本之策。我们要以更高的标准、更加务实有效的举措纵深推进"放管服"改革,加快打造市场化、法治化、国际化营商环境。

要加大"放"的力度,最大限度减权限权。严格落实国务院《关于深化"证照分离"改革进一步激发市场主体发展活力的通知》要求,在全市范围内推行"证照分离"改革全覆盖。要持续减事项,严格落实国家关于直接取消审批的事项要求,对全国范围内需要取消的 68 项涉企经营许可事项,以及自贸试验区试点取消的 14 项涉企经营许可事项,与我市相关的,要第一时间取消到位。全面梳理全市行政审批和涉企经营许可事项,对市场机制能够有效调节,行业组织或中介机构能够有效实现行业自律管理的,都要尽快取消。要持续减环节,全面优化审批服务流程。今年重点推行市政建设类审批和水电气暖等报装服务集成办理,切实简化办理环节,实现多审合一。要持续减时限,目前我市工程建设项目审批时间控制在 85 个工作日以内,要加强内部挖潜,不断完善"一链办理""数字化联合审图""限时联合验收"等机制,进一步提高审批效率。要持续减材料,大幅压减审批要件材料,加强部门信息共享,强化电子证照运用,逐步实现凡是市级和区(市)政府部门核发的材料,原则上一律免于提交;凡是通过电子证照可以获取的信息,原则上一律不再要求企业提供相应材料。

要强化"管"的力度,提升监管精准度和实效性。要按照"谁审批、谁监管,谁主管、谁监管"原则,强化监管责任落实,坚决纠正"以批代管""不批不管"问题,防止出现监管真空。要转变监管方式,全面推进"双随机、一公开"监管,除特殊重点领域外,原则上所有的行政检查都应通过"双随机"抽查的方式进行。要创新监管形式,深入推进市场监管、城市管理、交通运输等重点领域跨部门综合监管,对同一市场主体的多个检查事项,实现一次性联合检查。充分运用大数据、云计算、物联网等信息技术,加强"互联网+监管"。要强化分类监管,加快建立健全守信激励和失信惩戒机制,对信用好、风险低的企业"充分放手、无事不扰";对信用差、风险高的企业"重点监管、有事必究"。

要提升"服"的水平,推动服务数字化、便利化。积极运用数字化手段,提升服务水平,让企业和群众少跑腿、好办事、不添堵,真正提高获得感。要加快推进"一网通办"。有的企业和群众反映,网上办理的事项不全、操作不方便等问题,难以实现线上一次办成。要加大"一网通办"事项的覆盖面,对出生、入学、落户、人才服务、惠企资金申请等事项,尽快实现全覆盖。同时,要注重实用、简化设置,对网上办事平台功能进行优化提升,使"一网通办"不仅"能办",更要"好办""易办"。要加快推进"一码通城"。"一码通城"的关键在于实现部门数据共享,从推进过程看,数据共享还有不少堵点。各部门要把数据共享作为一项硬任务,按照"共享是常态、不共享是例外"的原则,加大数据整合共享力度,尽快实现政务服务、交通出行、医药卫生、文化旅游等公共服务领域统一身份认证、多码融合。要加快推进"政务服务一件事""城市运行一个场景"两张清单。这两张清单是今年数字政府、数字社会建设的主要抓手,以目前进展情况看,有些方面、有些部门进度不及预期。市智慧城市建设领导小组办公室要加强调度,各牵头部门要提高效率,学习先进经验,深化改革创新。同时,要聚焦群众需求,在交通出行、教育、养老等领域推出更多便民惠民的智慧应用,让群众更多享受数字化带来的便利。

这里再强调一下,数字化转型是市委、市政府的一项重大工作部署。刚才,李干杰省长也就数字化转型工作作了专门安排。数字化转型不仅仅是政府服务的问题,也关系经济发展、产业结构调整、社会治理、民生保障等方方面面,是一项系统工程,必须加强顶层设计,强化调度,加快推进。一方面,要加快数字经济、数字政府、数字社会建设,大力推动数字基础设施建设,特别是我市5G基站等建设进度与深圳等城市相比差距很大,要加快布局,为数字化转型提供有力支撑。另一方面,各级各部门要主动作为、创新发展,加快应用场景开发运用,决不能让数字政府、数字社会建设和工业互联网发展在"加快"中"放缓"、在"力争"中"落空"。

五是持续加强作风建设。我们经常讲,工作的背后是作风问题,作风的背后是责任心问题,责任心反映出来的是精神状态。要大力弘扬习近平总书记倡导的孺子牛、拓荒牛、老黄牛精神,转作风、创一流、当排头,推动各项工作走在全国、全省前列。转作风、创一流、当排头不是一个口号,要落实在工作的方方面面,每一项工作、每个部门和区(市)都要转变作风,转变作风才能争创一流,进而当上排头。

要高点定位、争创一流。学习深圳、成都等先进城市奋勇争先、永争一流的气魄,对标上海的营商环境,树立更高定位、更高境界、更高追求,坚决破除"红瓦绿树综合征"在现阶段新的表现形式,与最优者"对标",与最强者"比拼",与最快者"赛跑",以更宽视野和更高标准,推动各项工作不断取得新成效,在激烈的城市竞争中赢得主动。

要强化担当、真抓实干。要主动履职,对市委、市政府确定的重点工作,各级各部门都要从自身职责出发,结合实际,进一步项目化、清单化,创造性地抓好推进。要狠抓落实,按照"项目落地年"和项目观摩总结会的部署要求,围绕项目建设和经济运行调度工作

"上发条""紧螺丝",推动项目建设和经济发展尽快突破。要攻坚克难,围绕五个全国一流产业集群建设、数字化转型、公园城市建设、老城区改造、董家口港区建设等重点难点工作奋勇攻坚,以创新的思路和实打实的举措破解难题,迅速打开新的工作局面。要雷厉风行,强化执行力建设,推动工作快上手、项目快推进、目标快完成。该办的事要坚决办,向前安排,决不能拖;能办的事要马上办,决不能按部就班、四平八稳。

要心系群众、务实为民。要结合党史学习教育,结合正在开展的"我为群众办实事"实践活动,聚焦群众"急难愁盼"问题,推动"我为群众办实事"重点项目清单落到实处,切实为群众办实事、解难题。今年年初,政府工作报告确定了 10 件 32 项民生实事,之后又针对群众多次反映的突出问题,确定了十大民生领域集中攻坚行动。要加快推进市办实事和民生领域集中攻坚行动,牵头市领导加强调度,牵头部门加快推动,配合部门齐心协力,推动解决一批痛点难点堵点问题,努力让群众看到变化、得到实惠。

## 三、确保廉政建设和深化"放管服"工作落到实处

要加强组织领导。要加强对廉政建设和"放管服"工作的领导,压实责任,强化统筹,推动廉政建设和"放管服"工作向纵深发展。要对照省、市廉政工作会议暨"放管服"改革工作会议的部署要求,进一步明确任务书、时间表、路线图、责任状,确保各项工作落细落实。要把党风廉政建设与政府各项工作一起部署、一起落实,做到两手抓、两促进。要充分发挥市优化营商环境和深化"放管服"改革协调小组牵头抓总作用,加强顶层设计和政策集成创新,及时协调解决"放管服"工作中的痛点难点堵点问题。

要加强督导考核。要加大对全面从严治党主体责任落实情况督导检查,倒逼主体责任落实到位。要加强对"放管服"改革工作的

督导考核,将"放管服"改革和营商环境评价工作情况纳入全市考核体系,并将督查考核结果作为工作评价的重要依据。要强化激励约束,对在廉政建设和"放管服"改革工作中敢于担当,实绩突出的要大力褒奖;对工作不力的要进行约谈,严肃问责。

同志们,深入推进政府系统党风廉政建设和"放管服"改革责任重大、任务艰巨。我们要以更加坚定的决心、更加务实的举措、更加过硬的作风,主动作为,创新实干,不断推动工作取得新成效,为全市经济社会持续健康发展提供有力保障。

(2021 年 6 月 22 日,根据录音整理)

# 前　言

　　创新是社会进步的灵魂,创业是推动经济社会发展、改善民生的重要途径。2022 年 10 月 16 日,习近平总书记在党的二十大报告中强调指出:"必须坚持科技是第一生产力、人才是第一资源、创新是第一动力,深入实施科教兴国战略、人才强国战略、创新驱动发展战略,开辟发展新领域新赛道,不断塑造发展新动能新优势。"深化"放管服"改革,持续优化营商环境,必然能够为开辟发展新领域新赛道、不断塑造发展新动能新优势营造良好的创新创业生态环境,这对构建国内国际双循环的新发展格局,推动经济高质量发展至关重要。青岛市第十三次党代会对深化"放管服"改革、优化营商环境、建设创新创业生态作出了具体部署,这是锚定"一二三四六十"目标定位和建设"六个城市"的现实需要,是建设新时代社会主义现代化国际大都市的必然选择。

　　奋斗新时代,奋进新征程,新起点呼唤新担当,新征程需要新作为。2022 年,青岛市坚持把持续深化"放管服"改革和优化营商环境作为促进高质量发展、建设现代化国际大都市的"生命线"抓紧抓实,以招商引资质量和市场主体满意度作为评判营商环境的主要标准,以体制机制创新为主线,以增强企业群众获得感、幸福感、安全感为根本目的,全力打好营商环境攻坚战,营造和培育了良好的创新创业生态环境。在国家发展和改革委员会发布的《中国营商环境报告 2021》中,青岛居 80 个参评城市的第 11 位,是营商环境改善幅度最大的城市。在全国工商联发布的《2022 年"万家民营企业评营商环境"报告》中,青岛又成为营商环境最好的十个城市之一。为持续推动青岛营商环境进位争先,2022 年 8 月 19 日,青岛市委、市政府发布《青岛市营商环境优化提升三年行动规划(2022—2024年)》,推出 100 条创新突破政策,实施"政务服务环境、法治环境、市场环境、创新创业环境"四大提升行动。力争经过 3 年时间,政府治理效能全面提升,在全球范围内集聚和配置各类资源要素能力明显增强,为各类市场主体打造更具活力的创新创业环境,市场主体活跃度和发展质量显著提高,形成一批可复制、可推广的青岛经验,营商环境竞争力在全国第一方阵持续进位争先,成为市场化、法治化、国际化一流营商环境建设的城市典范。

为全面、客观、真实地反映山东省第十二次党代会、青岛市第十三次党代会以来,青岛市优化创新创业生态取得的进展和实际成效,系统总结归纳青岛市优化创新创业生态的经验与模式,为推进全省"放管服"改革提供有益借鉴,青岛市持续深入优化营商环境和推进政府职能转变领导小组、青岛市社会科学院共同编写《青岛市创新创业生态发展报告》。

《青岛市创新创业生态发展报告》是山东省首本反映创新创业生态发展情况的专题报告。本书的框架体系主要分为"高质量发展篇""科教兴市篇""依法行政篇""民生福祉篇""党建引领篇"5 个篇章。"高质量发展篇"通过 1 篇主报告、7 篇分报告,多领域、深层次地分析和呈现了青岛市培育创新创业生态的进展与成效,展现了青岛市经济社会高质量发展良好局面;"科教兴市篇"从政策视角,展现了青岛市推进深化"放管服"改革和优化营商环境的实践探索与政策实施效能,探索青岛打造现代产业先行城市现实路径;"依法行政篇"从创新政务服务的体制机制入手,体现了青岛市推进"放管服"改革和优化营商环境的典型做法与创新经验;"民生福祉篇"聚焦群众需求,以增进性福祉、提高人民生活品质为出发点,展现了青岛市提升政务服务效能、优化营商环境为企服务的创新举措;"党建引领篇"以党建为引领,激发创新创业的发展活力,探索实现青岛引领型发展的先行之路。

《青岛市创新创业生态发展报告》的编写得到各方面领导的高度重视和全方位的支持,可以说是在他们的直接关怀和指导下完成的。中共山东省委副书记、青岛市委书记陆治原,青岛市委副书记、市长赵豪志多次指示要求,要系统总结青岛市优化营商环境和深化"放管服"改革的经验,形成更多可复制、可推广的工作机制和创新成果,实现全市创新创业生态的整体提升;中共青岛市委常委,市政府党组副书记、副市长刘建军在百忙中对本书的编写作了重要指示;青岛市政府秘书长、党组成员,市政府办公厅党组书记李虎成对本书编写提出了许多有价值的指导意见和具体的要求;青岛市政府副秘书长,市政府办公厅主任、党组副书记赵发海对本书编写提出了整体性的框架体系;青岛市政府副秘书长、市政府办公厅党组成员陈万胜对本书编写进行了全过程的具体指导;本书在编写过程中,还得到了各级党委、政府,有关部门和社会各界人士的大力支持。在此,我们谨表示衷心的感谢。

本书的统稿、定稿工作由青岛市政府副秘书长,市政府办公厅主任、党组副书记赵发海,市社科联党组书记、副主席,市社科院副院长郑海涛完成;市政府副秘书长、市政府办公厅党组成员陈万胜,市社科联副主席、市社科院副院长李本雄、王春元,市政府办公厅处长栾珂、陈文灿,市社科院经济研究所所长、研究员毕监武负责本书的审稿、统稿工作;本书的具体编辑、校对工作由市社科院王发栋、李勇军、隋维娟、王正巍完成;市政府办公厅一级主任科员陶顺君负责本书编写的组织协调工作。

需要说明的是,《青岛市创新创业生态发展报告》定稿时间为

2022 年 11 月末,文中所采用的数据大部分截止到 2022 年的第三季度末,2022 年全年的实际数字仍以青岛市统计局正式公布的数据为准。由于编写水平及时间所限,书中难免存在纰漏和不当之处,敬请广大读者批评指正。

编　者
二〇二二年十一月

# 目　录

## 高质量发展篇

## 科教兴市篇

依法行政篇

## 民生福祉篇

## 党建引领篇

高质量发展篇

# 青岛市创新创业生态建设现状分析与对策建议

青岛市社会科学院课题组

党的二十大报告强调,必须坚持科技是第一生产力、人才是第一资源、创新是第一动力,深入实施科教兴国战略、人才强国战略、创新驱动发展战略,开辟发展新领域、新赛道,不断塑造发展新动能、新优势。深化"放管服"改革,优化营商环境,建设创新创业生态是贯彻落实党的二十大精神的具体行动,是落实青岛市第十三次党代会"一二三四六十"目标定位和"六个城市"建设的现实需要,是建设新时代社会主义现代化国际大都市的必然选择。为此,市社科院组成专家组,通过广泛收集相关统计数据,组织开展问卷调查,召开重点企业座谈会,走访政府职能部门等方式,全面总结全市创新创业生态建设取得的成效,剖析所面临的问题与挑战,针对创新创业生态建设的关键环节及重点领域提出对策建议。

## 一、青岛市创新创业生态建设取得的主要成效

2022 年,青岛市经济工作坚持以习近平新时代中国特色社会主义思想为指导,坚决贯彻习近平总书记对山东、对青岛工作的重要指示要求,深入实施创新驱动发展战略,用生态思维优化发展环境,在增强综合发展实力上实现新突破,经济发展、创新创业更具活

力,海洋特色更加鲜明,赋能作用更加突出,城市资源整合和集聚辐射能力持续增强,建设新时代社会主义现代化国际大都市取得显著成效。

## (一)经济规模不断扩大,经济实力实现大幅跃升

面对复杂严峻的国际环境和经济运行新情况、新特点,青岛市坚持稳中求进的工作总基调,坚持高效统筹新冠肺炎疫情防控和经济社会发展,加强经济政策的跨周期设计和逆周期调节,既保持了经济发展量的合理增长,又实现了质的有效提升。根据市级生产总值统一核算结果,2021年全年生产总值为14136.46亿元,比上年增长8.3%。2022年前三季度,全市生产总值为11024.04亿元,同比增长4.1%。与经济规模相近的其他城市相比,青岛继续拉大与无锡的距离,高于无锡(总量为10500.2亿元)523.84亿元,领先优势进一步明显。全市固定资产投资同比增长4.1%,在振兴实体经济的战略引领下,重点领域投资稳步增强,装备制造业、战略性新兴产业投资分别增长19.3%和12.6%,分别快于全市投资15.2个和8.5个百分点。截止到2022年9月底,全市新登记市场主体20余万户,实有市场主体超过202万户,同比增长4.88%。其中,全市实有民营市场主体197.8万户,同比增长5.2%;实有户数居前三位的是批发和零售业、其他服务业、工业。全市民间投资在建项目3519个,民间投资占固定资产投资的比重达到58.9%,民营经济和中小企业已成为全市增创经济发展新优势的生力军和主力军。

表1 2021年青岛市主要经济指标

| 指标 | 单位 | 总量 | 增长(%) |
|---|---|---|---|
| 生产总值 | 亿元 | 14136.5 | 8.3 |
| 财政总收入 | 亿元 | 4298.4 | 9.1 |
| 规模以上工业利润 | 亿元 | 576.1 | 2.8 |

（续表）

| 指标 | 单位 | 总量 | 增长（％） |
|---|---|---|---|
| 固定资产投资 | 亿元 | —— | 4.1 |
| 社会消费品零售 | 亿元 | 5975.4 | 14.8 |
| 货物进出口总额 | 亿元 | 8498.4 | 32.4 |
| 出口额 | 亿元 | 4921.3 | 27.0 |
| 进口额 | 亿元 | 3577.1 | 40.7 |
| 新设外商投资企业 | 家 | 908 | 4.4 |
| 合同外资 | 亿美元 | 214.3 | 20.1 |
| 新引进集聚人才 | 万人 | 26.1 | —— |

## （二）经济结构持续优化，发展协调性明显增强

2022年以来，青岛市聚焦推动高质量发展，把实体经济和招商引资作为一项重点工作来抓，持续推动资源要素向重点产业集聚、政策措施向重点产业倾斜、工作力量向重点产业加强，全力推动24条重点产业链做优做强做大，发挥47家产业链链主企业作用，创新举办智能家电、人工智能等多场产业链"卡位入链"对接会，带动关联度高和协同性强的中小企业进入产业链，努力打造现代产业先行城市。

从三产比例变化看，2021年，青岛市第一产业增加值为470.06亿元，比上年增长6.7％；第二产业增加值为5070.33亿元，比上年增长6.9％，其中，通信及电子网络用电缆、金属集装箱、传感器产量分别增长91.4％、54.6％、17.6％；第三产业增加值为8596.07亿元，比上年增长9.2％，其中，互联网和相关服务、研究和试验发展、专业技术服务业等行业发展提速，营业收入同比分别增长49.9％、46.0％、44.7％。2022年前三季度，农林牧渔业增加值同比增长

1.9%。第一产业对经济增长的贡献率为 1.4%,粮食生产基础继续巩固。"菜篮子"产品较为充足,全市蔬菜及食用菌总产量 390.3 万吨,瓜果产量 38.6 万吨;主要畜禽肉蛋奶产量平稳。规模以上工业增加值同比增长 4.5%。35 个大类行业中,有 25 个行业同比实现增长,增长面达 71.4%。333 种工业主要产品中有 138 种产品产量同比实现增长。服务业延续恢复态势,现代服务业增势良好。服务业增加值同比增长 4.5%,占 GDP 比重 62.2%,对经济增长的贡献率为 69.4%,其中,交通运输、仓储和邮政业营业收入同比增长 25.8%,规模以上高技术服务业营业收入同比增长 19.0%,其中,专业技术服务业、研发与设计服务业同比分别增长 26.8%和 32.8%。

深入实施"工赋青岛"行动,加快推动数字产业化、产业数字化发展。目前,全市重点行业累计建成智能工厂 52 家、数字化车间 146 间、自动化生产线 350 条。2022 年 10 月 11 日,瑞士日内瓦世界经济论坛(WEF)宣布新一批全球"灯塔工厂"名单,青岛海尔冰箱互联工厂成功入选。至此,青岛"灯塔工厂"总数达到 3 家,成为拥有"灯塔工厂"数量第二多的中国城市。

## (三)坚持创新驱动发展,创新型城市建设成果丰硕

青岛市把实施新旧动能转换重大工程作为实现转型发展、创新发展、领先发展的重大机遇,推动经济发展加快转型。全社会研发投入与国内生产总值之比由 2012 年 1.91%提高到 2021 年 2.44%,科技实力正在从量的积累迈向质的飞跃,新动能引领支撑作用凸显,高技术制造业增加值同比增长 22.1%。其中,电子及通信设备制造业、医疗仪器设备及仪器仪表制造业分别增长 15.5%和 25.6%。新一代信息技术、生物技术、高端装备、绿色环保等战略性新兴产业发展壮大,云计算、大数据、区块链、人工智能等数字技术与传统产业深度融合。

从创新引领、产业景气、区域集群三个维度来看,我国"专精特

新"企业的发展基础良好,规模不断壮大,在山东、广东、北京、上海、湖南、湖北、河南、福建等多个省市已形成诸多国家级产业集群,呈现领跑经济之势。目前,青岛市拥有 7654 家市级"专精特新"企业、320 家省级"专精特新"企业、151 家国家级专精特新"小巨人"企业。专精特新"小巨人"企业创新能力强、专业化水平化高、成长性好,是提升产业链、供应链稳定性和竞争力的骨干力量。

青岛市实施"人才强青"计划和人才工作十大攻坚行动,优化人才发展生态,激发人才创新创造活力,不断提升人才与产业发展的"适配度",为各类人才施展才华搭建广阔舞台。2022 年前三季度,引进集聚各类人才 20.2 万人,全市人才总量突破 257 万,源源不断地为全市经济社会高质量发展提供强大人才支撑。青岛自贸片区储备海外工程师、"三外人才"等后备人才 3000 名,博士人才超过 500 人,引聚海内外各类人才超过 2.3 万名,为开放发展准备了人才队伍。

## (四)创业就业活力充分涌流,经济效益更加突出

就业优先深入实施,创业倍增效应持续显现。过去三年,青岛市先后出台 5 个就业创业文件,构建起具有青岛特色的创业就业政策扶持体系。全市政策性扶持创业 14.4 万人,累计引领大学生自主创业 25021 人,申领创业补贴的创业实体存活率达到 81.42%。2022 年前三季度,全市城镇新增就业 31.17 万人。引进首次来青就业的青年人才 10.26 万人;城镇登记失业人员 6.77 万人、同比下降 20.8%,创近 5 年新低。2021 年,全市居民人均可支配收入 51223 元,同比增长 8.6%。城镇居民人均可支配收入 60239 元,增长 7.8%;农村居民人均可支配收入 26125 元,增长 10.4%。全市居民人均工资性收入、经营净收入、财产净收入、转移净收入同比分别增长 8.6%、10.0%、7.8%、7.4%。城乡居民人均收入比值为 2.31,比上年同期缩小 0.05。2022 年前三季度,全市居民人均可支配收入

40327元,增长4.9%。城镇居民人均可支配收入46651元,增长3.9%;农村居民人均可支配收入23361元,增长5.5%。全市居民人均工资性收入、经营净收入、财产净收入、转移净收入分别增长4.5%、4.1%、3.3%、9.4%。

## (五)投资贸易双向驱动,国际化发展环境初步形成

对外贸易量不断增加。2021年,青岛市外贸进出口总值8498.4亿元,连续5年创历史新高,同比增长32.4%。其中,出口额4921.3亿元,增长27.0%;进口额3577.1亿元,增长40.7%。对前三大贸易市场东盟、美国和欧盟进出口同比分别增长43.1%、28.4%和19.1%;对"一带一路"沿线国家、RCEP其他成员国进出口额分别增长44.8%和35.4%。2022年前三季度,外贸进出口总值6654.1亿元,增长7.5%。其中,出口额3953.9亿元,增长13.2%;进口额2700.2亿元,增长0.1%。对东盟、美国进出口额同比分别增长27.9%和7.7%;对"一带一路"沿线国家、上合组织其他成员国进出口额分别增长22.2%、26.1%。

制度创新成效显著。为支持青岛自贸片区、上合示范区高质量发展,制发市政府令,向"两区"精准赋权62项,组织"两区"申请承接省级权限26项,实现"区内事区内办"。突出重大战略的改革牵引作用,积极开展首创性、差异化探索,上合示范区首创上合贸易指数等50余项富有上合特色的创新成果。以上合示范区建设为例,2022年以来,上合示范区突出"一核引领",着力提升"四个中心"功能,聚力"做实、做好、做美、做响"。上合组织经贸学院正式挂牌;截止到2022年10月底,开行中欧班列620列,同比增长36.3%;2022年前三季度,签约落地15个示范引领项目,完成与上合组织国家进出口额49亿元、增长86.5%。

获批3年来,青岛自贸片区以制度创新为核心,以可复制、可推广为基本要求,106项试点任务累计形成226项创新案例,4项在全

国推广,29 项在全省复制推广,制度创新指数位列全国第五批自贸试验区 19 个片区第三位;全球首个绿色自贸园区指标创新体系获国际标准化组织(ISO/TC268)认可。驻青高校和科研机构相关专家从制度创新、辐射带动、取得成效 3 个维度对现代海洋、国际贸易、航运物流、现代金融、先进制造等五大产业进行评估,各项产业总得分 96.6 分。片区对青岛创新创业建设带动作用得到充分肯定,在具体产业中,国际贸易对经济社会发展的带动作用最强,依次是航运物流、先进制造、现代海洋和现代金融。在具体指标中,制度创新作用最突出,发挥了自贸区的引领作用。

表 2　青岛自贸片区对青岛经济社会发展的带动作用

| 主要产业 | 综合得分 | 制度创新 | 辐射带动 | 取得成效 |
|---|---|---|---|---|
| 现代海洋 | 96 | 95.3 | 97.2 | 95.6 |
| 国际贸易 | 98.9 | 98.6 | 99 | 99.1 |
| 航运物流 | 97.2 | 98.2 | 96.1 | 97.3 |
| 现代金融 | 94.6 | 95.6 | 92.5 | 95.7 |
| 先进制造 | 96.4 | 96.8 | 95.7 | 96.6 |
| 综合 | 96.6 | 96.9 | 96.1 | 96.8 |

## (六)市场化改革更加深入,要素市场更加完善

截至 2022 年 10 月,青岛境内外上市企业总数达到 77 家,其中,境内上市公司 62 家,实现沪深主板、科创板、创业板、北交所四个板块全覆盖。引导金融机构持续加大对民营中小企业的信贷投放力度,增加信贷供给、优化信贷结构。启动金融服务实体经济"春雨行动",开展"金融助实体·益企进园区"服务活动,"一企一策"推动政银企精准对接,为 1571 家次中小企业提供贷款担保业务 70.86 亿元。上线"资本大潮中的专精特新"融媒服务平台,引导金融机构

为"专精特新"等优质中小企业提供特色金融服务。

政府引导作用得到发挥,支持创新创业体制机制逐渐完善。青岛市充分发挥市民营经济发展工作领导小组、市促进小企业发展工作领导小组作用,形成市级领导牵头抓总、相关部门齐抓共管、各级政府分层负责、社会各界广泛参与的支持企业创新发展体制机制。先后出台"稳中求进"高质量发展政策包、助企纾困"42条"、激发市场活力稳定经济增长若干政策措施、优化法治营商环境25条等一系列惠企利民政策措施,搭建"青岛政策通"一站式政策服务平台,平台累计浏览量突破406万次,汇集政策信息2万余条,7600余家企业完成项目线上申报。持续开展"政策进企业 服务促发展"专项行动,建立覆盖全市的290人"企业政策专员"队伍,开展惠企纾困等政策宣讲活动33场。研究出台《关于落实政府性融资担保政策支持小微企业和"三农"主体发展的通知》等融资支持政策,服务企业超100万家次。实施《青岛市民营和中小企业发展促进条例》,从财税、金融、创业创新、权益保护等方面为民营和中小企业发展提供法治保障。从课题组对136家中小企业问卷调查反馈的结果看,企业对青岛市创新创业服务度较高。

**表3　受访企业行业分布情况**

| 行业分类 | 频率(家) | 占比(%) |
|---|---|---|
| 行业协会商会 | 9 | 6.6 |
| 金融类 | 10 | 7.4 |
| 双创平台 | 5 | 3.7 |
| 物流运输 | 10 | 7.4 |
| 餐饮服务 | 9 | 6.6 |
| 卫生医疗保健养老 | 10 | 7.4 |
| 文化体育新媒体娱乐 | 5 | 3.7 |

（续表）

| 行业分类 | 频率(家) | 占比(%) |
|---|---|---|
| 经贸批发零售业 | 13 | 9.6 |
| 信息传输、软件和信息技术服务业 | 10 | 7.4 |
| 商务服务法律咨询等 | 5 | 3.7 |
| 农业产业化 | 6 | 4.4 |
| 房地产行业 | 4 | 2.9 |
| 旅游行业 | 10 | 7.4 |
| 互联网行业 | 6 | 4.4 |
| 制造业 | 19 | 14.0 |
| 医药行业 | 5 | 3.7 |
| 总计 | 136 | 100.0 |

为投资人和企业解决困难和问题的工作力度　9.02
吸引人才的区别性政策，企业人才环境改善力度　8.87
扶持支持企业发展的政策竞争力　8.90
制定和执行涉企政策时，政企沟通机制和反馈机制　9.11
政务便捷化程度　8.79
市场准入环境程度　8.97
市场和企业的监管环境程度　8.79
引导投向科技创新领域的投融资鼓励政策力度　8.74
知识产权的保护及资本化程度　9.02
鼓励企业创业创新发展的产业配套与供应链系统　8.97

8.50　8.60　8.70　8.80　8.90　9.00　9.10　9.20

图1　受访企业对青岛市创新创业服务评价

## (七)政务服务水平不断提升,营商环境持续优化

2021年以来,青岛市从社会环境、政商环境、市场环境、法治环境入手提振信心,以"十个坚持"为统领确定41项改革任务90项具体举措。制订营商环境优化提升行动方案,推出46项创新举措,其

中,13项全国领先、8项北方领先。制定《青岛市营商环境优化提升三年行动规划(2022—2024年)》,推出了100条创新突破举措。深入开展"双全双百"工程,围绕企业、个人全生命周期,分别推出106项和115项高频事项极简办、集成办、全域办。打造"青e办"服务品牌,提供开办企业政务服务一网通办、社保登记、公积金开户、税务发票等业务,实现企业开办一个环节,0.5个工作日办结,并为全市新开办企业免费提供一套四枚印章和一枚税务ukey。打造PC端、APP、公众号、小程序"四位一体"的企业开办及注销智能一体化平台,全国率先实现企业登记注册全链条"掌上办、零材料、智能审"。上线全国首个电子照章融合应用的电子签署中心,为自然人和企业法人提供全流程、无纸化、无介质、一站式的商事登记办理服务。"市委书记信箱"累计转办督办民营企业来件68件,办结率100%。帮助34家企业清理欠款6255万元,累计清理欠款32.4亿元。2020年,在全国营商环境评价中列第11位,开办企业、劳动力市场监管、政府采购、招标投标、获得电力、获得用水用气、登记财产、获得信贷、保护中小投资者、知识产权创造保护和运用、跨境贸易、执行合同、办理破产、市场监管、包容普惠创新等15个指标领域进入全国前20位,相关改革经验和典型做法可供全国借鉴或复制推广。《中国城市政商关系评价报告》政商关系健康指数列全国第7位,全国中小企业发展环境评估综合排名居全国第11位,连续10年获得"外籍人才眼中最具吸引力的中国城市"十强。从调查情况看,创新创业环境也得到了本地企业的充分认可,满意度达到95%。

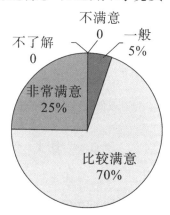

**图2　企业对创新创业生态发展综合满意度**

## (八)信用体系建设有新进展,创新创业社会环境得到根本改善

青岛市已获批国家社会信用体系建设示范城市,已建成100%覆盖自然人和法人的市公共信用信息平台。目前,实际存量数据已超过30亿条。全市范围内开展了基层政务公开标准化、规范化工作,制定政务公开工作量化考评方案,编制双公示目录,基本做到七天双公示信息公示率达到100%,实现市公共信用平台与行政处罚平台和审批平台的联动。青岛西海岸新区政务诚信平台重点从破除"信息壁垒""信息孤岛"入手,重点做好"建、联、管"一体化建设,在全国区级层面率先启动运行了商事主体信用信息公示平台(企业数据库),形成了"一网三库一平台"(信用西海岸网站、个人、企业、非企业法人三大公共信用信息数据库、新区公共信用信息交换共享平台),构建了"三纵多横"(以审批、处罚、信用平台与市级系统互联为"三纵",以区内市场、住建、执法等职能部门的平台相通为"多横")的互联共享平台体系。建立以信用为基础的新型监管机制。完善事前信用承诺制度,实现市场准入、容缺受理、信用修复等信用承诺全覆盖,建立事中信用分类评价制度,支持行业主管部门开展信用分级分类,以此为基础实施精准监管、高效监管。规范和加强事后信用联合奖惩,梳理完善信用联合奖惩行为清单和措施清单,加大对严重失信主体的惩戒力度,应用并推行统一的信用报告标准,为实现信用报告异地互认奠定基础。特别要提出的是,青岛市重点区域示范建设带动作用明显。青岛环保产业园打造"诚信园区"示范创建,一方面提高园区管委会诚信服务意识,另一方面完善了"智慧园区"微信小程序"诚信园区"板块升级,实现园区企业公共信用信息全归集,形成互联互通、业务协同、信息共享的园区公共信用信息平台,为企业提供便捷的信用政策法规、信息查询、信用修复等信用服务。

## （九）实现党的建设全覆盖，全面提升企业管理能力

中国共产党领导是中国特色社会主义最本质的特征，是中国特色社会主义制度的最大优势。青岛市把习近平总书记对民营企业党建"大有可为"的殷切期盼转化为"大有作为"的生动实践，探索出民营企业党建工作的新路径和新方式，推动新时代民营企业党建创新发展。特别是在"专精特新"企业实现党建的"专精特新"模式，以培育专业化人才队伍提升发展"引领力"、优化精细化管理机制凝聚发展"向心力"、建设特色品牌激活发展"驱动力"、打造创新型组织增强"生产力"，激发民营企业高质量发展的"红色动能"，点燃民营经济高质量发展的"红色引擎"，在全国有领先意义和推广价值。如特锐德集团通过党委组织高层民主生活会、中层反思会、全员吐槽会，开展批评与自我批评，消除员工心中的隔阂，结成思想共同体，让党建成为管理，成为看得见的生产力。明月海藻集团不断完善企业文化、工作流程、考核指标、工资薪酬、员工福利保障、荣誉体系、党支部工作手册等规章制度，逐步推进企业制度工作标准化、制度化、规范化。即发集团积极协调调动党委办公室、工会、团委等部门的工作积极性，建立了组织网络健全、硬件建设齐全、规章制度完善、活动经费充足的党建工作机制。新征程上，必须坚决捍卫"两个确立"，坚决做到"两个维护"，确保执行党中央战略决策不偏向、不变通、不走样，不折不扣，为优化创新创业生态提供政治保证。

# 二、青岛市创新创业生态建设中面临的问题和挑战

总体来看，青岛市通过一年多的努力，形成了许多领跑全省乃至领先全国的经验做法，值得总结推广。同时应看到，国际国内发展环境正发生深刻变化，对标国内先进城市，青岛市创新创业生态

建设面临诸多问题和挑战，特别是在营造市场化、法治化的营商环境过程中，还存在引进项目落地不畅、留不住人才、知识产权保护不到位、产业环境不完善、信用体系不健全等问题。

## （一）体制机制不完善，竞争力不足

"放管服"改革还不到位，政府服务意识有待提高。青岛市虽然持续推进"放管服"改革，但政府服务企业的意识还不够强，尚有很大的提升空间。如在政府服务企业时，严格按照现有政策执行，缺乏主动性与灵活性。区别对待国有企业与民营企业，带着"有色眼镜"来看待政府与民营企业的关系。有的政府工作人员的思想还不够解放，缺乏担当意识。有的政府工作人员的服务意识有待提升，如针对某个政策，青岛市已制定了具体细则，但需要落实该政策时，工作人员表示不清楚政策及详细的办理流程，这都给市场主体带来较差的政策体验。

惠企服务仍有薄弱领域，小微企业融资难、融资成本高的问题仍比较普遍；受产业结构调整和劳动者技能等因素影响，"招工难""就业难"并存的结构性矛盾依然存在；疫情条件下，原材料进货难、产成品发货慢等问题仍比较突出。从政策供给来看，部分支持中小企业发展的政策，因为缺乏具体配套措施导致难以有效落地。如中共青岛市委《关于加快建设创业城市的十条意见》（青发〔2020〕16号）内容全面，政策水平领先其他地区，真正实施到位的却远落后于深圳市、苏州市乃至合肥市、芜湖市等。从政策需求来看，存在不同程度的供需矛盾，如"专精特新"企业急需的应用场景开放和中试开发明显不足，有"管得太死""放任不管"两种极端倾向。从调查情况看，企业对政府部门为其解决困难和问题的工作力度不够满意，最主要的问题是责任意识不够强、缺少激励机制。

政府部门以发展为中心的责任意识不够强　25.51

政府部门对解决企业的困难问题缺乏足够的压力
和动力，缺少鼓励职能部门主动作为的激励机制　24.94

政府部门对解决企业困难问题的督查和问责不够　24.93

政府部门未普遍建立政企对接平台和沟通机制，
企业反映困难问题的渠道不畅　24.62

23.50　24.00　24.50　25.00　25.50　26.00(%)

**图3　企业对政府部门为其解决困难和问题的工作力度不够满意的主要原因**

与先进城市相比,青岛市民营骨干企业数量少、规模小,还缺少有引领力的领军标杆企业。从中国民营企业500强看,青岛市只有4家企业入榜,与杭州、深圳等先进城市存在较大差距。从体现创新能力的专精特新"小巨人"企业看,2022年,青岛市新增54家,增长率达到55.6%,但在总量上与深圳、宁波等先进城市依然有很大差距。

## (二)创新能力需提高,创业环境需改善

与国内先进城市相比,青岛市面向国际、国内两个市场配置资源的功能有待加强,全面融入全球产业链供应链的优势不明显,金融业等新兴服务业整体发展水平较低,重点领域关键环节改革任务仍然艰巨,引领创新型企业少,创新能力不适应高质量发展要求,融资难、人才缺乏等问题尚未得到有效解决。

发展生态有待优化。新产业布局规划统筹力度不够,存在低层次无序竞争和同质化发展问题。例如,新一代信息技术产业包括6个领域,生物医药产业包括几十个细分领域,区(市)规划的产业定位仅提出产业发展的大方向,未明确发展的重点领域;高新区、即墨区、胶州市、莱西市、崂山区、西海岸新区6个区(市)同时布局了生物医药产业园。国有企业资产总规模较大,作为新经济发展生力军

的民营企业,生长空间在一定程度上受到挤压。"四新"经济培育机制不健全,政府资源释放和场景供给不足,种子期、初创期企业仍面临资金瓶颈等问题,尚未形成适宜"四新"经济发展的"热带雨林"。

从本次调研来看,企业人才和用工环境是所有评价中评分最低、最需要提升的方面。分行业来看,房地产行业有 50% 受访企业认为青岛人才和用工环境一般;医药行业、互联网行业、行业协会商会、制造业、金融类、经贸批发零售业等行业中有 30% 及以上的受访企业认为青岛人才和用工环境一般。更有文化体育新媒体娱乐、卫生医疗保健养老、信息传输、软件和信息技术服务业以及商务服务法律咨询等行业的受访企业认为青岛人才和用工环境比较差,其中,文化体育新媒体娱乐行业中,有 40% 的受访企业认为青岛人才和用工环境比较差。需要进一步提升青岛企业人才和用工环境,尤其是文化体育新媒体娱乐、房地产行业、商务服务法律咨询等行业企业的人才和用工环境。

表 4  受访企业员工享受过的人才政策情况

| 人才政策分类 | 受访企业享受政策占比(%) |
| --- | --- |
| 海外高层次人才政策 | 3.3 |
| 领军型创业人才政策 | 6.6 |
| 引进在职人才政策 | 10.7 |
| 引进外国专家政策 | 4.1 |
| 引进留学人才政策 | 4.9 |
| 吸引毕业生人才政策 | 48.4 |
| 柔性引进人才政策 | 3.3 |
| 吸引进站博士后人才政策 | 4.9 |
| 其他 | 35.2 |

技术创新项目落地难。本次调研主要针对节能环保产业,地方支持力度与深圳市有很大差别。如深圳市的清研环境科技股份有限公司主营业务系污水处理领域销售工艺包产品,主营业务收入85％来源于深圳市,以深圳市为中心的华南地区是收入贡献最大的区域,具有业务地域集中度高的特点。湖南艾布鲁环保科技股份有限公司 2018—2020 年来自湖南省业务收入占比分别为 88.34％、71.61％、68.24％;湖南军信环保股份有限公司 2018—2020 年来自长沙市业务收入占比分别为 98.60％、98.52％、98.65％,上述企业的收入、业绩绝大部分来源于本地业务,本土优势凸显,部分得益于当地政府对辖区企业技术的大力推广扶持。而青岛市同行业具备自持技术的企业,尽管外地市场占有率和业绩较高,项目却一直未在青岛落地。

## (三)要素市场要加强培育,上市融资急需支持

市场开拓缺乏支持。在低碳、绿色的时代背景下,装配化的建设模式,可减少施工中资源浪费和噪声污染,同时实现大规模的工厂化生产,减少现场湿作业,改变传统现场高能耗、高污染、低产出的生产方式,实现节水、节能、节材、环保的目标。如中科坤泰装配建筑科技有限公司的装配式产品已经实现多元化发展,主导产品有装配式地铁车站、箱涵、综合管廊、电力工井等,涉及轨道交通、市政、路桥、电力、水利、环境等八大领域。但以上工程领域对装配式产品的认可度不高,对装配式建筑的基本认识片面,且市场能力不足。相对于上游生产制造端"跑马圈地"的扩张速度,装配式建筑行业市场反应显得滞后,造成了一边"项目短缺"、一边"产能过剩"的矛盾。

上市融资急需支持。一个本土企业上市的作用等于引进一个100 亿元大项目,但目前青岛市拟上市企业遇到种种困难,需政府和中介服务机构支持与帮助。如青岛雷神科技股份有限公司作为

青岛市本土培育成长起来的"专精特新"示范企业,雷神科技 IPO 申报内部决策程序均已履行完毕,股转系统相关信息披露工作已经完成,各中介机构申报材料也已经齐备,北交所 IPO 申请成功过会即将成为在北交所上市的第 5 家本土企业,希望证监局和相关部门做好工作,助力雷神科技早日上市成功。青岛沃隆食品股份有限公司是一家集生产加工、国际贸易与电子商务于一体的制造企业,主营业务覆盖坚果、果干、烘焙等品类,涵盖每日坚果、单一坚果果干、节日礼盒、烘焙产品等近百种产品,顺利的话 2022 年将上市。目前,其面临的主要困难是人民币贬值带来进口成本压力和国内销售减少带来经济效益下滑,实现销售收入过 10 亿元和利税过 1 亿元的目标难度大。青岛三星精锻齿轮有限公司、青岛琅琊台集团股份有限公司等一批传统企业则由于历史遗留股权问题,无法通过审核,导致难以启动上市融资。

担保体系尚需完善。虽然青岛市 2021 年成立了市级再担保公司,但再担保潜力尚未充分释放,区(市)一级只有胶州、平度、莱西三市成立了政府性融资担保机构,民营和中小企业还难以享受到低成本担保资金的红利。

## (四)政务服务水平后有待提高,数据交互仍存在堵点

在调查中发现,多平台交互不贴合或单平台功能需齐全完善,政务数据信息共享存在缺口,数据共享时效性和数据质量有待提升,存在无法共享、共享数据不全、共享数据不符合法定形式等情况。审批与监管联动性不强。重审批、轻监管的情况仍然存在,相对集中行政许可权改革后,审管衔接工作还存在短板,有的领域存在推诿与争权现象。

为深入了解青岛市企业和居民获得政务服务的有关情况,此次调研课题组还随机选取办理业务的普通居民作为调查对象,采取问卷调查方法,共调查 10 个区(市),发放调查问卷 220 份,收回样本

219 份,有效样本 219 份。本次调查以企业人员为主(在 219 位受访人员中达到 171 人),被调查者通过咨询电话、大厅帮办导办台、微信公众号、大厅和网站的办事指南四种方式都可以了解行政审批材料和流程,且 70% 的被调查者选择通过政务服务网、企业开办一网通系统或办事大厅窗口两种渠道提交相关的业务申请,行政服务工作呈现出多样化的发展态势。

针对行政服务中心窗口工作人员业务能力与办事效率的调查。94% 的被调查者对于工作人员的相关解答表示满意,仍有 5% 的被调查者认为表示得到部分解答,工作人员的业务水平仍需提高。86% 的被调查者从叫号到办理的等待时间控制在 15 分钟内,14% 的被调查者等待时间则超过 15 分钟,窗口工作效率仍存在提升的空间。

针对政府工作信息披露与部分制度实施的调查。从微信公众号上对政府信息进行了解占比 24%,其他依次是从政务网站、政务 APP、报纸电视广播以及政府公报等渠道获取政府信息,因此,涉及相关政府信息的变化,需要做到各平台即时更新,保证民众能及时快速地掌握相应的政府信息。政府的政务服务清单的网络查询宣传有待加强。81% 的被调查者知道政务服务网上有专门版块集中公布的政府服务清单,不了解网上查询政务服务清单的受访者高达 14%,需要加强政务服务清单网络查询的宣传,提高行政效率,防止服务对象多次跑。

关于代收转办以及业务材料送达的相关制度有待完善。政务大厅内的代收转办业务需要加大宣传告知力度,22% 的被调查者不了解没有进驻大厅的事项,政务大厅可以代收转办这一制度,72% 的被调查者表示了解政务大厅有相关制度并可以代收转办,72% 的被调查者表示业务材料的送达有邮寄、现场领取两种方式,16% 的被调查者则被要求现场领取相关业务材料,业务材料送达方式存在多样化发展的空间。对"青 e 办"APP 和"一码通城"工作的使用推广需要加强推进,23%的被调查者作出了"不了解该 APP"以及"虽然用过但是很一般"的评价,对"一码通城"也不甚了解。

### (五)高水平开放经济还存在一些突出问题和短板,国际化环境需提升

青岛市链接国内国际双循环功能不够强,面向全球配置资源能力有待提升,深度融入全球产业链供应链的优势还不明显。进出口货物产品附加值较低,服务贸易和数字贸易等新型贸易发展滞后,总体处于全球价值链供应链中低端,实际利用外资水平有待提高,风险防控体系不够健全。招商引资和利用外资方式仍较为单一,招商引资仍较大依赖政府主导,招商公司、招商顾问、招商中介等"第三方"招商机构的作用发挥不足,开展行业协会商会招商、以商招商等社会化招商举措相对较少,产业引导基金对招商引资的叠加放大作用尚未充分显现。利用外资方式仍以传统"绿地投资"模式为主,股权出资、参股合作、外资基金等新方式对利用外资的实际贡献相对不足,先进制造业项目产生的外资到账总量偏少;日本、韩国作为新区传统利用外资来源地,优势尚未完全展现。具体到自贸区,深圳前海累计推出 560 项制度创新成果,在全国、全省、全市分别复制推广 50 项、69 项、165 项。青岛自贸片区在具有青岛特色的中日韩区域经济合作、高质量发展海洋经济等方面开展的差异化特色化制度创新探索偏少,需进一步深入研究,找准突破点。

## 三、优化青岛市创新创业环境的对策建议

构建高水平社会主义市场经济体制,建设现代化产业体系,全面推进乡村振兴,促进区域协调发展,推进高水平对外开放——党的二十大报告对推动高质量发展作出一系列战略部署。青岛要锚定未来 5 年"经济高质量发展取得新突破,科技自立自强能力显著

提升,构建新发展格局和建设现代化经济体系取得重大进展"等目标任务,深入学习领会、坚决贯彻落实党的二十大作出的战略部署,开拓进取、扎实工作,牢牢把握高质量发展这个首要任务,把高质量发展要求体现到各方面工作中。

## (一)明确制度创新目标,明晰打造制度创新高地路径

完整、准确、全面贯彻新发展理念,坚持社会主义市场经济改革方向,坚持高水平对外开放,加快构建以国内大循环为主体、国内国际双循环相互促进的新发展格局。进一步完善发展思路、政策举措、实施路径,加快打造现代产业先行城市、引领型现代海洋城市、国际化创新型城市、国际门户枢纽城市、宜居宜业宜游高品质湾区城市、现代化治理样板城市,在全省勇当龙头、在全国争先进位、在全球彰显特色,不断开创新时代社会主义现代化国际大都市建设新局面。

加快转变政府职能,深化行政审批制度改革,打造国际一流营商环境。以功能区机构改革为契机,坚持市场化改革取向和去行政化改革方向,建立更加精简高效、运营机制更加灵活实用、人员管理更加富有活力、政策支撑更加系统集成的体制机制。持续提升政务服务效能。要创新政务服务方式、增强政务服务能力,推动更多政务服务事项网上办、掌上办,全面建设"无证明城市",不断提升企业和群众的获得感和满意度。加快推进政务服务"三化"(标准化、规范化、便利化)。按照"标准规范、四级统一"要求,加快修订完善政务服务事项基本目录、实施清单、办事指南,建立健全"一张清单管到底"工作机制,持续推进政务服务标准化创新发展。按照"网上办理优先、线上线下并行"要求,不断优化线上办事服务,规范政务服务场所建设,推动线上线下服务深度融合。充分运用新思维、新技术、新手段,加快流程再造、业务重构、规则重塑,推出更多简约高效、务实管用的改革举措。加快打造无证明城市。作为转变政府职

能、优化营商环境的重要抓手,把全面建设"无证明城市"工作作为青岛市深化"放管服"改革优化营商环境的重要抓手,尽快制订专项行动方案。

扩容"青岛政策通"平台,提高政策兑现质效,实现惠企资金横到边、纵到底的全生命周期管理。开展"政策进企业·服务促发展"专项行动,细化政策进专班、进企业、进商会、进园区"四进"活动,开设政策讲堂、专员课堂、服务会堂"三堂"服务。密切跟踪民营和中小企业运行态势,加强政策研究和储备,制定出台小微企业贷款风险补偿等实施细则,稳定民营和中小企业发展预期和信心。

### (二)聚集创新资源,创新生态体系

教育、科技、人才是全面建设社会主义现代化国家的基础性、战略性支撑。推动高质量发展,必须坚持科技是第一生产力、人才是第一资源、创新是第一动力。深入实施科教兴国战略、人才强国战略、创新驱动发展战略,推动教育优先发展、科技自立自强、人才引领驱动。进一步加强基础研究、应用研究和科技成果转化,坚决打赢关键核心技术攻坚战。强化科技创新制度保障,优化企业创新生态和激励引导机制,适度超前布局国家重大科技基础设施,加快建设高水平创新平台,打造区域创新高地。

坚持创新在经济发展中的核心地位和民营企业主体作用,深度融入国家科技创新大格局,围绕产业链部署创新链,提升企业创新能力,激发人才创新活力,完善创新体制机制,进一步强化科技创新对民营经济和中小企业发展的支撑引领作用。实现"全市一盘棋、全国一幅图、全球一张网"的创业创新服务网络图景。

营造创新发展生态。推动产业链、资金链、人才链、技术链"四链合一",激发全社会创意创新创造创业活力。围绕新经济企业、产业功能区对人才、技术、资本、数据的现实需求,创新新经济要素供给,打造要素精准匹配、企业繁茂生长、创新活力迸发的新经济生

态。围绕建链强链补链实施新经济头部企业落地计划,以城市的整体力量与头部企业的平合力量深度合作,打造新经济企业发展梯队,培育新经济"城市合伙人"。围绕创新提能加大场景供给力度,完善"创新应用实验室＋城市未来场景实验室＋城市机会清单"机制,构建美好生活、智能生产、宜居生态、智慧治理有机融合的场景体系。创新新经济人才、技术、资本、数据核心要素供给,打造最适宜新经济发展城市。

完善创新创业服务体系。完善鼓励研发投入的政策扶持机制,全面落实研发费用税前加计扣除政策,综合运用项目支持、研发后补助、风险补偿等财政支持方式,鼓励民营企业加大研发投入。引导和支持社会机构提供各类创新创业服务,开展创业教育培训,举办"市长杯"中小企业创新创业大赛、创客产品大集、路演和训练营等活动,打造"千帆汇"创业品牌。鼓励支持中小企业参与青岛创新节、全球创投风投大会等品牌活动,参与"赢在青岛,创在青岛"创新创业大赛。建设创新创业综合服务中心,打造研发创新、海洋技术转移、知识产权、投融资、检验检测、科技基础资源、科技智库、数字科普、产业集群、人才公寓等十大创新创业服务平台,为民营企业创新创业提供技术创新、上市辅导、创新成果转化与应用、数字化智能化改造、知识产权应用、上云用云及工业设计等服务。提升政府引导基金对社会资本的导向作用,加强对种子期、初创期中小微科创企业的支持。鼓励孵化机构以市场化手段联合金融、投资、技术转移、知识产权等各类服务机构,组建孵化器联盟等行业组织,促进创新创业服务资源向孵化器聚集,为创新创业提供全方位、多层次和多元化的一站式服务。

强化企业创新主体地位,发挥科技型骨干企业引领支撑作用,积极培育"专精特新"企业,营造有利于科技型中小微企业成长的良好环境,推动创新链产业链资金链人才链深度融合。建设国家(青岛)知识产权保护中心。

### (三)优化空间布局,构建现代产业体系

坚持把高质量发展作为首要任务,纵深推进新旧动能转换,加快建设现代化经济体系,推动经济实现质的有效提升和量的合理增长。构建现代产业体系,把着力点放在实体经济上,坚定不移抓实体经济和招商引资,持续壮大24条重点产业链,超前谋划未来产业,推动15个新兴产业专业园区建设,推动"两业"加快融合发展,培育一批世界级、国家级先进制造业集群。

坚持把发展着力点放在实体经济上,持续实施新旧动能转换,推动形成经济发展空间新格局,加快构建战略性新兴产业引领、传统支柱产业和现代服务业支撑的现代产业体系,提高民营经济和中小企业的质量效益和核心竞争力。持续优化劳动、资本、土地、资源等生产要素配置,不断提高全要素生产率,形成优质高效的现代化产业体系、多层次的创新体系,开辟发展新领域新赛道,塑造发展新动能新优势。

打造特色鲜明的新一代信息技术产业新高地。瞄准人工智能、5G通信、大数据、区块链、VR/AR、高端软件等领域,引育一批民营骨干企业,促进融合创新应用,高水平建设中国软件特色名城、国家人工智能创新应用先导区和5G产业发展先行城市。重点突破集成电路,立足本地整机(终端)和新能源汽车应用需求,扩大惠科等集成电路制造规模,争创国家"芯火"双创基地(平台),形成集成电路设计、制造、封测、装备、材料全产业链发展格局,打造中国北方集成电路产业发展高地。在类脑智能、量子信息、未来网络领域,组织实施未来产业孵化与加速计划,谋划布局未来产业。

打造国内知名的海洋先进制造业基地。发展海洋工程装备、海洋生物医药、海洋新材料等海洋新兴产业,做大做强水产品加工业,全面提升海洋先进制造业发展水平。提升船舶海工自主设计、系统集成、工程总包能力,大力发展深远海海洋环境观测、监测和勘探装

备设计制造,提高船用设备核心发展能力和关键零部件配套能力。推进大型成套海水淡化装备研发建造,开展反渗透膜、多级离心高压泵、能量回收装置等关键设备制造技术研发。培育海上风电装备制造企业,开展海上风能关键技术攻关和应用示范,推动具有自主知识产权的核心装备开发,积极探索"海上风电+海洋牧场""海上风电+制氢""海上风电+海水淡化"等跨界融合发展新模式。加快对海洋药用资源开发利用,推动海洋生物医药科技成果孵化和产业化,依托正大制药、黄海制药、蓝谷药业等重点企业,实施"蓝色药库"开发计划,研发采用新靶点、新作用机制的海洋创新药;依托明月海藻、聚大洋藻业、博益特等骨干企业,开发以海洋新型酶类、酶制剂为代表的海洋生物制品,以及以创伤修复材料、组织工程材料等为代表的海洋生物医用材料。基本建成国内一流、国际先进的海洋生物医药产业研发、孵化和生产基地。鼓励涉海科研机构和企事业单位人才依规发挥自身优势,创办招商平台;推动区域产业差异化发展,培育壮大涉海企业,推动创投风投机构与涉海初创企业合作,引导民营企业做大做强。

打造国内重要的智能制造装备产业基地。重点发展智能成套设备、智能仪器仪表与检测设备、智能电网装备等优势行业,培育壮大机器人、增材制造装备等产业规模,突破高档数控加工中心、热冲压力成型生产线等重大装备短板,加快关键零部件制造技术的攻关创新,提升智能制造装备集成创新能力,推动装备制造业由数字化单机向智能化制造单元和成套设备转型,打造国内重要的智能制造装备产业集群。

打造国内特色鲜明的能源环保产业基地。重点建设氢能源、风光电、生物质能等新能源项目,以及天然气发电、热电联产、清洁高效煤电和燃煤电厂节能减排升级改造项目;积极吸引民间资本参与电网、油气管网、煤炭储运设施建设运营。按照山东省的要求,支持产业龙头企业设立创投机构,整合上下游产业链;支持市场化转型完成后的地方政府融资平台公司拓展创业投资业务,发起设立创业投资企业。支持民营企业参与大气、水、土壤污染防治,引导民营企业参与污水垃圾等环境基础设施建设、危险废物收集处理处置、城乡黑臭水体整治、产业园区绿色循环化改造、重点行业清洁生产示范、海水(苦咸水)淡化及综合利用、污水资源化利用、化工等工业园区治污项目等重大生态环保工程建设。复制应用深圳扶植企业发展的模式,支持民营企业和大型国企、城投开展创新资源对接活动,分行业设置"链主企业"名单,设置具体的鼓励政策和要求,以鼓励链主企业向中小企业开放供应链,发布产品和服务采购计划,在基本等质等价的前提下,鼓励链主企业优先选择本地"专精特新"中小企业名单中主体,对于"专精特新"企业参与链主企业的采购时,将近三年内在青岛本地交纳税额作为评标加分项,并且设置更高的分值。另外,在政府或国企采购时,还可以将青岛本地"专精特新"企业的"亩产效益"作为评分项,为有技术、有经验、有优势的本地创新型技术企业搭建有效的要素供需对接平台,鼓励企业以 EPC、EPC＋O、EPC＋F 等模式参与青岛市域内污水处理厂提标改造建设。

### (四)完善市场监管,优化创新创业市场环境

着力构建高水平社会主义市场经济体制。坚持"两个毫不动摇",充分发挥市场在资源配置中的决定性作用,更好发挥政府作用,营造好的政策和制度环境,提高国有企业核心竞争力,促进民营经济发展壮大,支持中小微企业发展,让国企敢干、民企敢闯、外企敢投。深化"放管服"改革,营造市场化、法治化、国际化一流营商环境。建设高标准市场体系,深化要素市场化改革,加快构建高效规范、公平竞争、充分开放的全国统一大市场。推进能源、铁路、电信、公用事业等行业竞争性环节市场化改革。为资本设置"红绿灯",依法加强对资本的有效监管,依法规范和引导资本健康发展。

强化事中事后监管。要进一步厘清监管责任,按照改革确定的

监管要求，健全监管规则和标准，细化事中事后监管措施。对于审管分离的许可事项，严格遵循"谁审批谁负责、谁主管谁监管"的原则，进一步规范审管衔接备忘录，优化审管信息双向反馈机制。实行跨领域跨部门综合执法的，相关审批和主管部门要支持配合综合执法部门查处违法违规行为。深入推进"互联网＋监管"，实现部门监管平台互联互通，推进监管数据归集共享。健全"互联网＋监管"系统风险分类、风险预警、风险分析、联合监管等功能，运用远程监管、移动监管、预警防控等非现场监管手段，提高监管业务支撑能力。

强化公平公正监管。要完善公平竞争审查制度，清理取消差别化待遇和排他性不正当竞争行为。全面推行"双随机、一公开"监管，除法律法规对检查方式有明确规定外，各级、各部门日常检查都要通过"双随机、一公开"的方式进行。要深入推进部门联合"双随机、一公开"抽查常态化，将企业信用风险分类结果与"双随机、一公开"监管有机结合，实施差异化精准监管，使监管无事不扰，又无处不在。对安全生产、食品药品等涉及公共安全和人民群众生命健康等重点领域，统筹做好信用监管和风险监管工作，严格按照现有规定实施重点监管。持续推进部门信息共享和涉企信息统一归集公示，对失信市场主体在政府采购、行政许可、银行信贷、授予荣誉称号等方面依法依规予以限制或禁入。

强化包容审慎监管。严格落实市场监管领域轻微违法行为不予行政处罚规定，深化宽严相济、情理相融的市场监管服务型执法，对处于发展初期的市场主体，特别是新业态、中小微企业的无心之过以及对违法行为轻微、没有造成危害后果或危害后果轻微及时改正等存在法定事由的违法行为采取包容监管。陆续推出服务型执法相应的配套办法和扶持企业发展的具体措施，以进一步提高服务的精准性和有效性。

切实维护企业合法权益。发挥法治引领作用，让政府各项工作在法治轨道上运行,提高职能部门制定和实施公共政策的严肃性和责任感,切实维护企业的合法权益。坚持"新官必须理旧账"。认真履行在招商引资政府与社会资本合作等活动中与投资主体签订的各类合同,严防以政府换届、领导人员更替、行政区划调整、机构职能调整等理由违约毁约的情形。要着力加强政务诚信建设,为法治政府建设提供有力支撑。要注重公共政策兑现,完善涉企承诺政策主动兑现机制,健全联动监督机制。要多措并举做好政府合同合法性审查工作,通过规范合同文本、统一审查流程、加大审查力度、加强风险预判等举措,为防范政府签约履约法律风险和推动全市经济社会发展保驾护航。要持续开展党政群机关履约情况专项清理工作,进一步提升政府法人主体意识、契约精神和各级领导干部依法办事、依规则办事的法治思维能力。对各类市场主体一视同仁。要充分发挥市场在配置资源中的决定性作用,对各类所有制企业一视同仁,依法平等地保护各类市场主体产权和合法权益,加快营造稳定公平透明可预期的营商环境,进一步降低市场交易成本,培育参与国际竞争合作新优势。加强产权保护,依法平等保护各种所有制经济产权。严格落实"全国一张清单"管理模式,严禁各地区各部门自行发布具有市场准入性质的负面清单,维护市场准入负面清单制度的统一性、严肃性、权威性。严格规范公正文明执法。不断加强法治政府建设,积极争创法治政府示范市。落实"十四五"政府立法规划,全面开展规章规范性文件评估和清理。严格规范涉企执法,无论管还是罚,都要坚持依法依规,要减少行政执法的自由裁量权,维护市场主体和群众的合法权益,推动市场经济运行活而有序。提升政府购买法律服务督促惠企政策落实工作的知晓度和公信力。实现行政执法全方位、全流程监督,纠正行政执法不作为、乱作为、选择性执法、逐利执法等行为。

## （五）推动数字城市建设，优化创新创业技术环境

加快数字产业化和产业数字化，突破发展传感器、大数据、云计算、区块链等产业，深化提升"工赋青岛·智造强市"城市品牌，引领山东半岛工业互联网示范区建设，促进数字经济和实体经济深度融合。

推动数字产业化发展。夯实 5G、物联网、集成电路等关键基础性产业，加快发展 5G 应用、先进模拟集成电路等技术和产品。率先发展人工智能、大数据、云计算、区块链等核心引领性产业，重点发展智能硬件产品和高端软件、新一代智能基础材料、区块链技术，强化人工智能产业共同体引领集聚效应。培育特色创新型人工智能领军企业、行业领先的智能工厂和特色鲜明的数字化车间，支持人工智能领域企业开展技术应用、产品推广和创业辅导，推动人工智能与垂直行业融合创新。培育虚拟现实、超高清视频、智能网联汽车等新兴应用性产业，重点在智能可穿戴设备、数字内容、车路协同、自动驾驶等领域取得突破。布局量子通信、超级计算等高端前沿技术，率先发展量子传感器、量子存储器等关键高端技术。建设软件与信息技术服务、物联网、大数据、云计算、虚拟现实等数字经济集聚区。推动中小企业加快智能化产品、服务的优化和价值拓展，培育智慧零售、无人配送、智能制造等新增长点。

加快建设数字政府。持续强化数字技术在政务服务领域的应用，推动系统平台对接融合和数据资源共享应用，推进政务服务模式创新变革。加快"数字机关"建设。深入贯彻国家、省、市关于数字政府、数字机关建设决策部署，坚持"数字赋能审批、流程再造驱动"，坚持以数字化、系统化应用，丰富标准化、规范化、便利化的政务供给，以智能化、精细化服务，满足多元化、差异化、个性化的办事需求，打造数字化转型的"青岛模式"。按照"应汇尽汇、高质高效"原则，加快将数据和电子证照向平台汇聚，最大限度满足共享需求，

为深化"放管服"改革优化营商环境工作提供更多数字化解决方案。深化"双全双百"工程。在政务服务事项标准化的基础上,继续按照不同应用场景、业务情形,将多个关联的"单项事"整合为"一件事"集成化办理服务场景,实现服务入口统一、办理标准统一、办事体验统一,将"双全双百"主题集成服务打造成为"爱山东"政务服务品牌的标志性成果。围绕企业、个人和社会组织"全生命周期"涉及的不同阶段,根据企业、群众、社会组织办事需求和习惯,通过迭代和新增的方式,分批推进,实现重点阶段和场景全覆盖。持续优化线上"双全双百"专区建设,完善线下办事窗口,提升群众办事体验,实现企业群众好办、易办。深化"互联网+政务服务"。推动青岛政务网、山东政务服务网(青岛站)资源全面融合,建设完善"一网通办"总门户。推进青 e 办 APP 和爱山东 APP 移动政务服务平台后台融合,实现"一次开发、多端发布",实现更多的特色应用上线发布。推动政务服务向城市生活、智慧社区等便民服务领域延伸。

## (六)积极融入国内国际双循环,优化创新创业国际环境

持续深化商品、服务、资金、人才等要素流动型开放,稳步扩大规则、规制、管理、标准等制度型开放,依托我国超大规模市场优势,吸引全球资源要素。推动货物贸易优化升级,创新服务贸易发展机制,实施自贸试验区提升战略,加快建设海南自由贸易港,支持跨境电商、海外仓等发展,加大吸引外资力度,推动重大外资项目落地,持续完善外资安全审查机制,深化双边、多边、区域合作,推动共建"一带一路"高质量发展,构建互利共赢、多元平衡、安全高效的开放型经济体系。

稳步提升对外贸易水平。推进国家进口贸易促进创新示范区建设,培育省级进口贸易促进创新示范区。推动产业集群和进出口企业区域品牌商标化,集中培育一批市场占有率高、经济效益好、辐射带动强、有较高知名度的地理标志品牌产品和绿色食品、有机认

证产品出口,提升出口产品附加值。推动绿色引领,加快绿色低碳转型,落实碳达峰、碳中和等重大战略决策,推进外贸高质量发展和生产生活方式绿色转型。促进内外贸质量标准、认证认可相衔接,实施内外销产品"同线同标同质"工程,畅通企业出口转内销渠道。

培育外贸新业态、新模式。用好跨境电商零售出口退税"无票免税"政策,推动民营优势产品扩大跨境电商出口规模。推动民营企业建设跨境电商海外营销网络。鼓励跨境电商企业建设"海外仓"和海外运营中心,带动出口企业融入境外零售体系。依托青岛西海岸新区"国家进口贸易促进创新示范区"打造一批优质民营载体,扩大进口规模,带动相关产业提质增效。大力发展数字贸易,创建国家数字服务出口基地,鼓励企业向数字服务和综合服务提供商转型。支持企业不断提升贸易数字化和智能化管理能力。建设贸易数字化公共服务平台,服务企业数字化转型。

深化与日、韩的国际合作。发挥青岛在中韩自贸区建设中的地缘优势,支持民营企业围绕文化、电子商务、通信等产业与韩企对接,鼓励企业制造电饭锅、洗衣机、冰箱、医疗仪器、家电零部件等零关税产品和冷轧钢板、不锈钢热轧钢板、厚板等贸易自由化产品。积极扩大服务业领域对日、韩开放先行先试,提升医疗、养老、美容、旅游、教育、商业、物流等领域与日、韩的合作水平,深化旅游、体育、文化等领域与日、韩的互动交流。

深化与"一带一路"沿线国家合作。支持民营中小企业参与上合示范区建设和中国(山东)自贸试验区(青岛片区)建设,充分利用境外国际合作园区,构建与国际投资贸易规则相对接、具有区域特色的中国新范例。引导优势民营企业在"一带一路"沿线国家建设境外加工贸易、资源开发、农业合作、商贸物流和科技研发"五大基地",搭建中小企业对接平台,实现集聚发展,培育上下游完整产业链。

深化与 RCEP 成员国经贸合作。加快建设 RCEP 青岛经贸合作先行区创新试验基地,推动成员国贸易投资规模和质量"双提升"。抢抓 RCEP 赋能"双循环"链接的历史机遇,启动 RCEP 试验基地规划建设,打造以邮轮母港区为"一核",滨海产业创新走廊、滨河创新发展走廊为"两廊",历史城区及四个产业集聚区为"五区"的整体布局,重点建设"五中心一所一平台"等引领性项目。在融入 RCEP 国际合作网络基础上,构筑连接长三角和京津冀的沿海南北经济大循环服务枢纽,实现南部产业活力北上与北方国企战略转移升级的南北双向传导和本地汇集,带动本土中小企业集聚发展,形成沿海南北大循环和两黄国际大循环的综合交叉枢纽,放大提升胶东经济圈发展能级,形成内外双向辐射与多元化对流循环的枢纽平台。

## (七)激发市场主体活力,增强创新创业内生动力

深入实施"人才强青"计划,深化人才发展体制机制改革,强化用人单位主体地位,完善项目驱动的人才招引机制,培育集聚一批高层次人才。创建"党管人才·人才向党"工作品牌。聚焦全面振兴实体经济发展战略,围绕 24 条重点产业链推行产业链"链长制",出台产业链供应链创新链党建工作意见,加强党务工作者队伍建设,进一步提升"两个覆盖"质量,以党建引领链主企业勇于承担青岛市开放发展的"主角"。组建党建联盟或联合党委,形成党建引领、产业链接、互促共赢的链上党建工作体系,促进链上非公有制企业组织融合、资源聚合、发展联合,使党建工作在产业链上"领跑",成为推动青岛市经济社会高质量发展的加速器。

擦亮全国民营经济示范城市首批创建城市"招牌",按照"走在前"标准,创造和发掘更多先行先试的创新成果。争取国家中小企业发展基金子基金落户青岛,为企业发展提供要素保障。深入实施促进民营经济高质量发展十大专项行动方案,开展青岛企业家日和企业家宣传周系列活动,提升企业家的荣誉感、获得感和社会影响力。

**课题组组长**：毕监武　青岛市社会科学院经济研究所所长、研究员

**课题组成员**：王发栋　青岛市社会科学院编辑部副主任

王正巍　青岛市社会科学院经济研究所助理研究员、博士

陈　虹　山东外贸职业技术学院副教授

陶顺君　青岛市人民政府办公厅一级主任科员

李中强　青岛市民营经济发展局一级调研员

刘　璐　青岛市民营经济局机关党总支书记

**执　笔　人**：毕监武　王发栋　王正巍

# 关于青岛市全面建设"无证明城市"的调研报告

## 青岛市人民政府办公厅课题组

**编者按：**中共青岛市委常委、市政府副市长耿涛于 2022 年 6 月 8 日对该调研报告作出批示："请大数据局会同市行政审批局阅研。要拿出'攻坚方案'，务必盯住关键问题，逐个销号，切实提升群众获得感。"7 月 27 日、10 月 26 日，根据调研报告建议形成的《青岛市"无证明城市"建设 2022 年攻坚行动方案》《青岛市公共数据运营试点突破攻坚方案》印发实施。"无证明城市"建设工作社会关注、企业和群众关切，加快推进这项工作，将明显提升广大企业和群众的获得感和满意度。青岛市包括"无证明城市"建设方面的经验做法经山东省政府办公厅汇总上报后，得到国务院主要领导的肯定性批示。山东省委、省政府主要领导也作出批示。

近年来，山东省着力建设"无证明之省"，山东省政府工作报告、省政府常务会议、省第十二次党代会都强调要加快"无证明之省"建设，并且要求青岛市率先建成"无证明城市"。青岛市政府办公厅会同市大数据发展管理局、市行政审批局、市司法局等部门结合开展"作风能力提升年"活动，对青岛"无证明城市"建设情况进行了深入调研分析，提出进一步打通系统壁垒和数据壁垒、切实增强群众和企业的获得感及满意度等对策建议。

# 一、青岛市建设"无证明城市"的做法

## (一)健全体制机制,加强整体统筹

青岛市按照山东省委、省政府要求,结合数字政府建设,成立了由市委、市政府主要领导任双组长,各级各部门全面参与的工作领导小组,加强统筹,定期调度。

### 1.加强资金统筹

市财政局、市发展与改革委员会、市大数据发展管理局等部门联动,努力克服疫情等方面带来的财政困难,优先安排"无证明城市"建设项目资金,精简审批手续,实施流程再造,建立项目规划、审核、立项、审批、采购、建设、验收、绩效评价、废止等全过程、全流程的统筹管理新机制,提高项目建设效率。

### 2.加强建设统筹

强化"以需求为牵引、以应用为导向"的项目建设思路,聚焦关键行业、重要领域,集中攻关突破。

## (二)明确目标导向,注重分类施策

明确"减证便民直至建成无证明城市"的目标,聚焦群众和企业反映强烈、矛盾突出的各类证明,加强工作统筹,采取"能取消的坚决取消,能共享的一律共享,能告知承诺的一律不再索取"等方式,让数据多跑路、群众少跑腿。青岛市打造电子证照融合应用的"青岛模式"获国务院办公厅电政办推广。全面推进政务服务标准化、规范化、便利化建设,推动更多服务事项网上办、掌上办、一次办和"跨省通办",让市场主体和群众依规办事不求人,青岛市一体化政务服务能力在全国位居前列。2021年,青岛市教育局等部门创新打通户籍、常住人口、不动产、商品房网签、房屋租赁、企业登记等14 项数据,实现全市义务教育招生报名(包括小升初、幼升小)"一网通办",数十万家长报名"零跑腿"。

### 1. 开展证明事项梳理,取消一批证明

市司法局等部门组织专班,对各类事项证明进行全面清理。对无法定依据的一律取消,全面消除各类"奇葩证明""循环证明";严格实行证明事项清单式管理。对于确需保留的证明事项,逐项列明证明事项名称、涉及的政务服务事项、设定依据、开具单位等。推动在全国率先实现施工许可"零材料"申报,企业所需提交材料由原来的 7 项缩减到零,所需填写信息字段从 84 个缩减到 13 个,缩减比例达到 85%;助力实现惠企资金"免申即享""无感兑现",累计兑现资金超 4 亿元,惠及企业近千家。

### 2. 通过数据共享,共享一批证明

市大数据发展管理局等部门组织各部门对照国家政务服务平台证照清单开展认领和证照数据归集工作,实现存量证照数据"应归尽归"。组织市公安局、市教育局等重点部门召开会议推动证照认领和数据归集工作,截至目前,已汇聚 40 余亿条数据资源,日均提供数据交换共享服务 200 万次,政务数据共享需求满足率达99.5%;归集 260 余类 2900 万条电子证照数据,实现在政务服务、行政执法、社会生活等领域事项广泛应用。开展数据质量提升专项行动,对 129 类 542 万条问题数据进行整改,推动"有数好用"。

### 3. 推动电子证照应用,核验一批证明

在山东省内率先在政务网站和"爱山东"建设"无证明城市"专区,2022 年 8 月底,发布第一批青岛市、区(市)"用证"事项 3481项。其中,区(市)电子证照证明"用证"事项 2378 项,市级电子证照证明"用证"事项 1103 项。依托全市统一的电子证照管理平台,推动电子证照跨层级、跨地域、跨部门核验应用。推动 50 类常用电子

证照接入线上"统一审批系统",推出无感审批事项327项,涵盖民政、人社、住建、文旅等10余个业务领域,为全市3万余家企业提供无感服务。

在市、区(市)、乡镇(街道)、村(社区)1000余台政务服务综合自助终端,推动电子证照应用向基层延伸。电子营业执照系统已打通17个专网系统,青岛市成为全国电子证照联展联用数量最多、应用场景最广的城市。依托"青岛市智慧审批平台"市办实事项目建设跨部门证明协查系统,与77个业务主管部门建立证明协查机制,由审批部门主动协调业务主管部门在线出具证明材料,无须申请人自行准备。

### 4. 落实告知承诺,承诺一批证明

市司法局、市行政审批局等部门严格按照国家要求,对符合条件的政务服务事项采取告知承诺方式提供审批服务。对能够通过事中事后监管纠正且风险可控的证明事项,采取告知承诺方式实施,申请人书面承诺已经符合告知的相关要求并愿意承担不实承诺法律责任的,行政机关不再索要有关证明。以市政府名义公布了"市级证明事项告知承诺制清单",共涉及21个部门345项证明事项,基本涵盖了与企业和群众生产生活密切相关、使用频次较高、当事人获取难度较大的证明事项。其中,重点将户籍管理、市场主体准营等行政事项需要的证明事项,纳入证明事项告知承诺制。加强事中事后监管,建立完善证明事项告知承诺信用管理机制,强化对证明事项告知承诺制工作的综合协调和督促落实,持续指导、推动实行告知承诺制的证明事项精准落地。

### (三)注重需求引领,强化场景应用

### 1. 创新开展"一件事"改革

创新开展12个政务服务"一件事"改革,从企业和群众视角,将

分散在各部门办理的"单个事项"集成为"一件事"。"企业职工退休"一件事,整合民政、公安、医疗、交通等部门数据,实现209万养老保险待遇领取人员资格认证"无感知""零打扰",认证率达94.5%。

### 2. 强化城市管理场景

以山东省"居民码"为核心,构建"码上青岛"一体化服务体系,在交通出行、医药卫生、公共场所管理、基层社区管理、内部事务管理、疫情防控等领域普及一码通。

### 3. 强化社会服务场景

深化电子营业执照社会应用,通过青 e 办电子签署中心,实现企业银行无纸化开户,效率提升20%以上。高质量完成青岛市承担的居民身份证电子证照试点应用场景的落地工作。

## 二、存在的突出问题

### (一)群众和企业办事需要提交的各类证明、材料仍然偏多

个别银行、电信等与群众、企业关系密切的服务窗口,仍屡屡出现索取"奇葩"证明现象。部分行业法律法规内容与电子证照工作要求不相适用。《国务院关于在线政务服务的若干规定》明确,政务服务机构通过数据共享能够获得的信息,不得要求行政相对人另行提供。但目前部分行业法规明确,申请材料须为纸质原件,且办理换发、注销业务时需收回纸质原件,导致相关业务办理过程中,企业和群众必须提交纸质证明材料,应用电子证照意愿不强。

### (二)个别部门的数字政府思维、共享理念、信用理念有待提高

目前,各行业主管部门开发建设了很多系统,大都条块分割,存

在信息壁垒。各部门在审批服务过程中产生的资料和数据,都分散在这些不同部门的业务系统中,系统互联互通、信息共享互用不充分。在实际工作中,各部门需要获取其他部门的数据时,往往程序复杂,周期长、效率低。部分证照数据归集标准与业务实际不统一。按照"放管服"改革要求,大量审批业务对申请表单进行了简化,但上级有关部门确定的证照数据归集内容较多,与业务实际不符。部分纸质证照与电子证照样式不一致,导致企业对电子证照缺乏信任。

### (三)少数实行告知承诺的群众、企业违反信用原则,提供虚假信息办理业务

如有的使用虚假地址注册公司,导致真正拥有房产证的居民对此完全不知情而产生投诉引发舆情等。业务部门的监管有待加强,审管结合工作机制有待进一步理顺。

## 三、工作建议

### (一)积极探索建设"无证明城市"的青岛模式

进一步贯彻落实上级部署、要求和省十二次党代会精神,紧密结合数字青岛、数字政府建设,紧密结合"作风能力提升年"活动,切实加快"无证明城市"建设工作。建议青岛市司法局、市大数据局、市行政审批局等单位更加密切配合,根据国务院办公厅印发的全国一体化政务大数据体系建设指南、山东省政府办公厅印发的《深化数据赋能建设"无证明之省"实施方案》以及塑强"爱山东"政务服务品牌全面推进政务服务体系建设的实施意见等要求,学习借鉴北京、上海、杭州等6个国家营商环境创新试点城市的经验做法,结合青岛市工作特点,尽快研究提出青岛市"无证明城市"建设工作、公

共数据运营试点突破两个攻坚方案,报市政府常务会议研究。高质量及时完成上级布置的工作任务,创新"无证明"服务方式,为全省"无证明城市"建设作出青岛贡献。

## (二)切实提升群众、企业对"无证明城市"建设的获得感和满意度

建议在完成上级工作任务的基础上,积极探索创新。坚持从个人、企业的视角,完善"一人一档""一企一档",选择与个人、企业全生命周期关系密切的部分高频率事项,全面推行"免证办事""一码通行",真正使个人、企业感受到"无证明城市"的便捷。对办事证明材料再清理、再优化,持续动态精简。尽快再推出一批告知承诺"减证"事项。创新开展一批有分量的便民举措,例如,实施新建商品房买卖合同电子签章,节约资源、提高效率。优化住房公积金提取流程,实现群众可提取公积金作首付,减轻群众负担。加强技术支撑,使企业和群众可在任一区(市)级以上政务服务中心(大厅)现场咨询、办理更多通办事项。

## (三)进一步加强数据互通和数字赋能

建议充分发挥数字青岛建设领导小组作用,由市大数据局牵头,发挥数据收集、管理、共享的中枢作用,实行政务服务数据"统一调度汇集,统一程序标准,统一受理需求,统一交互共享",进一步畅通数据更新机制和问题数据纠错机制,确保数据的实时性、准确性和权威性。同时,通过数字赋能实现流程再造,根据上级工作安排,逐步实现电子证照全省、跨省互认互通。

## (四)完善诚信体系

将证明材料、告知承诺与社会信用体系结合起来,将提供虚假证明行为的公民、企业纳入失信体系,并建立相应的联合惩戒制度,

公开曝光,使其不敢、不能出具虚假证明,用科学公平有效的诚信机制,保障和促进"无证明城市"建设。鼓励各级各部门探索推行"信用分类审批"。

## (五)完善地方法律法规

积极推动出台青岛市电子证照管理办法,明确电子证照的签发、补发、入库、使用、异议处理等内容。明确优先发放电子证照内容,除特殊需要外,原则上不再发放纸质证照。加强电子证照在行政执法领域的应用,形成"审批部门发证—企业群众亮证—执法部门查证"的用证闭环,提高电子证照领用成效。规范各类证照的样式内容,为电子证照签发应用提供政策支撑。完善电子证照应用的安全保障,构建标准化的电子证照信息资源安全保护体系。构建信息资源的安全存储环境、规范信息资源的安全使用流程,加强信息资源防丢失、防篡改的风险评估预警和保障技术应用。超出青岛市职权范围的事项,通过各种渠道积极向上级汇报,争取相关问题早日得以解决。

课题组组长:陈万胜　青岛市人民政府副秘书长

课题组成员:栾　珂　青岛市人民政府办公厅职能转变协调处
处长

陈文灿　青岛市人民政府办公厅正处级领导干部

梁明君　青岛市大数据管理局数据应用管理处处长

孙磊志　青岛市大数据管理局电子政务处处长

李　强　青岛市人民政府办公厅三级调研员

孙敏玲　青岛市大数据管理局数据应用管理处一
级主任科员

隋　暖　青岛市大数据管理局电子政务处工程师

执　笔　人:李　强　孙敏玲　隋　暖

# 聚焦"营商青岛·共赢之道" 全力打造营商环境"青岛模式"

### 青岛市优化营商环境工作专班办公室

近年来,青岛市深入贯彻落实习近平总书记对山东、对青岛工作的重要指示要求,聚焦办事方便、法治公平、成本竞争力强、宜居宜业四个方面,以招商引资质量和市场主体满意度为评判营商环境的主要标准,着力建设市场化、法治化、国际化一流营商环境,取得显著成效。营商环境持续进位争先。青岛作为营商环境国评提升最快的城市,在"2022 年全国十大海运口岸营商环境测评"中,青岛列全国总分第 1 位,荣获最优等次四星级;在全国工商联"2022 年万家民营企业评营商环境"调查中列全国第 9 位,列北方第 1 位;在"2022 年中国城市政商关系评价"中,青岛居全国第 7 位,列北方第 1 位;青岛入选全国民营经济示范城市首批创建城市,为北方唯一入选城市;在"2022 年全国先进制造业百强市"评选中,青岛居全国第 7 位,列北方第 1 位;在"全球独角兽企业 500 强"中,青岛有 12 家上榜,列全国第 5 位;青岛连续十年入选"外籍人眼中最具吸引力的中国城市",连续 4 年获评"中国最佳引才城市"。市场主体活力迸发。2022 年前三季度,青岛市 GDP 总量 11024.04 亿元,同比增长 4.1%,稳居北方第三城,贡献率约为全省五分之一,增量领跑全省。市场主体总量已突破 200 万户,5 年时间翻了一番。截止到 2022 年 11 月底,民营市场主体占比 98.29%。改革创新不断深化。

2022年,青岛市共承担营商环境领域国家级、省级改革试点127项。青岛自贸片区累计形成125项创新做法、76项优秀案例,得到省级以上认可的高质量制度创新成果38项;上合示范区在落地实施35项改革创新举措的基础上,推出21项制度创新案例。

## 一、创新体制机制,有效建立、顶格推进"青岛模式"

### (一)升格一个机构

将市持续深入优化营商环境和推进政府职能转变领导小组升格为市委议事协调机构,由市委、市政府主要领导任双组长,对重大营商环境事项实施"顶格倾听、顶格谋划、顶格部署、顶格协调"。实施营商环境"三报告"制度,在市、区两级党代会报告、政府工作报告以及市委经济工作会议报告中写入营商环境专题,并将每年召开营商环境大会确定为常态化制度安排。

### (二)配强一个专班

调整组建市优化营商环境工作专班,由政法委书记和常务副市长两名市委常委担任双组长,统筹协调、督导考核全市优化营商环境工作。营商环境专班办公室调整设置在市行政审批局,将营商环境工作由综合协调服务转向专业能力建设。

### (三)用好两个抓手

研究制定《青岛市优化营商环境考核办法》和《青岛市优化营商环境督查工作办法》,准确把握营商环境评价的要求,完善考核评价指标体系。综合运用日常督查、专项督查等形式,分类建立工作台账,实行亮牌提醒、分办转办、动态销号、总结评估的全流程闭环督办机制,实现用"可量化、可操作、可考核、可评估"的督查工作促进营商环境各项决策部署和政策快落地、见实效。

### (四)组建三支队伍

夯实"人人都是营商环境"的社会基础,组建营商环境专家委员会、媒体观察员、营商环境体验官三支队伍,选聘首批营商环境专家委员 26 人、媒体观察员 12 人、营商环境体验官 140 人。例如,海尔集团公司董事局主席周云杰、青岛啤酒股份有限公司董事长黄克兴、中国科学院院士郝芳、中共中央党校(国家行政学院)博士生导师宋世明、中央广播电视总台《对话》栏目主编刘星等。

### (五)打造一个品牌

打造"营商青岛·共赢之道"城市营商品牌,策划实施营商环境领域主题宣传,在青岛自贸片区、上合示范区及市企业联合会等重点场景开设"营商会客厅",上线《青岛营商 36 计》系列短视频,打造营商"青营团",推动青岛营商环境更具标识性、标杆性。中央、省及市重点媒体对青岛市优化营商环境工作宣传报道 25000 余次。

## 二、强化政策供给,积极推出制度创新"青岛方案"

2021 年,青岛市委、市政府出台《青岛市营商环境优化提升行动方案》,在全国率先提出服务企业、自然人、项目建设、创新创业"四个全生命周期",推出 46 条创新突破政策,目前,已全面落实完成。2022 年,为持续推动青岛营商环境深层次制度创新,青岛市委、市政府出台《青岛市营商环境优化提升三年行动规划(2022—2024 年)》,实施"政务服务环境、法治环境、市场环境、创新创业环境"四大提升行动,推出 100 条创新突破政策,其中,处于国内领先地位的有 17 条。

## （一）聚焦办事方便，实施政务服务环境提升行动

扎实开展市级行政许可清单编制工作。全面推动"无证明城市"建设，政务数据共享需求满足率达99.7%。搭建"青岛政策通"平台，汇集超2.4万条政策信息。全面深化电子证照应用，实现电子营业执照与13个大类67个电子许可证实时共享、联展联用。

## （二）聚焦法治公平，实施法治营商环境提升行动

出台政法机关服务保障民营经济高质量发展优化法治营商环境25条措施。打造"金智谷"平台，妥善审结金融案件4.1万件。加快建设上合"法智谷"，涉外法律服务大数据平台上线运行。制定国内首个行政审批机关行政许可退出工作规程。建立"预防为主、轻微免罚、重违严惩、过罚相当、事后回访"的市场监管服务型执法新模式。升级轻微违法不予处罚制度，覆盖15个市场监管领域。

## （三）聚焦成本竞争力强，实施市场环境提升行动

严格落实统一的市场准入制度，降低企业制度性交易成本。鼓励引导本地大企业、头部企业精准招引上下游产业项目，带动关联企业和产业链配套企业落户。"真金白银"助企纾困发展，持续推进减税降费。创新推出30项跨境贸易便利化措施，打造口岸营商环境新优势。在全国首创"陆海联运、海铁直运"监管模式，打造黄河流域最佳出海口。

## （四）聚焦宜居宜业，实施创新创业环境提升行动

建设"创业一件事"平台，搭建创业全生命周期体验场景。截止到2022年11月底，政策性扶持创业3.08万人，每千人拥有市场主体200户。制订"专精特新"企业上市培育三年行动方案，新认定市级"专精特新"企业3716家，较上年增长53.74%。建设RCEP国际

人才服务中心,打造集招聘就业、政策解读、招才引智、业务办理等功能于一体的"一站式"综合人才服务载体。

## 三、提升服务质效,努力打造政务服务"青岛样板"

### (一)推行全方位服务

持续增强服务意识,推行全链条、保姆式政务服务。创新推出电子营业执照电子印章同步发放、电子证照联展联用等服务获得国家级试点,医疗机构、医师和护士注册数字化改革获得省级试点。全力建设青岛市智慧审批平台,打造数字审批"青岛模式",打造 10 个领域、16 个全流程数字化审批服务场景。创新试行首席审批服务官制度,审批效能提升 50％以上。

### (二)推行全链条服务

围绕推动项目早建成、早投产、早达效,建立重点项目审批调度推进机制,建成施工许可审批调度管理平台,对省、市两级重点项目和专项债项目实行"并联审批、挂图作战",真正打通项目立项、审批、建设、验收等全链条,让营商环境成为项目建设助推器。2022年以来,全市 397 个省、市级重点建设项目,施工许可完成率81.6％。

### (三)实施精准化服务

深入贯彻落实党中央、国务院高效统筹疫情防控和经济社会发展部署要求,及时推出助企纾困政策"42 条""89 条"和"稳中求进"高质量发展四批政策清单,推行线上"不打烊"政务服务,保障企业产业链供应链循环畅通,精准服务市场主体高质量发展。

# 勇于担当　锐意进取
# 优化营商环境取得新成效

青岛市发展与改革委员会

近年来,青岛市发展与改革委员会以习近平新时代中国特色社会主义思想为指导,全面贯彻党的二十大精神,认真贯彻落实国家和省、市决策部署,按照《优化营商环境条例》《青岛市优化营商环境条例》等法规政策规定,以制度创新为核心,对标国际一流水平,聚焦市场主体关切,加强改革系统集成,夯实工作体制机制,推动青岛市营商环境进入全国前列,努力在更高水平上"搞活一座城",让市场主体和人民群众在每一项政务服务中感受到高效便捷和公平正义。

## 一、取得的成绩与进展

青岛市发展与改革委员会(以下简称市发展改革委)始终坚持"社会评价是第一评价,企业感受是第一感受"。经过不断努力,市场主体对营商环境评价不断提高,投资发展信心也进一步增强,青岛市在 2020 年全国营商环境评价中居第 11 位,大幅提升 8 个位次,成为全国营商便利度提升最快的城市之一。获评全国民营经济示范市,14 条支持民营企业改革发展典型做法在全国予以推广。2022 年上半年,青岛市"四新"(即新技术、新产业、新业态、新模式)

经济增加值占全市生产总值比重达到 33.3％,较 2017 年提高 8.8 个百分点。入选国家服务型制造示范城市,荣膺第 5 个中国软件特色名城,跃居中国城市数字化转型竞争力百强榜第 6 位和先进制造业百强市第 7 位。国家级双创示范基地达到 4 家,国家级、省级各类科研平台分别达到 83 家、330 家。新引进 114 个世界 500 强投资项目,2021 年全市货物进出口总值达到 8498 亿元,跻身全国城市第 9 位。山东自由贸易试验区青岛片区 29 项创新成果在全省推广。上合示范区三年集聚 1700 多家贸易主体,与上合组织国家的贸易额增长 4.7 倍。常住人口突破 1000 万,跻身特大城市行列,城镇化率达到 77.17％,较 2017 年提高 5.3 个百分点。人才总数达到 257 万。市场主体突破 200 万户,约占全省 1/7。

## 二、典型经验、创新举措

市发展改革委在优化营商环境、深化"放管服"改革、培育创新创业生态方面的成效主要表现为"四个更加"。

### (一)政务服务更加便利高效

围绕推动投资项目审批提速增效,不断提升"一网通办"能力,提升项目审批服务水平。

#### 1. 实行"一窗受理""一网通办"

全面开展依申请政务服务事项全面梳理工作,对标对表,梳理后的 20 项政务服务事项对外公布办事流程、设定依据。坚持"应进必进、统一规范、公开透明、服务高效"原则,将投资项目审批全部纳入市民中心,实行"一窗受理""一网通办"。

#### 2. 投资项目审批服务"一网集成"

依托"青岛投资项目在线审批监管平台",企业投资项目实行

"不见面"审批,企业投资核准类项目承诺审批时限为 2 个工作日,备案类项目承诺时限为 1 个工作日,简易低风险项目实现即办。

### 3. 实行流程再造、"一网协同"

提升政务服务事项网上办理深度,推行告知承诺制和容缺受理服务模式,进一步推进政务服务运行标准化、服务供给规范化、企业和群众办事便利化。对政府投资项目建议书、可行性研究报告、项目初步设计及概算三个审批事项,能合并办理的实行"组合式"审批,将承诺审批时限分别压缩为 2、3、5 个工作日。2022 年以来,政府投资项目审批大幅提速,已审批青岛胶州湾第二海底隧道工程、地铁 9 号线一期工程、市政设施综合整治等项目 111 个,总投资达到 1180 亿元;已备案投资项目 15799 个,计划总投资 9239 亿元。

### 4. 创新审批管理机制

加强横向联动联审,区(市)纵向统筹协调,高效开展国家政策性开发性金融工具项目申报,已成功推动全市两批共 90 个项目通过国家发展和改革委员会审核,争取基金额度 183.4 亿元,列全国计划单列市首位。截止到 2022 年 9 月 30 日,已投放基金 95.05 亿元,占全省 20.3%,首批过审的 27 个项目全部实现开工。

## (二)企业服务更加贴心到位

以深化"放管服"改革为抓手,以数字化引领、协同化推进、场景化应用为突破,强化制度创新和技术赋能,大力推进优化营商环境迭代升级。

### 1. 着力推动场景创新,探索"四新"经济发展新模式

为创新新经济培育举措,通过开放场景推动创新创意创造,市发展改革委印发《青岛市创新应用实验室和场景应用实验室认定管理办法》,明确实验室定义、认定程序、运行评价、政策支持、监督管理等内容。主动谋划建设"创新应用实验室""场景应用实验室",

"创新应用实验室"重点围绕新兴未来产业的硬核技术应用规范标准,开展市场化应用攻关,探索技术应用领域方向,进行技术成熟度评估、样品样机试制等初步验证,为场景试验提供技术支撑。"场景应用实验室"重点围绕场景实验环节,开展场景实测,验证商业模型,评估市场前景,探索支持政策。通过制度创新,规范引导开放各类城市场景,以制度创新引领实践创新。通过"搭平台、给场景、试政策",支持新技术、新产品、新模式快速开展市场化验证,借助资本力量培育壮大市场主体,加速形成创新创业生态,目前,三批 54 家实验室中已有 13 家依托企业获得创投基金股权投资支持,累计获得 A、B 轮融资近 4 亿元,1 家实验室依托企业实现了科创板上市、19 家实验室依托企业在做上市准备,走出一条场景赋能发展之路。新华社、《人民日报》、人民网、中新社、央广新闻等主流媒体进行了深度宣传报道。

**2. 推动先进制造业和现代服务业深度融合,激发高质量发展新动能**

积极抢抓国家战略机遇期,率先探索、大胆创新,出台了市级"两业融合"发展专项政策,协调试点区域发布了首个《先进制造业和现代服务业深度融合"十四五"规划》,建立了"两业融合"评价指数体系,初步建成一批示范平台,培育了一批国家级、省级、市级试点区域和试点企业,试点企业创新了一批"两业融合"试点经验,走出了一条"两业融合"发展路径,探索"两业融合"的"青岛模式"。先后推动 2 个区域、5 家企业获批国家级"两业融合"试点。2021 年青岛市工业增加值占比首次扭转 15 年来持续下降态势,较上年提升1.1 个百分点;现代服务业占服务业比重达 48.1%,同比增长6.1%;生产性服务业增加值达到 4826.7 亿元,同比增长 11.4%,占服务业增加值比重达到 56.1%。工作实践彰显了先进制造业和现代服务业深度融合的成效。

### 3. 搭建重点产业"数字化转型医院",开展重点行业企业"义诊"服务

研究制订出台《青岛市重点产业数字化转型实施方案》,组织实施"十个一"工程,对产业数字化转型进行顶层设计。配套出台《关于贯彻落实省支持八大发展战略财政政策 加快重点产业高质量发展若干政策(部分)实施细则》,规定对赋能中心开展数字化诊断服务给予费用补助与奖励补助。研究制定《青岛市重点产业数字化转型赋能中心管理办法》,明确成立全市产业数字化转型赋能中心建设专家委员会,定期对赋能中心开展运行评估,对赋能中心优胜劣汰、动态调整。构建产业数字化转型普惠服务体系,认定了首批 10 家重点产业数字化转型赋能中心,以赋能中心为抓手,以数字化诊断为切入点,由政府"买单"推进重点行业企业数字化诊断。通过"诊断报告"挖掘市场数字化转型需求,落地数字化改造项目,完成现代农业、制造业、服务业乃至社会公共事业的数字化转型升级。目前,全市完成数字化诊断服务企业(机构)445 家,转化落地数字化改造项目 14 个,形成行业解决方案 2 个,外贸数字化转型赋能中心"大数据+金融"赋能模式获商务部、海关总署肯定。

### 4. 以国家双创示范基地建设为抓手,为动能转换提供新支撑

青岛市拥有国家双创示范基地 4 个,分别是海尔集团、青岛高新区、莱西市和青岛蓝谷高新区。各双创示范基地积极采取措施,服务创新创业,在推动经济发展、培育新动能、打造发展新引擎方面发挥了明显作用,取得良好成效。青岛高新区 2019 年、2020 年连续两年作为"真抓实干成效明显区域双创示范基地"获得国务院激励表扬。各示范基地在国家发展改革委组织的 2021 年度评估中均获评优秀。

### 5. 创新搭建"信易贷"平台,有效破解中小微企业融资难题

融资难是长期制约中小企业发展的主要因素和瓶颈之一。聚

焦银企信息不对称这一关键堵点,以获批国家社会信用体系建设示范城市为契机,创新搭建"信易贷"平台,以信用信息为核心,从政府端、数据端、需求端和银行端发力,形成了"企业提需求、政府出政策、部门推名单、平台增信用、银行放贷款、多方担风险"的全链条融资服务体系,获批"全国中小企业融资综合信用服务示范平台"。"信易贷"平台通过数字化集成创新,覆盖涉企信用信息,分析惠企政策,监测企业隐性风险,构建一整套"企业生命体征指标"体系,确保在贷前、贷中、贷后准确掌握企业经营风险,让金融机构"敢贷"。目前,已为12370余家企业提供了融资支持,累计助力中小微企业获得融资超900亿元,助力投资项目629个,基金规模超1147亿元,推动9家企业登陆资本市场,中小微企业融资环境得到明显改善。

## (三)重点领域改革更加深入突破

充分发挥市场在资源配置中的决定性作用和更好发挥政府作用,纵深推进重点领域改革,大力清除隐性壁垒,激发市场主体活力和创造力。

### 1.市场化改革持续深化

出台《青岛市建设高标准市场体系实施方案》,明确19项举措。深化要素市场化改革,全面落实市场准入负面清单,完成283家行业协会商会与行政机关脱钩改革,成立全市行业协会商会联盟。深化国企混改试点,入选国家民营经济示范城市首批创建城市。在全省率先开展民办教育收费市场化改革试点。完成国家增量配电业务改革试点任务。

### 2.价格改革走深走实

进一步缩减政府定价范围,政府定价项目由36项缩减为25项。实施居民、非居民管道天然气上下游价格联动机制,推行非居民用水超定额累进加价制度。放开再生水、车用天然气、充电服务费等竞争性环节价格。做好重要民生商品保供稳价,实施社会救助、保障标准与物价上涨挂钩联动机制,及时足额发放价格临时补贴。

### (四)政策制定更加公平普惠

结合创新试点工作更大力度服务市场主体,实现更多惠企政策便捷兑现,包括免申即享在内的一系列服务。

#### 1. 推动产业升级

牵头制订实体经济振兴发展三年行动方案,谋划 24 条产业链及七大未来产业,规划十大新兴产业专业园区。出台支持实体经济高质量发展 55 条,制定区(市)主导产业差异化发展指导意见、新经济业态模式发展意见、动能转换"五年取得突破"实施方案,轨道交通、节能环保 2 个集群入选全国首批战略性新兴产业集群,工业互联网、新能源汽车等 18 个集群入选省级"雁阵形"产业集群。

#### 2. 加快落实区域发展战略

纵深推进胶东经济圈一体化发展,制发《胶东经济圈"十四五"一体化发展规划》,建立胶东五市联席会议制度,设立 1000 亿元的山东半岛城市群基础设施投资基金,成立 50 多个联盟。在全省率先推出首个区域协同立法的《海洋牧场管理条例》,莱西莱阳获批全省首个区域一体化发展先行区。胶东五市开展同城便捷生活行动,在全省首创政务服务"跨市通办"新模式,在北京成功举办胶东经济圈一体化推介大会。

#### 3. 对外开放扎实推进

成功举办第二届"一带一路"能源部长会议,胶州市获批建设首批省级"一带一路"综合试验区,中日(青岛)地方发展合作示范区获省政府批复。成功争创商贸服务型国家物流枢纽,成为首批国家骨干冷链物流基地城市。2019—2021 年,争取境外发债额度 98.7 亿美元,为地铁 6 号线一期工程项目争取新开发银行贷款 5 亿美元。

### 4.服务业改革扎实推进

获批生产服务型（港口型）、商贸服务型国家物流枢纽，成为少数拥有两个国家物流枢纽的城市之一。黄岛区、李沧区获"十三五"期间省服务业综合改革期满评估优秀等次，城阳区、胶州开发区获评全国"两业融合"试点区域，中车、青啤等5家企业入围国家级试点企业，数量居副省级城市首位。

### 5.社会事业持续改善

争取中央资金4.7亿元支持社会民生项目建设，加快康复大学、新冠定点医院改造、奥帆海洋文化旅游区创建5A景区等重点项目建设。出台青岛市基本公共服务标准（2022年版），获批全国首批养老服务体系建设激励城市、全国积极应对人口老龄化重点联系城市，入选全国首批产教融合试点城市，家政服务业提质扩容。争取4所院校入选"十四五"教育强国推进工程储备院校清单。

### 6.基础设施不断完善

印发实施青岛市现代物流网建设行动计划、新型基础设施建设行动计划。胶东国际机场建成投用。潍烟高铁、莱荣高铁开工建设，济青高铁、青荣城际、青连铁路、潍莱高铁等开通，在省内率先实现"县县通高铁"。建成龙青高速、海湾大桥、新机场高速等，高速公路通车里程达到865千米。轨道交通加速成环成网，争取地铁三期获批，6条线路开通运营，11条在建线路加快施工，轨道交通运营里程达246千米。

对比开展营商环境创新试点的北京、上海、重庆、杭州、广州、深圳6个城市，青岛市优化营商环境方面还存在一些问题，比如，部分出台的改革文件多作原则性要求，实际可行性和可操作性不强，细节政策配套措施不够健全；政务服务事项承诺的办理时间、环节、流程与实际业务办理体验有出入，仍存在市场主体和人民群众需要对接多个窗口或部门的问题。

　　今后，优化营商环境要进一步施策加力，重点是精准出台营商环境优化的落地举措，明确标准化、规范化工作机制和目标，完善配套政策，明晰主体责权；探索建立政策落实情况及评价机制，加大新政策推广力度，保障新、旧政策的顺畅有序衔接。建立健全行政审批事项监管制度，积极应用一次性告知书、环节流程时间公示等方式，确保"诺不轻许、一诺千金"；加快推进"一件事"改革进程，持续探索跨部门、跨领域的联动机制。不断优化政策兑现平台，围绕"惠企资金一件事"，借鉴广东"粤财扶助"平台经验，完善平台项目申报、专家评审、项目审批三个资金申请及兑现环节，逐步建立资金监控统一平台，持续推进功能迭代。

# 基于"青岛政策通"视角的加快惠企政策落地研究

## 青岛市民营经济发展局课题组

惠企政策贵在落地。政府部门要多措并举,让广大中小微企业知晓政策、享受政策,政策兑现要进一步简化手续、优化流程、压缩时间,让政策精准直达、方便快递。只有积极推动惠企政策落地见效,才能把政策"红包"转化为发展动力,激发企业创造活力。按照《市民营经济局"作风能力提升年"活动"大调研"实施方案》部署,青岛市民营经济发展局政策规划处组成调研组,在前期开展政策服务和政策兑现问卷调查的基础上,围绕"基于青岛政策通视角的加快惠企政策落地研究"主题,赴青岛市人力资源和社会保障局、青岛市税务局、青岛市发展和改革委员会等 6 家单位,腾讯短视频运营中心、山嗨精怪、船歌鱼水饺等 16 家企业开展专题调研,深入查找惠企政策落地存在的薄弱环节和问题短板,为下一步"青岛政策通"平台迭代升级找准方向。

## 一、研究背景

面对新冠肺炎疫情以来需求收缩、供给冲击、预期转弱的三重压力,青岛市聚焦"企业感受、涉企服务、政策落实、项目落地"四条主线,从权益保障、履约践诺、兑现落实等各方面打出政策支持"组合拳"。在全国率先出台政府规章《青岛市民营和中小企业发展促进办法》,出台《关于支持民营和中小企业改革发展的意见》《关于弘扬优秀企业家精神支持企业家创意创新创业的若干规定》《关于进一步促进民间投资的若干措施》等系列文件,滚动制定"六稳""六保""稳中求进"促进高质量发展政策清单,帮助企业加快恢复生产。

为着力优化营商环境、深化"放管服"改革、加快惠企业政策落地落实,按照中共青岛市委、市政府部署要求,青岛市民营经济局牵头建设青岛政策通平台,实现了惠企政策"一口发布、一口解读、一口兑现、一口服务、一口评价"。调研组围绕发展所需、基层所盼,重点剖析惠企政策落地方面存在的突出问题,认真听取基层工作建议,为打造更加高效、及时、直达企业的政策服务体系,不断优化提升政策服务水平,加快"青岛政策通"平台迭代升级,特开展此次调研。

## 二、"青岛政策通"平台运行情况

### (一)"青岛政策通"平台现状

#### 1. 推进平台三期功能迭代,打造"一站式"政策服务平台

(1)平台一期方便"人找政策"

2019 年 7 月,"青岛政策通"平台一期上线,以"标准化、数字化和规范化"的服务,实现了政策"一口发布、一口解读、一口查询"。在惠企政策落实情况专项调研中,九成以上企业对政策达到"比较了解"以上程度,近七成企业通过"青岛政策通"(APP)等政策服务平台获取惠企政策。2020 年,新冠肺炎疫情防控期间,"青岛政策通"平台一期浏览量达到 88 万余次,在宣传中共青岛市委、市政府"六稳""六保"政策红利、激发市场主体活力方面发挥了重要作用。

（2）平台二期实现"政策找人"

2020年12月，"青岛政策通"平台二期上线，通过汇聚各部门政策信息和市场主体数据，实现了惠企政策精准匹配和动态推送。平台为企业申报政策提供申报指南、在线服务、一键直达等渠道，同时，完善了政策制定前评估、制定后后评价功能，通过流程再造，倒逼政策落实。目前，"青岛政策通"平台累计浏览量已突破345万次，共汇集惠民惠企政策资讯19239条、政策文件1907个、政策项目1642个；累计注册用户22094个，其中，企业用户6724个，居民用户15370个；44个部门和区（市）受理问题1767个，答复1761个。

（3）平台三期聚焦"政策兑现"

2021年，"青岛政策通"平台联合青岛市财政局启动了平台三期建设，重点针对惠企政策兑现存在的部门信息不共享、资金绩效评价不准确、审批过程复杂等问题，建设资金申报、兑现及管理系统，打通平台与相关部门的数据连接，实现惠企助企政策的"网购式搜寻"、资金审批进度和到账的"物流式查询"。平台三期集在线申报、在线审批、结果公示、资金兑现、流程监管等功能于一体，全面实现了财政惠企资金兑现的全流程服务，构建起了信息化、智能化、集成式的惠企政策服务平台，首批政策申报项目于2021年11月1日正式上线。平台三期全面建成后，每年涵盖惠企资金项目约500个，涉及资金约100亿元。目前，已搭建青岛市民营经济局、青岛市工业和信息化局、青岛市市场监督管理局、青岛市商务局、青岛市大数据局、中国国际贸易促进委员会青岛分会的144个财政奖补类项目申报流程，有11个到申报期的政策项目完成申报，5081家企业完成线上申报，按期申报率达100％。

**2. 再造政策兑现流程，实现惠企资金快申快享、免申即享**

（1）政策一网通览，业务一网通办

"青岛政策通"平台实现全市政策"一口发布、一口解读"，企业只要登录一个平台,即可将全市惠企政策"一网打尽"。通过整合、共享涉企数据,为企业精准"画像",靶向推送所需政策,确保企业对惠企政策应知尽知、应享尽享。平台打通政策业务全链条,面向企业提供"查政策、报项目、拿资金"一站式服务,变企业"一对多"为部门"多对一",企业只要点击"我要申报",即可启动惠企政策跨部门并联审批。

(2)数字大脑赋能,材料更少、兑现更快

变"企业跑腿"为"数据跑路",平台在前端实施惠企政策"五个标准化",中端完善部门间数据共享、跨部门数据分析,并与城市云脑互联互通,实现零跑腿、零接触、零纸质材料,审批时间缩短一半以上。按照青岛市年 100 亿元资金规模测算,扶持资金早到账一天,就可以为企业节省财务成本约 133 万元。对竞争类奖补事项,探索财政资金拨付"限时办结"机制;对认定类事项,通过"平台"比对和共享筛查,靶向确定符合企业名录,按照"秒速直达"要求,企业只需确认有效银行账号,即可拨付到账。

(3)审批环节全程留痕,政策资金阳光直达

坚持"放而不乱、管而有序",在简化企业端惠企政策申请的同时,构筑全过程廉政风险防控机制,项目申报、审核、公示、兑付归档等链条全流程网上公开,让政策兑现更"阳光"。平台通过部门间数据共享和智能分析,对企业申报奖补项目跨部门、跨时间维度自动比对查重,杜绝虚假、重复、多头申报,大大降低违规运行和监管不力的风险,有效扩大政策惠及面,使政策红利普惠化,营造更加公平高效的政策服务环境。

**3. 线上线下协调配合,构建"协同性"政策服务体系**

(1)建立平台工作机制

坚持顶格协调,中共青岛市委办公厅、市政府办公厅联合下发通知,明确平台政策发布范围、解读时效、兑现流程以及反馈督导机

制。平台上线后,青岛市民营经济局牵头建立了平台运行和保障工作制度,有效解决了政策发布不统一、政策解读不精准、政策查询不便利等问题,为企业提供便捷高效的政策服务。坚持定期通报,督导平台运行维护,通过市政府办公厅对各部门和各区(市)提报政策的时效性、规范性、存在问题以及答复企业咨询情况进行通报,并提出下步工作要求,督促部门和区(市)及时整改落实,提升政策服务水平。

(2)持续扩大平台宣传

在青岛市范围内通过"线上＋线下"相结合的方式,开展宣传活动,在 32 个区(市)和部门的官网、公众号等官方媒体添加"青岛政策通"平台二维码,在全市范围内的 90 余块户外大屏、6 条地铁线路 68 个站点、250 多条公交线路 2600 辆公交车内,通过 LED 大屏和张贴宣传海报等形式,形成"铺天盖地"的宣传态势,扩大新闻媒体及公众号的传播作用,让"青岛政策通"平台最大限度地发挥惠企利民的政策效用。

(3)坚持政策精准服务

常态化组织区(市)巡回政策宣讲,现场发放《青岛市民营和中小企业政策一本通》纸质书,宣传使用"青岛政策通"平台,不断提升企业对于政策的知晓度和获得感。2022 年,先后举办了人力资源与社会保障"云课堂"、税务惠企政策以及"青岛企业之家""一周一策"直播宣讲等 12 场线上宣讲活动,相关涉企政府部门领导和专家参与宣讲,有 30 多万人参加活动。建立企业政策服务专员队伍,首期聘任 290 人,常态化地为企业做好政策宣传、解读和申报服务,听取企业意见建议,让政策服务辐射至基层园区、服务机构和企业。

## (二)国内先进经验

### 1. 涉企政策免申即享

目前,全国已有广东佛山市、湖北荆门市、浙江杭州市、山东济南市等多个地市开展了涉企政策"免申即享"工作。各地的"免申即享"目前主要分为两类：一类是"认定类"，另一类是"达标类"。企业获得认定、头衔或者达到一定指标后，就会接到可以享受财政资金"免申即享"的通知，企业确认申领后，在短时间内即可获得相应的财政扶持资金。例如，"新认定的高新技术企业""隐形冠军企业""国家级、省级双创示范基地"等。

（1）湖北荆门重建政策兑现流程

一是市、区分担的政策项目，由区级先行直接兑付，市级部分年底结算拨付到区。按此兑现方式，直接减少企业申报、窗口分办等环节，压缩了办理时限，实现快审快兑，资金直达。二是将惠企政策奖补资金优先纳入预算安排，确保"随到随兑"。三是将政策落实情况纳入政策专班年度督查计划，重点就各地各部门办理流程、办结时限、资金落实等开展常态化督查。

（2）广东佛山实现惠企政策"秒报秒批秒付"

在申报环节通过大数据自动进行信息匹配，在审批环节取消人工审核，系统实时审批，在支付环节打通扶持通平台与支付系统，实现补贴资金秒速到账。企业只需要登录"佛山扶持通"，进入项目申报页面，确认信息正确，即可提交申领，无须填写或上传任何材料。系统立即自行审批，通过后"秒到"企业。

**2. 从政策制定到政策兑现，实现政策全流程优化**

温州市惠企政策"直通车"按照一个产业大类一个政策，开展政策清理，将178个政策整合为5大产业政策。自主研发温州市产业政策奖励兑现系统，实现政策兑现从企业自主申报到政策主动推送转变、企业上门办理向上网办理转变、政策跨年度兑现向当年当季甚至实时兑现转变。

（1）聚焦资金奖补"全覆盖"

推动政策系统由"分散化"向"集成化"转变。抓住财政奖补资金兑现这一小切口,温州市从 2018 年开始,将全市 856 个产业奖补政策清理整合为 78 个政策,明确了惠企利民政策的"四梁八柱"。

(2)聚焦资金兑现"全链条"

推动兑现方式由"企业群众找政策"向"数据找企业群众"转变。为了让企业和群众更好地获得财政资金直达快兑体验,归集 18.8 亿余条大数据,通过数据共享推进业务重塑和流程再造,将符合条件的对象,与惠企利民政策进行精准匹配,提前开展"模拟审批",精准推送告知结果,目前,3625 个项目实现"零次跑",其中 242 个项目可在"掌上版"当日申请、当日兑现。

(3)聚焦资金监管"全过程"

推动风险防控由"事后纠错"向"全过程智控"转变。为彻底解决惠企利民政策奖补错补、漏补问题,温州市在治理端开发风险智控模块,系统自动对申报的奖补项目进行核查并生成风险预警,围绕奖补项目申报、遴选、核查、支付等事项开展动态管理,对奖补资金实行全留痕管理、全过程监管,有效防止资金的无效、低效兑付。完成资金拨付使用后,系统自动对违规问题线索实行在线推送、在线溯源和在线动态监管,并将重大线索反馈至财政、审计部门,有效形成"线上+线下"双监督模式。同时,创新嵌入奖补资金绩效管理模块,量身定制奖补申请与兑现流程"好差评"评价表、奖补项目政策实施成效调查与评价问卷,建立定量指标和定性指标数据库,推进全过程绩效管理"上云"。

## 三、惠企政策服务和兑现中存在的问题

调研组前期围绕政策服务和政策兑现进行了多次摸底,了解企业和基层政策服务人员对于涉企政策的真实诉求和意见建议。通过调研结果分析,企业在享受涉企政策时主要存在四个痛点、堵点和断点,分别是企业对政策"不知道、没听说""听说了、找不到""找

到了、看不懂""报上去、没兑现"。

## （一）政策信息获取不及时

"不知道、没听说""听说了、找不到"所反映出的主要问题是企业无法及时获得有效的政策信息。在惠企政策调查中，"获得信息不及时"（48.3％）和"不知晓政策"（17.69％）占比最高，合计比例近66％，知晓度中"非常了解""比较了解""一般"的占比分别为30.39％、63.15％和6.46％，可以看出，"比较了解"是一个不确定性很大的灰度地带。主要表现为新政策出台后，企业没有及时获取信息或者理解政策，导致出现成本增加、错过申报期等问题。走访调研中也了解到，市北区工业和信息化局反映辖区企业迫切希望"青岛政策通"在发布政策消息上实现精准推送功能。目前"青岛政策通"平台已具备全量涉企政策信息"一口发布"和定制推送的功能，基本实现了青岛市涉企政策的"人找政策"和"政策找人"。下一步的重点工作是实现"青岛政策通"平台的宣传全覆盖以及对于企业所需政策的精准推送。

## （二）政策申报程序复杂

企业还存在"找到了，看不懂"的问题。在对企业基层政策服务人员的调查显示，从服务专员端看，"没有和其他政策领域专家建立联系机制"占比54.36％，"不知道如何获取系统的政策培训"占比45.64％；从企业端看，"知道了政策，看不懂或没有专人申报"占比55.03％，"申报流程繁琐"占比42.95％，"申报材料多"占比42.95％，均反映出在申报过程中企业往往被要求提供很多证明资料或文件，手续比较烦琐的问题；同时还存在开具安全、质量等无事故证明较为困难，如部分区（市）政策要求企业提供相关通知文件等纸质材料多达70页等具体问题。调研中，腾讯短视频运营中心、山嗨精怪、船歌鱼水饺等16家企业均希望政府进一步简化政策申报流程,为企业减轻负担。目前,"青岛政策通"平台已建立了"协同性"政策服务体系,实现了涉企政策信息的"一口解读"。下一步的重点工作是协同各部门对政策项目进行更加深入、多样化的解读以及推进政策申报流程标准化工作。

### (三)政策兑现程序烦琐,拨付慢

企业在享受政策的过程中最关注的是政策最终的兑现,而"报上去、没兑现"是企业反馈的最大痛点。在涉企政策兑现情况调查中,有48家企业选择了"在享受涉企政策时遇到政策应兑未兑的情况",占比8.39%。这些企业在政策兑现过程中遇到的主要问题包括:"政策兑现时间过长"占比52.08%、"政策获得不及时"占比31.25%、"政策门槛高"占比29.17%、"政策不落地"占比27.08%、"政策兑现程序繁琐"占比25%、"不知晓政策"占比25%、"新官不理旧账"占比16.67%。在政策兑现方面存在的具体问题包括:部分财政资金的补贴拨付时间跨度较长;部分政策要求营业收入或是项目投资额门槛过高,令轻资产类科技型中小企业鞭长莫及;部分区(市)政府承诺的相关减免政策较长时间不能兑现等。调研中,春光里产业资本集团提出,出台一百个政策和文件不如兑现落实一个,例如,《关于加快青岛创业城市建设的十条意见》内容虽然很全面,政策水平领先外地,真正实施起来却远远落后深圳、苏州乃至合肥、芜湖等地。目前,"青岛政策通"平台三期重点突破涉企政策的"一口兑现",集在线申报、在线审批、结果公示、资金兑现、流程监管等功能于一体,全面实现了财政惠企资金兑现的全流程服务。下一步的重点工作是涉企政策的资金兑现上平台、政策兑现流程标准化以及"免申即享"等工作的持续有效推进。

# 四、"青岛政策通"平台升级思路

通过深入了解企业以及企业政策服务人员对于政策服务提出的痛点和难点,对标先进地区的政策服务理念,持续实施"青岛政策通"平台迭代升级工程,调研组提出"青岛政策通"平台下一步的迭代方向和升级思路。

## (一)加快平台三期建设和推广应用

深化平台三期建设,2021 年底,青岛市民营经济局、青岛市工业和信息化局将符合条件的政策项目全部上线运行。加快平台推广应用,逐步扩大平台政策项目覆盖面,分期分批将不同行业、门类的惠企政策纳入平台,分步实现市级财政资金扶持政策"一网办理",最终实现惠企资金"横到边、纵到底"的全生命周期管理。

## (二)实现政策信息推送更加精准

利用政务大数据优势,结合人社、市场监督、税务等部门数据,结合企业自主填报的基本信息,形成精准的企业脸谱。通过系统构建的多维标签、企业脸谱,利用平台的政策匹配引擎,对企业进行条件校验,精准匹配。对可能符合申报条件的企业,通过短信、微信公众号、平台站内消息等方式推送政策项目,企业无须操作,自动精准推送匹配政策,真正实现"政策找企业"。

## (三)推进政策申报标准化

一是通过平台的推进,统一标准化的政策项目申报指南,制定标准化表单,发布标准化的申报流程。让政策的申报更加简便、清晰、透明。二是推进电子证照、电子印章与平台的结合,实现企业"减材料"、政府"减负担"。在统一身份认证的基础上,进一步增加数据安全性和不可抵赖性;减少材料上传,企业申报更快捷;部门需要纸质材料归档可以直接在系统下载打印,企业也节省了报送纸质材料的时间,提高整体工作效率。

## (四)从免申即享到"秒报秒批秒付"

响应《国务院办公厅关于进一步优化营商环境更好服务市场主体的实施意见》,实现惠企政策免申即享,企业免申报即可获得政府补贴。在企业免申即享的基础上进一步提升,实现企业申报秒级体验,"青岛政策通"平台以大数据为依据,将"填报式"申请变为"确认式"申请,一键"秒报";将人工审核、层层报批的传统方式,改为系统在线"秒批";通过简化流程创新支付模式,实现资金"秒付"直达。打造政策兑现服务极致体验。

## (五)延伸政策服务链条,建立政策评价体系

搭建政策评价体系,让企业参与政策制定,实现企业对政策的事前、事中、事后评价,让惠企政策真正"从企业需求出发",服务企业,推动企业发展。一是畅通政企沟通渠道,政策制定更阳光、更有针对性。通过政策评价建立企业参与涉企政策制定的渠道,让企业可以对扶持政策、申报服务、平台等维度提供评价意见,调动广大企业的积极性、主动性、创造性,将意见传达到政策制定部门,更好地发挥企业对政策制定的重要作用。二是政策效果可分析,政策制定有依据。将前端企业用户对政策、项目、平台的反馈意见收集后做数据的统计和分析,帮助部门及时了解企业对整个政策兑现过程的意见和建议,从而促使部门不断提升政策服务水平。部门可基于政策评估大数据,为企业量身定做政策,打造政策洼地。政策效果全面掌握,资金流向一目了然,服务成效一屏可见。

## （六）建立安全、先进的数据交互系统

下一步，"青岛政策通"平台将与国库集中支付系统打通，实现资金的快速精准拨付，对于平台的安全性也提出了更高的要求，将通过以下几个方面来提高项目整体的安全性：一是按照国家相关标准，对项目进行等保三级测评，修复测评发现的问题，提升平台的安全性；二是项目对外提供服务均采用 https 协议，保障数据加密传输；三是项目与其他信息系统互联互通进行数据交互时，设置服务器交互白名单，增加公钥和私钥认证等多重措施保障数据交互的安全性；四是结合区块链技术，将企业申报材料、部门审批过程、资金拨付过程均上链，防篡改，实现全程区块链留痕，确保审批公平公正、事后随时可追溯。这不仅能推动区块链与政务场景结合落地，同时也能大大提高政府资金使用的安全性。

课题组组长：江长海　青岛市民营经济发展局
课题组成员：姜　宁　青岛市民营经济发展局
　　　　　　邢恩荣　青岛市民营经济发展局

# 城市群人才要素流动性分析和一体化促进机制研究

青岛市人力资源和社会保障局课题组

城市群崛起是经济社会发展到一定阶段的重要标志,对经济发展具有巨大带动作用。党的二十大报告指出:"促进区域协调发展。深入实施区域协调发展战略、区域重大战略、主体功能区战略、新型城镇化战略,优化重大生产力布局,构建优势互补、高质量发展的区域经济布局和国土空间体系。"推动城市群建设,发挥优化空间布局和集聚生产要素的重要作用,是推动区域经济发展质量变革、效率变革、动力变革的重要支撑,是实施区域协调发展战略的重要内容。

2021年3月,《中华人民共和国国民经济和社会发展第十四个五年规划和2035年远景目标纲要》指出,要全面形成"两横三纵"城镇化战略格局,集中力量发展19个城市群。优化提升京津冀、长三角、珠三角、成渝、长江中游等城市群,发展壮大山东半岛、粤闽浙沿海、中原、关中平原、北部湾等城市群,培育发展哈长、辽中南、山西中部、黔中、滇中、呼包鄂榆、兰州—西宁、宁夏沿黄、天山北坡等城市群。

作为国家级城市群,山东半岛城市群是山东省发展的重点区域,城市群由省会经济圈、鲁南经济圈、胶东经济圈三大经济圈作为主要支撑。以青岛为中心城市的胶东经济圈区位优势明显,具有良好的产业、人才发展基础,其一体化水平在山东半岛城市群三个经济圈中处于领先地位。2020 年,山东省人民政府《加快胶东经济圈一体化发展的指导意见》指出,加快青岛、威海、烟台、日照、潍坊胶东五市一体化发展,构建合作机制完善、要素流动高效、发展活力强劲、辐射作用显著的区域发展共同体,打造全省高质量发展强劲引擎。

推进区域、城市群一体化,关键在于加快各类要素的一体化进程。习近平总书记指出,要以一体化的思路和举措打破行政壁垒、提高政策协同,让要素在更大范围畅通流动,发挥各地区比较优势,实现更合理分工,促进高质量发展。2020 年 3 月,中共中央、国务院《关于构建更加完善的要素市场化配置体制机制的意见》指出,要推动土地、劳动力、资本、技术、数据要素的市场化配置。在这些要素中,劳动力要素是最活跃的生产要素,劳动力要素的流动与配置越来越成为推动资本、技术等要素的流动和配置的主导力量。

劳动力流动特别是人才流动,是人力资源调节的一种基本形式,是调整人才社会结构、充分发挥人才潜能必不可少的重要环节。要实现人才要素的集聚,加快人才高效流动和配置,需要深入研究人才培育、评价、流动、服务等各个环节。因此,完善人才流动研究,加强人才要素一体化机制研究尤为重要。

# 一、胶东经济圈人才状况和流动性分析研究

## (一)数据来源及说明

为分析胶东五市人力资源在区域分布、人才结构、行业聚集、年龄构成、流动频率等维度情况,青岛市人力资源发展研究与促进中心人事人才研究所、信息与数据资源管理部汇集山东省社保、就业省集中信息系统平台数据约 150T,抽取、统计胶东五市 2015 年 1

月—2020 年 12 月参保缴费、增减变化、关系转移，以及单位、人员基本信息等信息，在此基础上抽取、清洗、整理数据，建立胶东五市人力资源流动主题数据仓库，构建多维数据分析模型。

研究实施阶段分为两条主线并行开展，一条主线是数据仓库建设及主题分析工作。一是针对当前研究主题和数据资源情况，设计、构造星型和雪花型数据仓库模型，依托现有数据中心建立主题分析数据仓库。二是数据清洗、整理与抽取。来自社保、就业等多个应用系统中的数据质量存在问题，数据缺失、冲突、不一致等问题较为明显，难以直接开展主题分析，需要对数据进行清洗、整理，然后加载到主题分析数据仓库。三是在数据仓库设计与建设基础上，研发数据统计分析支撑平台，支持面向多主题的多维分析模型、测算模型构建与定制，基于模型和数据仓库的分析、预测结果计算，以及多角度、多粒度统计分析结果展示。另条主线是"人力资源流动情况"主题分析内容的细化，明确研究报告所要涉及的若干分析场景，对每个分析场景进行详细分析、设计；根据分析场景的设计目标，提取、设计出所有分析指标和分析维度的详细说明、数据来源、分析目的等，以及分析场景、分析指标、分析维度之间的关系。

### (二)胶东经济圈人力资源整体概况分析

通过对于胶东五市参保信息的整体分析，课题组从五市人力资源总量变化趋势、人力资源年龄分布、人力资源行业分布三个方面分析 2015—2020 年胶东五市人力资源概况。

数据显示，2015—2020 年，胶东经济圈五市整体人力资源总量呈上升趋势。其中，青岛市人力资源总量最多，日照市人力资源总量最少(图 1)。

单位：万人

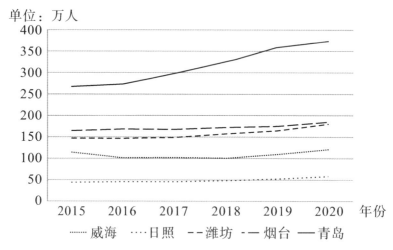

**图1　2015—2020年胶东五市人力资源总量变化趋势**

从年龄分布看，截止到2020年12月31日，胶东经济圈五市中30～35岁人力资源的数量最多，其次是45～50岁人力资源的数量（图2）。

单位：万人

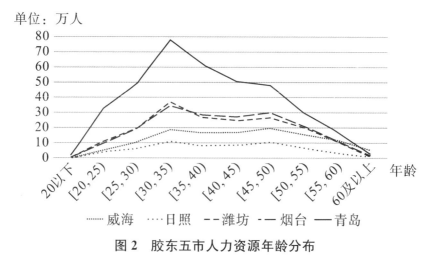

**图2　胶东五市人力资源年龄分布**

从行业分布来看，截止到2020年12月31日，五市人力资源分布于制造业数量最多，远远高于其他行业（图3）。

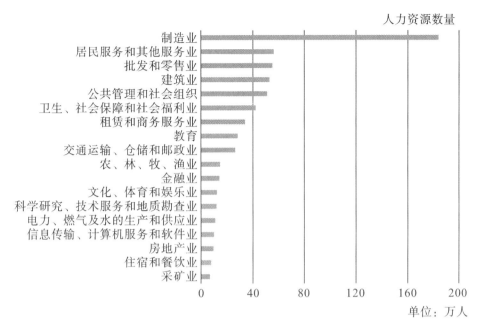

图 3　胶东五市人力资源行业分布

## (三)胶东经济圈人力资源流动情况分析

为深入了解胶东经济圈人力资源流动情况,分析胶东经济圈和省外、省内其他地区的人力资源流动关系,课题组分别从流入情况、流出情况着手,选取胶东五市整体人力资源流入(流出)情况、省外人力资源流入(流出)胶东五市情况、省内人力资源流入(流出)胶东五市情况三个维度进行具体分析,最终进行流入流出情况的总体对比,反映整体趋势。

### 1.胶东五市人力资源流入情况分析

从图 4 可以看出,胶东五市从 2015—2020 年人力资源流入量整体呈上升趋势,且青岛人力资源流入数量远高于其他四市,人才吸引力较大。

省外人力资源流入量与整体人力资源流入量趋势保持一致,青岛对于省外人力资源吸引力最大(图 5)。

单位：人

**图 4　2015—2020 年胶东五市人力资源流入量**

单位：人

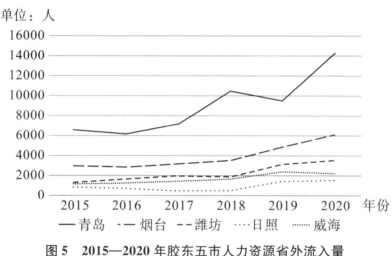

**图 5　2015—2020 年胶东五市人力资源省外流入量**

　　省内人力资源流入量与整体人力资源流入量趋势有较大差距，青岛相对于其他四市而言，吸引省内人力资源的优势明显减小。近年来，烟台、潍坊省内人力资源流入量较大（图 6）。

　　通过胶东五市 2015—2020 年人力资源流入来源对比可以看出，青岛市人力资源省外流入大于省内流入，而其他四市人力资源均为省内流入大于省外流入，这反映出青岛市对于省外人才吸引力较高，与城市在全国范围内影响力和产业发展优势相关（图 7）。

单位：人

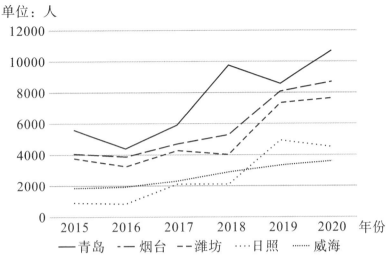

图 6　2015—2020 年胶东五市人力资源省内流入量

单位：人

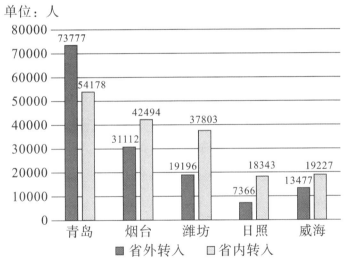

图 7　2015—2020 年胶东五市人力资源流入量对比

## 2. 胶东五市人力资源流出情况分析

2015—2020 年,胶东五市人力资源流出整体呈不断上升的趋势,且青岛市人力资源流出量最大,流出量增速最快,反映出青岛市外向型城市的特点(图 8)。

单位：人

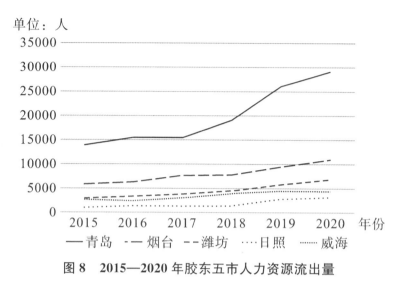

**图 8  2015—2020 年胶东五市人力资源流出量**

2015—2020 年，胶东五市人力资源省外流出不断上升，青岛市人力资源流出量最大，自 2017 年后省外流出增速加快（图 9）。

单位：人

**图 9  2015—2020 年胶东五市人力资源省外流出量**

同时间段，胶东五市人力资源省内流出呈现总体上升趋势，个别地区的个别年份省内流出量下降，青岛市人力资源省内流出量最大，其中 2018 年、2019 年流出增速较快，2020 年人力资源流出量维持在较高水平（图 10）。

**图 10　2015—2020 年胶东五市人力资源省内流出量**

总体来看,胶东五市在 2015—2020 年期间,人力资源流到省内其他地区数量比流到省外多。一方面是由于胶东五市人力资源更多的是山东籍,在流动决策时更多会选择距离家乡较近的城市;另一方面,人力资源流动会受到地域、年龄和行业种种因素影响,距离越远的流动决策对劳动者来说往往越需要慎重考虑(图 11)。

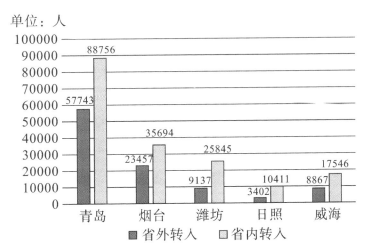

**图 11　2015—2020 年胶东五市人力资源流出量对比**

# 二、胶东经济圈人才要素一体化发展存在的主要问题

当前我国区域协同正处于加速发展阶段,以京津冀、长三角、粤港澳为代表的城市群一体化发展的路径模式,对国内城市群协同发展发挥着引领作用。而胶东经济圈一定程度上代表着山东半岛城市群的发展水平,目前经济圈在推进人才要素一体化方面进行了不少探索,但由于行政壁垒体制机制方面的局限,区域人才交流合作的能效还偏低,距离高水平城市群一体化还有很远的距离,仍然存在一些亟待解决的问题,既有城市群普遍性问题,也有山东半岛城市群尤其是胶东经济圈的特有问题,需要引起重视,进一步加强分析研究和解决。

## (一)经济圈人才一体化决策存在根本性障碍

胶东经济圈发展规划实施以来,各市一体化进程中,政府推动层面体现较多,但长效性协同政策有所欠缺,政府主导推进的持续性和实际效果有待检验。受行政壁垒、区域竞争等因素影响,胶东经济圈各市之间统筹协调机制不够健全,在人才制定上步调不一,存在相互攀比现象,缺乏统一的区域人才发展规划和政策衔接。人才一体化发展决策和落实缺乏统筹协调五市,在人才、资金、技术、信息等要素的共享流动进展不快,尽管各个城市建立了一些人才交流合作机制,多元主体参与区域协同相对较弱,致使一体化发展整体效能偏低,成为胶东经济圈一体化高质量发展的障碍。

## (二)经济圈人才流动配置一体化水平不高

胶东经济圈区域人才要素共享共用程度较低,胶东经济圈五市之间,人才工程计划、专业技术资格、职业技能等级等方面人才评价标准和程序存在差异,在标准把握方面缺乏统一衔接,在信息交互

和数据方面缺乏共享。区域人才布局和结构不合理,各市之间存在同质化竞争,人才合作共享水平不高,难以形成城市群"磁力场"效应。相比较而言,青岛、烟台集聚了区域80%以上的高端科技创新人才和2/3以上的青年学历人才,在区域人才发展协同上,存在优先巩固壮大自身优势的思想。潍坊等三市则担心一体化协同加深,造成自身人才流失加剧,存在防范抵触的思想。区域内没有形成统一的人才市场,缺乏技术转移制度和资源流动共享机制。

## (三)区域创新资源协同配置效率不高

受行政管辖限制,胶东经济圈缺乏有效的一体化协同创新机制。各市在人才发展、科技创新等方面政策制定、协同落实以及执行标准上存在很多差异。胶东经济圈人才发展和科技创新合作力度不足,在科研资金、创新人才、仪器设备、数据信息、知识产权等方面壁垒较多,驻胶东五市高校、科研院所、创新型企业开展联合科技攻关、技术创新的主动性不够。从产业发展区域横向看,以青岛、烟台为例,两市在装备制造、海洋等领域创新人才、创新平台资源雄厚。从产业发展纵向看,以青岛、潍坊为例,两市制造业、现代农业等产业领域,上下游产业链关系紧密。但从整体上看,胶东经济圈,不论在横向产业领域还是在纵向产业链方面,人才共享、创新协同等方面程度偏低,联合开展科技攻关、产业核心技术研发的效能不足,无法形成创新合力,导致一些科技创新成果向省外、圈外溢出。

## (四)区域人才管理和公共服务存在不平衡不协调问题

胶东经济圈五市均有各自独立的公共服务平台、服务模式、服务标准以及各种活动品牌,在与人才管理和服务方面各领域、各环节都存在差异和隔阂,服务资源难统筹,服务衔接不畅的现象仍然突出。在人才就业招聘方面,难以形成胶东经济圈五市联动,比如赴海外、省外人才集聚的高校和城区招聘时，各自分散组织，没有形成统一的招才引智的强势品牌，累加投入成本高，招聘效益低。在人才创业方面，五市缺乏系统推动，将经济圈作为一个整体，开展国际性、全国性创业大赛、论坛或沙龙的力度不够。在人才国际化方面，鉴于胶东经济圈整体区位优势，面向日韩开展人才交流、科技合作、商贸往来有很大的想象空间，但是目前青岛、烟台、威海等城市国际化战略规划、产业布局、创新创业生态方面统一有效的顶层设计不足，政府层面和社会层面缺乏系统性、整体性考虑。在劳资关系和社会保障方面，缺少管理服务标准的有效衔接，联合执法效果有待加强，在人才就业后社会保险制度衔接方面有待优化。在信息化支撑服务方面，五市人才服务领域拥有独立的信息化信息系统，信息联动对接端口不畅。在就业、社会保险等领域采用山东省统一的信息系统，但是信息需求研发，需要各市向上协调省级部门，信息共享、信息联动的效率跟不上实际需求变化。人才信用共享共用缺乏有效机制，失信行为标准不能互认、信息共享不能互通、惩戒措施路径不能互通，跨区域信用联合惩戒制度不健全。

# 三、关于胶东经济圈人才要素一体化<br>促进机制的对策与建议

在充分借鉴国内外城市群一体化发展的经验基础上，坚持需求导向、问题导向，着力推动胶东经济圈人才要素一体化向纵深发展。加强争取国家、省行政授权和资源支持，打破域内行政壁垒，加强经济圈内人才要素协同共享、共育共用，在科技创新方面致力于协同解决关键领域关键环节"卡脖子"技术，在产业转型升级方面致力于协同提升产业核心竞争力方面，在发展环境营造方面形成区域良好互动的生动局面，引领山东半岛城市群一体化高质量发展。

## （一）促进经济圈人才决策和工作推进一体化

### 1. 加强胶东经济圈人才要素一体化顶层设计

按照胶东经济圈一体化发展总体要求，强化人才要素支撑保障作用，加强顶层设计和统筹推进。推动胶东经济圈人才要素一体化重要决策统一研究、重大事项统一推进、重大活动共同参与，加快形成政府促进、社会广泛参与的区域人才发展一体化的发展生态。研究制订胶东经济圈人才一体化发展中长期规划，确定年度推进要点。将宣传工作与规划的制订实施紧密结合，同步策划，同步安排，同步落实。大力宣传推动胶东经济圈一体化合作事项的经验、做法、成效，提升经济圈人才发展环境的关注度和美誉度。

### 2. 建立健全胶东经济圈公共就业与人才服务联盟

充分发挥青岛在经济圈的龙头带动作用，加强与烟台、潍坊、威海、日照四市对接会商，围绕胶东经济圈人才要素一体化相关领域，以政府间合作为牵引，带动市场各方参与，建立健全胶东经济圈公共就业与人才服务联盟，搭建人才一体化推进工作平台。在人才、就业与社会保险、创新创业等方面部分事权争取省级授权，或者将请省级职能部门参与联盟建设，形成"1（省部门）＋5（五市）"一体化决策研究和推进工作机制。邀请社会组织、行业企业作为联盟"合伙人"参与联盟建设，建立联盟联席会议决策、省级部门专员协调、业务专班执行、重大事项双向报告等工作机制。

### 3. 以理论为引领推动胶东经济圈人才要素一体化改革创新

每年轮值召开胶东经济圈人才一体化发展会议论坛，汇集各方智慧，为加快经济圈高质量发展提供良策。充分发挥政策理论引导引领作用，围绕胶东经济圈人才一体化发展战略性、方向性、首创性研究需要，开展区域一体化前瞻性理论政策研究，及时提出国家、省重大战略、重要资源、试点项目等纳入胶东经济圈规划并在区域内先行先试的理论支撑,探索将"一带一路"国际合作新平台、上合示范区和自贸实验区建设等优惠政策辐射到胶东经济圈,争取更多国家、省人才综合改革试点在胶东经济圈先行先试。

## (二)促进经济圈劳动力市场化配置一体化

### 1. 深化经济圈劳动力顺畅流动的体制机制改革

引导企业经营管理人才、专业技术人才、高技能人才流动的交流、流动机制,探索支持非公有制经济组织和社会组织中优秀人才进入党政机关、国有企业事业单位的途径方法。研究城乡之间劳动力要素自由流动的市场机制,促进城乡融合、乡村振兴。建立以人为本的价值导向,打破体制界限,让人才能在政府、企业、智库之间顺畅流动。根据国家主体功能区布局,研究推动胶东半岛经济圈、黄海流域、城乡流动人才资源共建共享共赢,建立协调衔接的区域人才流动政策体系和交流合作机制。

### 2. 建立人才供需对接协同机制

建立联盟引才联合体,统筹各市国内外招才引智平台及企业人才需求,合理布局引才路线图,整合岗位需求及毕业生资源,举办"就选山东"胶东经济圈高校毕业生网络专场招聘会。合力推动空中双选会,利用胶东五市高校毕业生网络招聘平台为高校搭建专场及联合专场,提供线上招聘求职、在线交流、视频面试等一站式服务。发挥中国海洋人才市场辐射带动作用,聚焦"蓝洽会""博士行"等重点人才节会,开展胶东经济圈线上、线下联合招聘、人才招引等活动。

### 3. 强化产才融合

顺应产业一体化,实现人才与产业高效融合,提高人才一体化配置水平。探索企业主导的产教融合职业院校办学方式,鼓励校企共建产业和人才融合实训基地。建立政府、产业部门、行业院校人才培养联动机制,搭建产业人才开发基础协作平台和"政策引导、校企合作"联动平台。通过政府、社会、企业多方面参与,构建多层次、多渠道、多功能的职业培训体系,尤其要重视和发展由国家资助的免费网络职业培训。依据区域经济开发、产业结构调整、企业用工等实际情况,开展针对性、实用性强的职业技能培训,强化劳动预备制培训,使城乡新进入劳动力市场的人员均掌握一技之长,有效提高其就业能力。强化与沿黄城市文化、教育、体育、旅游等领域深度合作,支持潍坊建设黄河流域高素质技术技能人才实训基地。

## (三)促进经济圈人力资源服务业发展一体化

### 1. 探索组建胶东经济圈人力资源共同市场,打造统一开放人力资源市场体系

实施统一的市场准入负面清单制度,推动胶东经济圈高水平的人力资源市场对外开放。组建胶东经济圈人力资源服务共同体,打造区域一体化的产业集聚体系。建立人力资源服务联盟合作机制,优化胶东经济区圈人力资源服务产业链生态。强化区域一体化协调战略,推动胶东经济圈人力资源服务业差异化发展。强化区域内人力资源市场协同共治,探索人力资源服务业一体化监管框架。

### 2. 推动人力资源服务业协同发展

建立胶东五市人力资源服务业联盟,发挥人力资源在区域间有效流动和优化配置重要作用,引导人力资源服务领军企业在胶东各市建立分支机构,构建优势互补、功能突出、持续有序的协同发展格局。加强人力资源产业园合作交流,开展人力资源服务业展示交流对接活动。

### 3. 做优做强各类人力资源产业园

推动烟台国家级人力资源产业园区,青岛、潍坊、威海省级人力资源园区,多园融合,协调联动,实现产业在胶东经济圈集聚发展,构建形成胶东经济圈国家级产业园区,统一享受国家级园区优势政

策。推动青岛国家级人力资源产业园区建设,更多引进集聚国内外优质人力资源服务企业。对接国内重点高校,探索校企联合办班模式,助力人力资源服务业创新发展、转型升级。举办人力资源服务高级经营管理人员研修培训班,打造服务培育新平台,组织企业高级经营管理人员开展现代人力资源服务业发展研修培训。

## (四)促进经济圈公共服务信息化支撑一体化

### 1.树立大数据理念与强化大数据意识,推进信息公开性与透明性

积极推进政府信息公开的同时整合不同渠道数据资源,形成以数据支撑的城市群建设。提高全社会对大数据的认识,增强全社会的数据收集、挖掘、分析等意识,提升全社会信息道德水平,从而汇聚社会各方的力量,为将大数据嵌入城市群建设创造良好社会环境和舆论氛围。允许社会与公众进行数据访问,保证社会与公众能自由获取与使用数据资源。为确保大数据政策落地,要建立健全相关法律法规作为智慧城市群建设奠定制度基础。

### 2.搭建胶东经济圈数据协同平台

依托省集中系统资源,统一数据交换和共享标准,提供数据输入、输出服务,对接胶东五市本地化信息系统。通过城市群的协同,集成运用大数据、云计算、物联网、移动互联网技术,构建集约化的城市群综合信息平台,为胶东一体化发展提供数据交换、共享协同和数据中台支持。提供数据交换、数据采集、质量核验、数据清洗、数据转换、数据治理、模型方法库、图表展示工具等,对胶东一体化数据和关联数据开展大数据应用,为精准服务、智能监管、科学决策提供平台支持。

### 3.积极完善人才大数据平台建设,准确预测人才资源的需求情况

打破区域间人才信息障碍,为企事业单位提供高效的引才渠道。与此同时,各地政府应考虑本地区的经济布局、产业结构和社

会发展,明晰实际的创新需求,逐步开展各地人才供需情况的预测工作,进而通过产业政策、人才政策优化区域的人才配置,促进胶东经济圈人才一体化的协调发展。

## (五)促进经济圈劳动关系争议处理协调一体化

### 1.建立劳动关系多元治理格局

逐步完善劳动人事争议协商解决机制、劳动保障监察执法联动机制,有序开展劳动关系领域大数据的采集运用。逐步建立协商、预防、调解、仲裁、监察相互协调、有序衔接的劳动关系多元治理格局,构建联盟规范有序、公正合理、互利共赢的劳动关系新局面。

### 2.构建劳动关系协同发展政策体系

持续加强对重点问题的研究,针对劳务派遣监管、特殊工时制度、劳动合同管理等重点领域,加强联盟在政策制定方面的联合攻关,完善创新性协同发展的政策措施。

### 3.创新争议处理合作机制

加强对胶东经济圈内劳动争议预防及趋势进行规律分析,定期发布区域内劳动人事争议"白皮书",加强区域疑难案件研讨交流,推动形成统一劳动争议处理标准,加强跨区域仲裁业务协作,涉及委托送达、移送管辖等情形的,建立域内各市仲裁机构快捷通道。

### 4.完善域内劳动保障监察执法联动机制

巩固升级劳动保障监察举报投诉联动机制,积极落实联盟内各级劳动保障监察机构的案件协查处理。通过完善机制建设、理顺工作流程,实现劳动者可在域内任何劳动保障监察机构窗口进行举报。

## (六)促进经济圈社会保障公共服务一体化

### 1.建立社会保障一体化联合管理结构

对于整个社会保障所出现的差异化问题以及福利重叠问题,需要建立经济圈专属社会保障区域一体化的管理机构,赋予其较高调控权利以专门制定整个经济圈社会保障政策制度并统筹社保区域管理工作,通过一体化联合管理机构与各地区负责机构共同协调管理,相互关联并促进社会保障一体化工作顺利推进。

### 2.明确社会保障一体化建设的重点领域

一是便捷五市间参保关系转移,全面实现五市间企业养老保险转移接续"无纸化""不见面"服务。二是建立五市社保待遇领取资格互认机制,实现五市所属县(市、区)社保经办机构认证业务通办。三是建立五市工伤认定调查和劳动能力鉴定协作互认机制。

### 3.建立社会保障区域一体化发展基金

各地区的社会保障的缴费基数存在差异等问题的根本原因在于的经济协同发展工作仍不到位,不同的经济发展水平导致了各个地区的社会保障福利待遇存在差异。只有建立"区域利益分享与补偿机制",通过地区的利益相互转移达到整体经济圈的平衡,才会更加有效地推进社会保障区域一体化发展。

## (七)促进经济圈就业创业公共服务一体化

### 1.协同开展就业创业服务

联合举办胶东经济圈大学生职业生涯规划大赛等就业活动。实施胶东经济圈大学生及青年实习实训行动。线上建设创业服务云平台和小程序,线下打造创业总部,为胶东半岛创业者提供一站式闭环式创业服务。联合举办创业大赛、创业训练、创业沙龙等活动,引入创投风投机构,推动优质项目高效落地。共建创业导师库,实现优质导师资源共享,提高创业服务水平。

### 2.联手促进高校毕业生就业

优化高校毕业生就业手续,各市联动共享"青岛人社学历汇"数据信息。简化高校毕业生就业办理流程,实现"全程网办、胶东通办"。畅通高校毕业生和流动人才档案转递渠道,搭建档案信息共享平台,实现城市间档案转递"零跑腿"。

### 3. 优化公共就业服务机制

建立区域内公共就业服务清单制度,加大各地市就业创业政策法规和政务服务宣传工作力度,探索联合开展职业介绍、职业培训、就业指导、就业援助、创业扶持等服务。推进五市公共就业数据信息共享,依托省集中系统,打通地域限制,实现劳动用工备案信息数据共享,方便劳动者在经济圈内异地办理用工备案手续。

课题组组长:王 龙 青岛市人力资源和社会保障局
课题组成员:李申华 青岛市人力资源和社会保障局
　　　　　　姜雪梅 青岛市人力资源和社会保障局
　　　　　　胡梦平 青岛市人力资源和社会保障局
执 笔 人:胡梦平

# 青岛新消费赛道企业研究报告

长城智库·青岛新经济研究院课题组

消费作为拉动经济增长的"三驾马车"之首,在我国经济发展中一直发挥着重要的基础性作用,2021年,全国GDP达114.3万亿元,其中,最终消费支出对经济增长贡献率达65.4%,是推动疫后国民经济复苏的"压舱石"。随着现代社会的发展,新消费的崛起促进了消费和产业的双升级,成为新经济的"拉动器"。

## 一、新消费 4.0 时代变革消费"人货场"底层逻辑

当前,消费发展从以产品为主导、供给决定需求的消费1.0时代,逐渐演变为产品供应充足、市场竞争激烈、品牌引领发展的消费2.0时代,再到以电商平台、在线购物普及等为代表的互联网消费3.0时代,消费形态、消费模式不断演变。随着互联网技术、数字技术的发展,消费的"人货场"底层逻辑被重构,从消费者需求出发,新消费场景不断涌现,基于数据驱动的消费4.0时代加速到来,以元气森林、泡泡玛特、小红书等独角兽企业成为国内新消费赛道的代表企业(图1)。

| | 消费1.0时代：供给决定消费 | 消费2.0时代：品牌化发展 | 消费3.0时代：互联网模式发展 | 消费4.0时代：数智化驱动 |
|---|---|---|---|---|
| 需求升级 | 物质匮乏、需求同质化 | 认同品牌价值、重视产品品质 | 生活方式改变、需求细分、多样化 | 产品品质、交易便捷、消费体验等需求升级 |
| 渠道演变 | 几乎无广告，以合作社、批发为主导 | 电视广告普及、线下商超等渠道主导 | 在线购物普及、电商平台、购物中心崛起 | 数字化为基础，新媒介、新渠道发展迅速 |
| 模式优化 | 单品类单环节自营化的厂商模式为主导 | 多品类、自营化的制造商品牌化模式 | 多品类、一体化的商业品牌化模式 | 多品类、一体化、生态化的数智品牌模式 |
| 流行品牌 | 新飞冰箱、回力、健力宝等 | 真维斯、大宝、王老吉等 | 御泥坊、凡客诚品、三只松鼠等 | 元气森林、泡泡玛特、花西子等 |

**图1　消费市场发展阶段**

## （一）新的消费群体

消费市场以各类"标签"描述多样化、个性化消费人群，以"Z世代"为代表的年轻人群成为新的消费主流人群，更加注重产品颜值、品质以及科技感等附加体验；随着人口老龄化加剧，银发经济等消费赛道的发展潜力显现；单身群体作为消费新势力，推动着健身、旅游、化妆品、宠物等消费行业高景气发展。

## （二）新的消费产品

当前消费者重回产品和服务本质。人工智能、5G、大数据、物联网、云计算等前沿技术刺激新需求，诞生新的消费品类，万物智联的产品时代加速到来，可穿戴设备、智能家电、智能网络汽车、机器人等数智产品迭代升级；传统消费品类实现功能改造、质量升级，融入多元文化元素，打造"新国潮"国货品牌。

## （三）新的消费场域

新冠肺炎疫情发生以来，以网络购物、移动支付、在线体验为特征的新消费模式迅速崛起，消费场域进一步由线下到线上、进而转为流量变现的迭代，传播方式向短视频/直播带货进阶，多渠道融合、多场景衍生成为发展特点;人口红利末期,以三、四线城市以及广大乡村为代表的下沉市场释放潜力。新消费的"人、货、场"特征见图2。

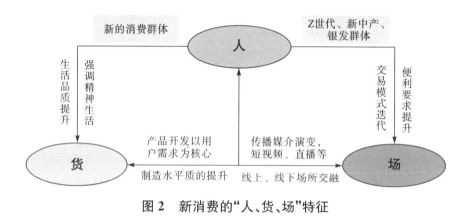

**图2 新消费的"人、货、场"特征**

## 二、新消费从需求端推动技术模式创新并裂变新赛道

2015年11月23日,国务院印发《关于积极发挥"新消费"引领作用 加快培育形成新供给新动力的指导意见》,强调消费的引领作用,全面部署以消费升级引领产业升级。从供给侧改革到需求侧改革,是形成需求牵引供给、供给创造需求的更高水平动态平衡。企业只有提高市场响应速度,才能在激烈的市场竞争中形成优势。

### (一)新消费全面推动供给端升级

#### 1. 新消费倒逼制造业智能化转型、数字化升级

新消费引领下的数字技术与制造业融合趋势显著,轻工、纺织、食品加工等企业通过改造传统工艺、实施设备更新、建设自动化生产线和数字工厂、融入工业互联网平台,实现制造、仓储、物流等环节全流程数字化、智能化、网络化。

### 2.新消费需求推动传统制造业向大规模定制化模式转变

高品质、多元化、个性化的新消费需求、新产品品类,推动传统制造业由标准化大规模生产向大规模定制化生产升级(图 3),依托工业互联网平台的 C2M 模式,消费者的需求可以直达制造端,工厂根据消费者的个性化需求设计、采购、生产、发货,从而实现小批量多批次、以销定产的快速供应链反应。

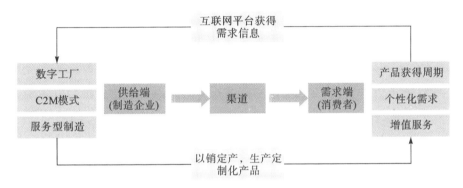

图 3　新消费推动供给端向智能制造升级

## (二)新消费牵引技术创新与应用

### 1.新技术的创新应用,丰富消费产品供给

新消费背景下,人们对于提高交易效率、改善消费体验等拥有巨大需求,例如,伴随着饮食观念的转变,加速食品饮料企业研发植物基、人造肉等方向;为实现精准营销,以及元宇宙观念的逐步渗透,以 VR/AR 为代表的新兴技术加速开发消费级应用。

### 2.新消费为技术创新提供丰富的试练场景

消费购物、文体娱乐等领域,为云计算、大数据、物联网等基础设施建设提供需求场景,市场积累的用户行为、交易情况等海量数据,为算法改进、技术迭代提供重要支撑。

### （三）新消费赛道正加速迭代裂变

宏观环境、人口结构和消费偏好的变化影响消费的商业模式和运营理念，伴随数智技术应用，原有的消费赛道纷纷裂变（图 4），不断涌现新的细分领域。

#### 1. 无人零售、跨境电商等细分赛道发展壮大

无人零售、跨境电商等细分赛道发展起来，如无人零售演变出无人便利店、无人超市等形式，涌现出便利蜂等独角兽企业，以及友宝在线、Today 便利店等潜在独角兽企业。跨境电商满足消费者全球消费品牌选择多样性的需求，涌现 KK 集团、洋码头等独角兽企业。

#### 2. 在线旅游、电子竞技、短视频等新业态加速发展

在线旅游以旅游互联网平台建设为核心，拥有 KLOOK 客路、马蜂窝、要出发等独角兽企业。

无人零售：便利蜂、友宝在线、美邻美等
跨境电商：豌豆公主、行去集团、全速在线等
生鲜电商：每日优鲜、谊品生鲜等
母婴电商：孩子王、蜜芽、海拍客等
在线旅游：KLOOK客路、马蜂窝、要出发等
短视频：快手、梨视频、来画视频等
互动体验：终极密室、小黑探等
……

新消费 迭代裂变

图 4　新消费赛道迭代裂变

## 三、新消费赛道：青岛建设宜居宜业高品质湾区城市的新方向

当前，青岛加速推进国际消费中心城市建设，形成发展新消费赛道的基础条件。2021 年，青岛市社会消费品零售总额实现 5975.4

亿元,增速在全国15个副省级城市中列第1位,全市人均消费支出32878元,总量居全省首位,但与上海、北京、广州、重庆等国际消费中心城市相比仍有差距。2021年,青岛社会消费品零售总额仅相当于上海的33.05%、北京的40.19%、重庆的42.78%、广州的59.03%,迫切需要利用新消费赛道培育、拉动新一轮消费升级。

### (一)青岛成为旅游"网红"城市,但流量转化消费能力较低

青岛作为全球旅游"网红"城市,2021年,全年接待游客8221.2万人次,在宜居宜游城市竞争力排名中名列全国第二。但整体来看,青岛旅游收入贡献较低,根据界面新闻发布的《2021中国旅游业最发达城市榜单》来看,青岛仅排名第27位,旅游总收入占GDP比重仅为9.98%,远低于成都、长沙等热门旅游城市。康养、旅居、研学、工业、体育等旅游新业态还未形成规模,围绕旅游融合文创、出行服务、民宿、餐饮等的"旅游+"模式有待进一步拓展,消费贡献度仍有很大的提升空间。

### (二)青岛制造转型加速推进,但新消费领域供给不足

青岛制造业基础雄厚,门类齐全,拥有智能家电、新能源汽车、轨道交通装备、海洋产业、食品饮料等优势产业集群,其中制造业单项冠军达26家,居全国第7位,在新一轮科技革命和产业变革的过程中,青岛加速推进"青岛制造"向"青岛智造"转型,已累计示范培育17个工业互联网平台、52家智能工厂,"上云用云"企业3万家,其中,海尔、青啤入选全球"灯塔工厂",卡奥斯连续三年蝉联全国"双跨"平台之首。但整体来看,智能制造的新产品与新模式在新兴消费领域的应用不足,消费领域新业态新模式仍处于探索阶段,在新消费垂直领域还不足以形成新的消费热点。

## （三）青岛消费市场主体活跃，但品牌影响辐射能力不足

伴随营商环境优化，青岛消费市场主体逐步增加，截止到2021年底，限额以上批零住餐单位同比增加1045家，增长29.6%，限额以上批零业实现商品零售额同比增长28.1%。以海尔、海信、青啤、双星、澳柯玛"五朵金花"为代表的老牌制造企业享誉国内外，成就了青岛"品牌之都"的城市形象；海尔食联网、三翼鸟、海贸云商、潮集铺等推动新型消费品牌业态加快发展。但在新消费市场，青岛自主品牌数量不占优势，且在全国范围内影响力有限。根据2020年度中国零售百强名单，青岛仅有利群集团（第30名）、利客来集团（第70名）2家企业入选。青岛新消费企业在品牌造势、营销力度上仍需深度转化和升级。

## （四）青岛消费场景不断涌现，但缺少地标性新消费场景

近年来，青岛持续拓展消费场景。截至2020年，基本形成以19处商业中心、59条商业街为载体的空间布局，拥有中山路、台东、李村等代表商圈，万象城、金狮广场等商业综合体成为重要商业中心，推进首创奥特莱斯、海天MALL、万象城二期等商贸项目落地。尽管青岛在载体数量上具有优势，但青岛特色商圈、街区在全国范围内知名度并不高，与成都春熙路、南京新街口、广州天河路等知名商圈在商圈特色、体量规模、品牌聚集度、客群挖掘潜力、周边配套等方面差距较大。为激活聚客能力、塑造新消费场景，商圈升级改造是青岛发展新消费的重要路径。

# 四、青岛新消费已涌现出10个细分赛道

以新物种企业诞生为主要标志，新消费赛道不断涌现与裂变。基于对产业新赛道体系的研究与认知，从需求层次、创新能级两个

维度出发,结合青岛新消费企业发展特征,将新消费赛道方向划分为基础消费＋模式创新、基础消费＋技术创新、情感消费＋模式创新、情感消费＋技术创新四个象限,总计 10 个细分赛道领域(图 5)。

需求层次维度:主要包括基础消费、情感消费两大方向。基础消费主要指满足消费者衣、食、住、行等基本生活的消费行为;情感消费指消费者在基础需求之上向体验感、情感价值进阶,以发展兴趣爱好、休闲娱乐、愉悦心情、价值共享等为目的的消费行为。

创新能级维度:主要包括技术创新、模式创新两大方向。技术创新重视研发,包括现有技术更新迭代以实现存量产品升级和新技术催生新的产品,实现从 0 到 1 和从 1 到 100;模式创新重视运营运作,指新消费品牌改变传统销售渠道和营销模式,借助直播、私域、社群等模式进行渠道创新、品牌创新,推动商业模式创新。

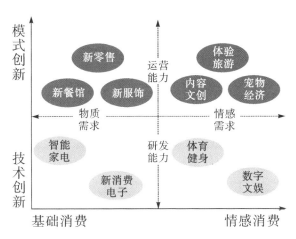

图 5 新消费赛道全景图

根据青岛新消费赛道代表企业特征,目前在四大领域 10 个细分赛道均涌现出一批优质企业(表 2)。从资本市场的价值认可看,荷田水铺、晨非食品、每日盒子等企业获得股权投资、战略投资。从全国新消费竞争格局看,易来智能、雷神科技、金东数字等企业在细分赛道引领发展,推动青岛呈现后发追赶优势。

表 2　青岛新消费细分赛道及代表企业

| 细分赛道 | 企业名称 |
|---|---|
| 新餐饮 | 晨非食品、船歌鱼水饺、虎邦辣酱、小伶鼬、荷田水铺、每日盒子、海小青、一间万象、沃隆坚果等 |
| 新服饰 | 千里行、酷特智能、联润翔、云裳羽衣等 |
| 新零售 | 盛华优选、青岛优农、飞熊领鲜等 |
| 新消费电子 | 雷神科技、鳍源科技等 |
| 智能家电 | 易来智能、聚好源、第五元素等 |
| 宠物经济 | 爱派宠物、海闻宠物、奥都卡尔、海宠生物等 |
| 内容文创 | 古麦嘉禾、时光印记、聚格传媒、山嗨精怪、阿特潮玩等 |
| 数字文娱 | 金东创意、创心互娱、长镜录等 |
| 体验旅游 | 1907 光影俱乐部、1903 里院客栈、玖禧婚恋艺术中心、尚美生活、麦田商旅等 |
| 体育健身 | 迈金科技、英派斯、群英足球等 |

## (一)新餐饮

传统餐饮行业市场竞争激烈,不断面临新互联网餐饮模式的冲击和调整,传统经营模式逐渐走向数字化、智慧化、零售化、场景化,"健康""养生"成为新餐饮主张的关键词。新式茶饮、网红餐厅、健康零食等成为新餐饮的热门品类。

### 1.荷田水铺:以"即时养生"切入 Z 世代新茶饮

2020 年 10 月,荷田水铺成立,成立三个月即获两轮千万元级融资,荣登 2021 新消费势力榜单 Top 100。以"健康养生"为切入点,加强产品研发,针对年轻人工作劳累和亚健康的痛点,从美容养颜、排毒明目、减肥刮油等功效出发,使用天然食材,不添加防腐剂、香精、色素,配合分段熬制、分段过滤等工艺来保障产品的稳定性,形成玻尿酸美肌、减脂代餐、鲜制养生、国风茶点等多个产品系列，打造集健康、口感、颜值、体验于一身的 4.0 时代新茶饮。以"国风文化"为特色，强化品牌形象，荷田水门店装修和包装风格皆为统一的古典国风，色彩上大胆运用荷田绿与宫墙红的融合，将宫廷的荷田景色延展至悠远的中国文化，将文化内涵和符号作为卖点，打造高颜值国风品牌打卡店，从感官上进一步加深大众对荷田水铺的认知。

### 2. 虎邦辣酱："外卖＋电商"突破渠道竞争

虎邦辣酱跳出线下商超推广渠道，另辟蹊径以外卖为切入点，以附加的运营服务与外卖商家建立牢固的合作关系，以小规格产品匹配一人食的简餐场景；另一方面，在天猫旗舰店、拼多多等电商平台进行全面线上布局，并与"大胃王密子君"、李佳琦等"网红"合作，抓住直播红利为品牌造势。推出差异化产品。在消费升级的大趋势里，虎邦辣酱以招牌牛肉辣酱为基础，后又推出鲍鱼辣酱、小龙虾辣酱等新产品，用差异化的"内容物"＋"辣酱"，满足消费者"尝鲜"的多样化需求。强化产业链优势。基于对品质的把控，虎邦辣酱在山东、河北、山西等建立自有辣椒产地，配建专业冷冻库，保障高质量原材料的供给，同时，加速推进数字工厂建设，采用数字化设备实现全程自动化灌装，实现标准化的生产，与餐饮品牌合作整合产业链资源加强品牌优势。

### 3. 晨非食品：先进食品制造与智能供应链融合发展

产品研发方面，晨非食品依托生物膜分离、酶解、重组嵌合等技术创新研发奶盖、雪顶、玻尿酸晶球等产品，为茶饮连锁企业提供从原料、供应链到产品的一揽子解决方案。在智能供应链板块，基于自身所拥有的乳制品生产工厂及全供应链体系进一步整合资源，构建集生产加工、冷链物流、全冷链城市配送、资金流和信息流为一体的"全冷链联网供应链体系"，整合完整的产业链条，使供应链上下游企业方便快捷地实现合作供应、沟通、交易等业务。采用客制化的合作模式，为不同的茶饮品牌提供专用配方，提供标准化、简约化的出品操作，极大地提高了客户的制作效率，同时降低了生产成本。

## （二）新服饰

在新消费时代，服装不仅仅是生活必需品，更多是自身个性表达。在需求端，个性化设计、主理人故事、潮流文化等成为消费者的选择因素，如设计中加入中华文化元素的国潮服饰。在供应端，基于新的市场需求，服装企业在商品、品牌、营销、服务、商业模式等方面不断创新，衍生出服装定制、衣物洗护等互联网服务平台模式。

### 1. 千里行：多元化发展、全球业务扩展的集团化公司

千里行始于鞋类 OEM 业务，主要有鞋品制造设计、品牌管理、全球管理、奢侈品供应链四大业务板块，在全球设有六大时尚设计研发中心，具备全球时尚视野的设计，形成多品牌矩阵。其中，奢侈品供应链业务借助 API 实时对接海外供应商，集合全球优质货源，基于 ERP 提升传统采购模式效率，集聚专业奢侈品大数据管理、资金运营、品牌买手于一体，成为天猫国际及京东国际战略合作公司；千里数字全链路平台可为品牌提供孵化、内容电商、直播电商、爆品开发服务，利用互联网营销，建立数字化智能化为一体的综合性平台，集选品、零售、B 端为一体，可推动更多品牌数字化智能化发展。

### 2. 联润翔：科技创新赋能传统服装制造

联润翔致力于服装领域高新材料的技术研究、生产和创新应用，先后参与多项国家标准、行业标准和团体标准的制定，尤其在纳米材料上取得了突破性成果。公司核心技术之一 EOS 环境适应力技术由联润翔自主研发并成功应用于服装面料，该技术通过对人体温度、湿度、微生物安全的科学控制，可提升人体对外界环境的适应能力，给穿着者带来持续干爽、不粘身、无湿冷感以及安全清新无异

味的穿着体验;且应用范围很广,可以应用于内衣外衣、家居服、户外运动装、军用或医护专用服装等。

### 3. 云裳羽衣:打造线上平台化运营＋线下多元化服务为一体的衣联网平台

云裳羽衣由海尔智家投资成立,承接海尔衣联网产业生态链业务。其商业模式具有明显的产业集聚、生态化发展特征,主要有三个业务板块:一是服装定制化平台,基于大数据与智能云镜智能设备深度应用,面向 B 端整合服装、家纺品牌资源,面向 C 端提供服装定制、服装搭配、形象管理等生活场景服务,双向链接消费者与制造企业;二是衣物洗护,旗下数字化品牌洗衣先生定位于"一站式社区生活服务站",为消费者提供衣物洗涤、护理、存储、搭配、收纳、定制等一体化服务,同时,依托海尔生态资源,提供生活家电、家居家纺、洗涤日化等销售产品;三是绿洲数字众播基地,整合家电、服装、家纺、洗染等多行业的优质供应链资源,提供场地、运营、众播、培训、交互体验的一站式服务。

### (三)新零售

新零售以互联网为依托,以现代物流和供应链为支撑,通过对商品的生产、流通与销售过程进行数字化升级,满足消费者对购物过程即时便利的要求,如社区团购、无人零售、生鲜团购等。

### 1. 盛华优选:依托电商平台打造互联网生鲜新零售

在运营模式上,盛华优选以电商平台为依托,集采购端、运营端、推广端、客服端、售后端、物流端为一体,采用农户＋合作社＋公司模式实现订单式采购,实现生鲜产品销售零库存甚至负库存;并通过大数据分析,反向驱动农户产品选择和种植方向。在销售渠道上,B 端主要与大型连锁商超、水果批发市场等线下渠道合作;C 端业务则通过各大网络平台,同时发展移动端网络平台,减少中间流通环节,实现农产品产地直销。在搭建供应链方面,在广西南宁等地设立分公司和分仓、采配中心,实现南北互通、东西互补的格局,建设强大的供应链体系支撑互联网直销模式。

### 2.青岛优农:构建社区零售新模式

青岛优农以城市社区为根据地,深耕社区流量打造私域社区流量池,并构建出成熟的商业盈利模式。通过上游与全品类货源供应商合作,下游培养庞大的商超与社区客群,形成高效的供需对接,业务涵盖社区超市全品类供应、社区团购、社区居民生活服务等。采取平台化发展思路,依托独立研发的收银系统,免费为社区商超提供收银设备与系统,帮助商超进行系统的货品与订单管理,并以低于市场的收银费率降低商家运营成本。依托优农社区流量池,通过大数据分析与资源对接,使消费者以更实惠的价格买到更好的商品与服务,同时为上游合作企业提供量身定制的社区营销解决方案,提供多样化营销服务与消费者行为数据支持。

## (四)新消费电子

新消费电子将人工智能、虚拟现实等技术运用场景化、生活化,基于信息技术迭代、5G 基建落地完善以及元宇宙概念的逐渐普及,以 VR、AR 为代表的消费级应用市场前景广阔。

雷神科技:以粉丝需求为驱动力进行产品研发迭代。雷神科技是海尔集团"人单合一"模式下投资孵化的明星创客公司,发展成为集游戏笔记本、电竞台式机、电竞外设、型格外设等电竞全场景硬件产品为一体的电竞产业公司,雷神全线产品使用最新英特尔处理器以保证高性能;采用 NVIDIA 最新系列显卡,集实时光线追踪、人工智能核心、自适应着色技术三大变革性技术于一身;全系标配 IPS 广视角屏幕。除游戏本外,雷神针对设计师等专业人员以及商务人士的娱乐工作需求开发了兼顾游戏与工作的产品。打造雷神电竞生态品牌。雷神科技打造"雷神电竞 APP",集硬件购买、售后服务、赛事参与等功能于一体,为电竞爱好者搭建电竞生态服务平台。打造场景化电竞书房,融合雷神的全场景电竞设备,通过硬装＋软装方式营造空间的科技感和氛围感,为电竞爱好者带来成套的电竞书房解决方案。

## (五)智能家电

在消费端,家电产品不断向数字化、智能化发展,全屋智能成为趋势。在供给端,"互联网＋制造""智能制造"等新制造模式,在更深层次地影响家电业的产业变革并继续推动行业数字化转型。

### 1. 易来智能:打造集技术与设计于一体的智能照明品牌

易来智能拥有完整的智能照明产品线,包括家居照明、商业照明、智能控制系统及整体交付方案;在智能交互、工业设计和灯光体验等方面不断打磨,其 Yeelight Pro 全屋灯光智控系统基于 BLE Mesh 通信协议,具有无延迟、反应快、局域网优先、断网可控、快速 OTA、单网关容量大等特点,系统支持触控、声控、自动化控制等多种控制方式,可接入小米米家和 Apple HomeKit 等多个主流智能家居平台,实现更加丰富的灯光全场景化控制。照明设计服务数字化升级。Yeelight 易来推出智能照明设计云平台覆盖线下门店,为用户提供"所见即所得"的设计服务,在用户订单完成后可以全程数字化跟进流程,使服务透明化、标准化。

### 2. 第五元素:基于技术创新与产品优化提供智能硬件产品

第五元素旗下紫外线消毒品牌 FIVE 依托于杀菌、消毒、清洗等技术,结合智能传感器与物联网,通过优化产品设计使深紫外消毒应用更安全,为消费者提供智能杀菌灯、多功能消毒盒、智能刀筷杀菌架等种类丰富、多应用场景的智能家电产品。其中,FIVE 智能消毒杀菌灯采用紫外线消毒杀菌可实现更高效的杀菌效果;利用智能雷达感应,人体靠近时蜂鸣提醒并自动关灯停止杀菌,离开后30 s自动点灯重启,使产品具有更高的安全性,并接入米家APP可实现智能远程遥控。

### 3. 聚好源:海信旗下专为年轻一代打造的科技潮牌

聚好源背靠海信科技实力,采用先进的画质技术为用户提供舒适、真实、高清立体的画质体验;且拥有专业的声学实验室,配备先进的全套声学检测设备,在国内处于领先水平;拥有新锐的设计团队,形成了简约趣味轻化的产品风格。除电视产品外,聚好源还推出了智能音箱、麦克风等周边智玩产品,以打造智能家电生态链进一步优化用户体验。

## (六)宠物经济

在快节奏的生活中,宠物可以给予人们情感陪伴。宠物经济以宠物粮食、玩具用品、医疗服务为基础消费,延伸出宠物餐厅、宠物社交、猫咖馆等消费场景。

爱派宠物:打造宠物展示、服务及体验一站式新零售综合体。爱派宠物是目前国内设计布局最高端,宠物水族爬虫产品展示和服务及体验最齐全的宠物店。主打购物中心这一综合性消费场景,联合政府和多家知名企业以及行业专家建立了科学、安全的活宠养殖基地,解决宠物交易活体不健康、死亡率高的痛点问题;同时,配备宠物用品零售、宠物智能家电、宠物医疗等商业功能,以及由宠物零售衍生出的宠物咖啡等社交生态,聚焦中高端客户的需求价值链,提供客户体验式、场景式的宠物服务,打造服务门类广泛、支持体系完备的宠物一站式综合体验店。

## (七)内容文创

在强调文化自信的时代背景下,年轻一代愈加重视文化传承、个性追求、情感表达和社交互动,以内容创作、文化体验、创意产品等新消费业态遍地开花。

### 1. 古麦嘉禾:基于内容创作打造新传播渠道

古麦嘉禾专注于网红经纪及短视频内容制作,拥有完善的短视频达人培养、孵化和发展机制,以及公会主播发掘、培训和内容赋能能力,从前期挖掘、形象定位、账号推广、视频策划、平台运营等方面,为旗下达人主播提供全方位的帮助和扶持,是全平台 TOP3 级别战略合作 MCN 机构。在内容制作上,利用数据分析锁定目标人群,根据用户喜好打造账号内容与风格。古麦嘉禾目前拥有全约优质艺人近千人,通过孵化超级 IP 掌握流量价值,将内容制作与品牌营销有机融合,将观看内容的用户转化为品牌消费者。

### 2. 山嗨精怪:传统文化融合创意设计,形成多元化产品布阵

山嗨精怪从《山海经》中取材,打造潮玩文化 IP,致力于传统文化和时代潮流的奇妙融合,进行多元产品文化布局。山嗨精怪以文化 IP 为核心推进创意集市建设,造潮玩造物节、潮玩街区、地域文化 IP、山嗨精怪周边、山嗨精怪文娱五大主题内容。其中,山嗨精怪 X 潮玩节在国内首创"潮玩 IP＋传统文化＋旅游消费＋潮玩节＋文创产品＋时尚夜经济"集合为一体的潮玩盛会,以城市创意主题展,结合传统文化 IP 形式展现,致力于成为新型潮流文化的引领者。作为文化 IP 的交流整合创作平台,山嗨精怪将深度发掘各城市山海经文化,打造独具特色的国潮文化 IP,竭力讲好中国故事,推广中国文化,坚定文化自信,展现中华风采。

### 3. 时光印记:以文化体验传承中国优秀传统文化

时光印记旗下设有时光印记印刷博物馆、非遗小镇研学基地、文创馆、活字印刷体验馆等文化体验业态,在全国多个城市选择景区、书店、特色小镇等消费场所,探索形成"博物馆＋文化体验＋文创研发零售"的特色模式。设立近百家非遗文化体验空间,通过将

活字印刷、古法造纸、雕版印刷、古法装订等开发成体验课堂,使非物质文化遗产展现出新的活力,同时,增强学生的民族认同感。另一方面,通过创新设计将传统文化开发成丰富的文创产品,实现文创再造,拉动非遗文化新消费的发展。

## (八)体验旅游

体验旅游行业迅速发展,依托私家小团组织、旅游定制设计、精细化特色化等高端定制,满足游客多样化需求。以旅游消费辐射民宿酒店、出行服务等产业生态化的模式值得探索。

### 1. 1907 光影俱乐部:集电影、音乐、阅读于一体的文化综合体

1907 光影俱乐部的前身是德国水兵俱乐部,整个建筑保持了德国新文艺复兴时期的建筑风格,集聚了 1907 青岛电影博物馆、电影音乐剧场、叁零文人书店、浮士德书店、电影生活馆、影人 Coffee、光影西餐厅等业态。其中,1907 青岛电影博物馆围绕电影发展历史进行展览,并恢复了作为一代青岛人记忆的红星电影院;电影音乐剧场中观众可观看音乐秀、音乐剧、话剧等多元化表演,剧场同时承接企业活动、电影与品牌发布会等活动;电影生活馆将传统与科技结合,打造私人定制影院,为消费者营造舒适、沉浸式观影氛围;叁零文人书店的主旨是挖掘和传承青岛 20 世纪 30 年代的城市历史和文化风貌,充分体现了曾生活在青岛的沈从文、闻一多、梁实秋、老舍、萧红等现代文人的生活与创作风貌,发挥了主题书店、阅读空间和文化讲座等多重功能。

### 2. 1903 里院客栈:背靠里院文化打造特色酒店

里院建筑是青岛地域性传统民居的典型代表,建筑风格像欧洲古城街道的建筑,是洋楼与中国四合院的一种巧妙结合,蕴含大杂院式的"邻里交流""远亲不如近邻"等基本的文化特征。里院客栈依托历史建筑和其背后的文化价值,在城市更新背景下赋予建筑符

号新的商业价值与功能。采用私人投资者＋多元业态＋公共服务的改造模式,通过私人收购后进行系统性维修,再进行定向经营。呈现效果上保留了每个房间原有的旧砖、木材,最大限度地实现了对里院内部老物件的留存和传承;客栈内部采用合并空间的方式扩充功能区域,基本上完整保存了当年里院所特有的大杂院式的文化特征,以历史文化作为品牌特色,成为青岛地标性商业建筑。

### 3.玖禧婚恋艺术中心:为年轻人提供一站式婚恋服务

当下婚恋市场中多以星级酒店和社会酒楼为主体,联合婚礼策划公司、主持人团队、摄影摄像团队,少有兼具以上服务的专业团队,玖禧瞄准这一市场机会,将婚礼策划、宴会场所、跟拍等全环节纳入业务体系,走品牌化、规模化、标准化、时尚化、高端定制的全产业链一体化发展模式,满足年轻人对婚礼仪式感和体验感的向往和追求。玖禧婚恋艺术中心项目于 2020 年 8 月签约落户市南区,总投资 1.2 亿元,是目前山东省设计风格最时尚、投资规模最大、功能最完善、辅助配套最健全的一站式婚恋服务综合体。

## (九)数字文娱

利用互联网赋能休闲娱乐活动,推进大众文体娱乐消费渠道由线下向线上转变,应用软件和内容创作双驱动,带来沉浸式、交互式的新体验,以满足消费者娱乐、社交等多元化需求。

### 1.金东创意:以数字创意赋能文娱产业多元化

金东创意专注于数字创意,业务涉及文旅文博、体验展馆、安全科普、数字海洋等领域,通过多媒体技术、5G 高清视频、AR、VR 等多层次技术,创造数字科技、文化创意、沉浸体验及各类展览展示项目。例如,在文旅文博领域,通过数字技术搭建元宇宙线下内容,依托 AR 技术建立元宇宙流量新入口,通过线上、线下赋能城市文旅产业,建立虚实共生的文旅数字世界;数字产品结合剧本杀、二次元游戏等娱乐形式，将景区、商业打造成可穿越的"平行宇宙"，以故事/角色演绎的视角将文化故事以5G形式呈现，为消费者打造独一无二的视觉沉浸旅行。

### 2.长镜录：以智慧相机助力打造"网红"城市

打造"网红"打卡地如今成为城市吸纳游客的重要支撑，而游客在打卡拍照时往往受设备、场景的局限，很难在短时间内拍出满意的照片。长镜录通过在标志性的取景地进行智慧数字相机设备的布放，游客扫码即可启动相机，借助AI智能摄影设备和小程序内的专业指导实现高效出片，从而获得满意的旅游打卡体验；同时景区则可以通过相机背后的云计算、大数据等手段对碎片化场景进行整合，优化圈粉和引流方式，助力"网红"城市的打造。截止到2021年11月底，长镜录已在青岛18个景点试点投放了53台数字拍照相机，累计圈粉6万多人次，广告转化率达89%，设备成本回收周期缩短至100天。

## （十）体育健身

数智技术应用于健身运动装备，运用软硬件产品为用户提供实时数据监测、个性化方案推荐，体育健身呈现智能化发展趋势。

迈金科技：智能运动设备与虚拟平台双驱动。迈金科技将创新性科技产品融入体育运动中，以研发制造智能运动设备和提供运动设备智能化方案作为主要业务，自主研发了包括智能功率骑行台、踏频器、心率带等硬件产品和Onelap虚拟骑行平台。其中，Onelap允许多品牌接入，通过实时模拟实景地图、路面坡度、骑行滚阻、风阻等环境条件设置3D骑行场景，以运动大数据、AI技术和专业服务为基础，为用户打造室内智能场景健身体验。用户可根据需要自建训练计划并能获得数据分析。

# 五、青岛推进新消费发展的对策建议

围绕青岛打造"活力海洋之都、精彩宜人之城"的城市愿景,聚焦扩大有效需求的"五新行动",加速推进新消费升级,建设国家级服务经济中心,创建国际消费中心城市,以有效消费为牵引,助力实体经济振兴发展。

## (一)培育跨界融合新消费赛道生态

以有效需求牵引,助力产业融合创新,鼓励和引导企业,加强科技创新,开发新产品、商业模式。

### 1.加快数字科技与新消费融合发展

鼓励利群集团、麦凯乐等大型商超加速智慧化转型,将线下物流、服务、体验等优势与线上商流、数据流、信息流融合;加快自助终端、智能机器人等智能设备的推广应用,推进无人便利店、无人售货机等"无接触"零售模式创新发展;积极稳妥地发展直播电商、社交电商、跨境电商等业态。

### 2.推进消费金融的创新发展

引导金融机构加大消费信贷产品创新力度,改进消费信贷业务管理方式,丰富消费信贷种类,鼓励住房装修、大宗耐用消费品、新型消费品以及文化、旅游、养老等服务消费领域的合理消费信贷需求。

### 3.加强商旅联动融合

大力发展区域性滨海度假旅游、文化艺术休闲旅游、科技体验旅游等,延伸旅游消费链条,带动餐饮、零售、酒店住宿及体验消费等。

## （二）促进消费升级，推动制造业升级

以消费升级牵引制造业转型，引导传统生产制造方式变革，丰富产品种类，提升产品切换速度，优先发展制造业。

### 1. 加速制造业数字化转型

基于消费需求的快速迭代变迁，引导企业构建工业云与智能服务平台，运用数字化、智能化、网络化技术提升产品设计、制造和营销效率，持续推进数字工厂建设；推动工业互联网平台的推广应用，实现消费品行业的柔性生产和产需对接，满足多样化、个性化消费升级需求，逐步实现数字化、智能化的生产管理。

### 2. 加速制造业创新发展

根据消费者多元的需求，依托家电、食品、纺织等领域的优势，持续加强技术研发，完善首台套（首版次）支持政策，引导企业扩大创新投入、开发适应新消费需求的新产品、新业态。

## （三）打造青岛特色地标性消费场景

谋划构建多层次的消费场域，形成高能级商圈国际引领，特色街区释放活力，多元活动吸引流量的消费场景。

### 1. 加速高能级商业中心建设

优化提升浮山湾、青岛湾、台东等商业消费中心，重点支持海信广场改造提升，盘活百丽广场、北服、金街等闲置商业空间，打造辐射山东半岛的重要商圈。

### 2. 打造特色休闲消费街区

以中山路改造提升为契机，打造集文化旅游、民俗、休闲、购物于一体，融合欧陆风情与青岛里院文化的体验式、沉浸式消费街区；提升改造即墨古城、城阳鲁邦风情街等步行街，促进商街差异化发展。

### 3.谋划举办多样化主题活动

在大型商业中心、会展中心等开展国际活动、节庆活动和文化艺术活动,将商圈从单纯的购物场所转变为集体验、社交为一体的活动中心,借助中国(青岛)国际时装周、青岛啤酒节、金沙滩凤凰音乐节等大型活动打造特色消费场景。

## (四)实施青岛新消费品牌培育计划

支持企业品牌化发展,持续引进高端知名品牌,加速培育消费新品牌,持续推进老字号改革创新发展。

### 1.持续加强本地特色品牌的挖掘与培养

谋划发布青岛市优质消费品牌等各类榜单,引导企业加大对企业品牌、产品品牌的建设力度,加快打造青岛新消费品牌企业库;引入具有丰富经验和品牌资源的商业运营主体,培育特色品牌,振兴老字号品牌,提高品牌集聚度。

### 2.持续加强国际知名品牌的引进

用好德、日、韩、以等"国际客厅",建设培育中日韩、青岛香港、中英等一批国际消费专区,建设高端知名品牌"引进来"和本土自主品牌"走出去"的桥头堡。

### 3.加强青岛城市品牌建设

主导制定一批拥有自主知识产权的高水平"青岛制造"标准,提升"青岛制造"品牌价值,加速"青岛服务""青岛购物""青岛文旅"等城市品牌的培养。

## (五)优化新消费整体服务营商环境

持续激发市场主体活力,用改革办法推进降低企业生产经营成本,创造良好的营商环境,为民营和新消费企业提供更多发展空间。

### 1.强化新消费发展服务支撑

联合专业机构为新消费企业提供管理咨询、供应链提升、上市融资等专业服务,借助主流媒体和新媒体加大新消费活动和品牌宣传推介力度。

### 2.优化新消费营商环境

落实市场准入负面清单制度,健全市场准入负面清单动态调整机制,坚持包容审慎、严守底线、线上线下一体化监管的原则,加快建立适应新消费发展的监管服务体系。

### 3.营造放心诚信消费环境

健全消费行业质量安全风险监测评估制度,构建完善重要产品追溯体系,打造产品安全全链条监管体系。修订完善消费领域信用管理制度,依法加大诚信激励和失信惩戒机制力度。完善消费者维权机制,畅通消费者有效、便捷维权通道。

课题组组长:曲魁选　青岛市中小企业公共服务中心
课题组成员:张小康　青岛市中小企业公共服务中心
　　　　　　刘文杰　青岛市中小企业公共服务中心
　　　　　　韩笑梅　青岛市中小企业公共服务中心
　　　　　　傅　萌　长城智库·青岛新经济研究院
　　　　　　崔　康　长城智库·青岛新经济研究院

# 促进青岛市"专精特新"中小企业发展的调研报告

青岛市中小企业公共服务中心课题组

"专精特新"中小企业是实体经济做实、做强、做优的重要基础，是实施创新创业的重要载体。新时代"专精特新"中小企业面临新机遇，但也存在创新力不足、融资难融资贵、创新人才存在缺口等发展难题，阻碍了"专精特新"中小企业的发展。而青岛市"市长杯"中小企业创新创业大赛历经 7 年（2015—2021 年）的发展，逐渐得到全市中小企业、创客团队及个人的广泛参与和社会各界的充分认可，正发展成为青岛推动创新创业、培育和服务企业发展的重要平台和抓手。

## 一、青岛市"市长杯"中小企业创新创业大赛定位

"市长杯"中小企业创新创业大赛是由工业和信息化部、财政部、青岛市人民政府指导，以"围绕产业链、打造创新链""培育新经济、构建新生态"为主题的全市创新创业比赛。旨在贯彻落实国家、省、市关于促进"双创"的一系列决策部署，深入实施创新驱动发展战略，秉承"政府搭台、公益支持、市场运作、创新引领、资本对接、全链条服务"的理念，采用"赛马场上选骏马、市场对接配资源"的方式，集聚和整合各种创新创业资源，搭建服务创新创业的平台，营造

"大众创业、万众创新"的浓厚氛围,打造推动民营经济高质量发展和中小企业转型升级的强劲引擎,是目前全市规格最高、规模最大、质量最好、影响最广的创新创业赛事。

## 二、青岛市"市长杯"中小企业创新创业大赛成效

青岛市"市长杯"中小企业创新创业大赛作为青岛的一张创新名片已连续举办 7 届(2015—2021 年),作为"创客中国"青岛区域赛连续 6 年(2016—2021 年)获评最佳组织奖。7 年来,大赛围绕项目、布局产业、聚焦创新,通过"搭平台、聚资源、重培育、优生态"等一系列举措,在参赛项目、企业培育、人才吸引、氛围营造等方面取得明显成效。

### (一)参赛项目量质齐升,市场竞争力不断增强

7 年来,"市长杯"中小企业创新创业大赛累计参赛项目达 2700 多个,年均增长率超 90％,2021 年,首次超过 600 个,数量稳居副省级城市前 2 位,超过了全国 60％的省、自治区、直辖市。2021 年,青岛市有 3 个项目晋级"创客中国"大赛 50 强并参加全国总决赛,列全国 33 个参赛省市第一位。目前,累计共有 80 个项目晋级工信部"创客中国"大赛全国 200 强(500 强),18 个项目晋级全国 24 强(50 强)并参加了全国总决赛,先后获得了"创客中国"全国总决赛企业组一等奖 1 名、二等奖 2 名、三等奖 2 名,创客组二等奖 2 名、三等奖 1 名,成绩位居全国第一梯队。此外,大赛还建立了重点项目培育库,对获奖及晋级复赛的项目进行重点跟踪培育,在对 2017—2019 年度参赛的 55 个培育项目跟踪调查显示,项目所属企业 2019 年营业收入达到 15.61 亿元,利润达到 2.27 亿元,其中,项目产品收入达到 8.48 亿元,利润达到 1.46 亿元,分别占企业营业收入和利润的 54.33％和 64.12％;项目产品利润率为 17.20％,高出企业利润率

2.62 个百分点。这充分显示了项目产品具有较高利润率和较强的市场竞争力。

## (二)推动企业快速成长

"市长杯"大赛不仅是一个项目展示平台,更是一个提供双创资源对接,推动企业快速成长的服务生态。企业借助"市长杯"大赛平台充分对接技术、人才、资本、项目等市场资源,大多数企业经济效益和市场竞争力均有了明显的提升。从抽取的 31 家 2017—2019 年度获奖企业调查显示,赛后参赛企业获得的投融资、知识产权数量、营业收入、市场份额等指标较参赛前均有了明显提升。31 家企业中,有 10 家企业累计获得 2.47 亿元的投资,较赛前增长了 47.48%;企业知识产权数量从 284 件增加到 345 件,增加了 61 件,增长了 17.68%;企业营业收入从 3.78 亿元增长到 9.02 亿元,增加了 5.24 亿元,增长了 58.08%;22 家企业项目产品的市场份额提升,占被调查企业数的 70.97%。

## (三)助力"专精特新"企业培育

"市长杯"中小企业创新创业大赛以发掘优质创新创业项目为着力点,持续发掘培育"专精特新"企业和专精特新"小巨人"企业,引导企业走"专精特新"发展之路。7 年来,参赛企业中有 176 家企业成为"专精特新"企业,其中,2015 年有 4 家企业成为"专精特新"企业,2016 年有 11 家企业成为"专精特新"企业,2017 年有 24 家企业成为"专精特新"企业,2018 年有 27 家企业成为"专精特新"企业,2019 年有 29 家企业成为"专精特新"企业,2020 年有 36 家企业成为"专精特新"企业,2021 年有 45 家企业成为"专精特新"企业,成长成为"专精特新"企业的数量呈逐年上升趋势。其中,参赛企业中的青岛海纳光电环保有限公司于 2020 年被推荐为国家专精特新"小巨人"企业。

## （四）推动优秀创新创业项目和人才落地青岛

以赛引才，不断吸引优质创新创业项目和人才来青落地发展，培育青岛未来城市发展的合伙人一直是"市长杯"大赛办赛初衷。近年来，"市长杯"大赛积极走出去，不断扩大办赛半径，通过开展北京赛、城市邀请赛等系列赛事，在更大空间范围内实现了创新资源的整合。截至目前，累计推动外省市参赛项目 300 多个，多个项目有落地青岛意向，作为 2020 年青岛市第六届"市长杯"中小企业创新大赛暨第七届"蓝贝"国际创新创业大赛"北京站"决赛二等奖获奖项目，北京国华恒源科技开发有限公司的"高精密谐波减速器产业化"项目通过积极招引，于 2021 年成功引进青岛，并由里程碑创投和阳光创投共同投资顺利落地城阳区未来科技产业园。同时，为尽快扎根青岛实现项目达产，该项目负责人在青岛注册成立国华（青岛）智能装备有限公司作为母公司负责生产、销售，北京国华恒源科技开发有限公司作为其全资子公司负责研发，截止到 2021 年底，谐波减速器项目销售额 200 万元，2022 年，预计实现销售额 1000 万元的目标。另外，"市长杯"大赛十分注重在校师生创新创业人才培养，通过举办创客邀请赛，先后走进中国海洋大学、中国石油大学（华东）、青岛大学等驻青高校，深入驻青高校大学生创客身边，围绕创业政策、商业模式、产创融合等进行现场宣讲和辅导，并组织部分创客项目与创业导师、投资机构、行业资源进行现场对接，充分激发了在青高校大学生的创新创业激情，在校师生创客成为近年来创客赛的生力军，累计参数项目 400 多个，占创客赛项目总数近 80%。

## （五）营造浓厚创新创业氛围

通过举办"市长杯"中小企业创新创业大赛，传播了双创文化，普及双创知识，推动了双创交流。多年来，大赛整合了传统媒体、网络媒体、微博微信头条等新媒体资源,构建了全方位、立体化、多层次、线上与线下结合的宣传体系。据不完全统计,各类传统媒体和网络媒体对整个赛事累计超过 2000 次宣传报道。网络搜索量连年增加,以"201×年青岛市'市长杯'创新大赛"作为关键词进行搜索,百度得到的相关搜索结果由 2015 年的 13.3 万条,增加到 2019 年的 16.2 万条,增长了 21.80%。在宣传渠道上,大赛不仅采用了传统的文字、图片、电视电台新闻报道,制作了专题宣传片,借助网络实现了线上、线下的互动交流,还借助小视频等新媒体手段进行了现场直播。

## 三、青岛市"市长杯"大赛促进"专精特新"中小企业发展中存在的问题

### (一)赛事发展不平衡

各区(市)是项目征集和赛事组织的中坚力量,近年来,由于各区(市)民营经济(中小企业)主管部门对大赛意义的认识不统一,个别区(市)重视程度不够,导致赛事推进工作在各区(市)发展不平衡。一是从报名数量上看,西海岸新区参赛项目最多,达 350 多个,占全市报名总数的 19.13%,是全市唯一一个过 300 个的区(市),参赛项目 200 个以上的区(市)5 个,平度、莱西参赛项目数最少,刚刚过 100 个。二是从支持政策上看,高新区扶持政策最强,例如,2021 年,高新区推出"科创 36 条",通过财政资金鼓励和支持企业进一步提高研发投入比重,对紧缺急需、具有战略意义的重大科技创新平台,给予最高 1 亿元支持。对于纳入国家科技型中小企业库的企业,每年给予最高 30 万元奖励;首次研发投入达到 5% 以上且营业收入 5 亿元以上的高新技术企业给予一次性 100 万元奖励,等等。而不少区(市)仅对名次奖获奖企业予以适当奖励甚至没奖励,其他

扶持政策相对不足。

## （二）赛事资源对接和平台服务功能有限

"市长杯"中小企业创新创业大赛致力于打造技术、人才、资本、项目等要素资源集聚对接和互动耦合的双创服务平台。近年来,随时赛事生态的不断完善和品牌影响力的逐步提升,围绕大赛集聚了创业孵化、投融资、培训、管理咨询、人力资源、知识产权、场地服务等各类服务机构资源,而各类服务机构无法通过赛事平台精准获取参赛企业和团队信息,同时,参赛者也无法通过赛事平台获取服务机构信息。创投、银行、证券等投融资机构要获取信息只能通过组织单位提供或者担任赛事评委,获奖信息非常有限,从而导致企业需求和服务机构需求不对称,直接影响到赛事资源对接和平台服务功能的实现。

## （三）赛事专项资金和后续服务不足

一方面,办赛专项资金偏低,与科技、人社系统大赛比较,"市长杯"大赛财政资金偏低,在一定程度上制约了"市长杯"大赛组织和服务,特别是创客赛目前依然没有专项资金,创客项目(尤其是在校师生创客项目)大部分处于刚注册或准备注册企业的初创期,特别需要相应的奖励资金扶持。另一方面,在赛事服务上,无论市级层面还是区(市)级层面开展的系列服务活动,大都集中在比赛期间,服务效果有限。而由于人力、资金等方面原因,后续调研及配套跟踪服务跟不上,"头重脚轻"的现象依然存在。

# 四、青岛市"市长杯"大赛促进"专精特新"中小企业发展的对策建议

"市长杯"中小企业创新创业大赛在总结前期经验基础上,不断

创新服务内容,瞄准产业和市场竞争方向,汇集人才、技术、资本等各方力量,打造众扶、众创、众帮的"专精特新"中小企业服务平台。

## (一)进一步强化协同配合,深化对大赛重要意义的认识

一是要加大赛事意义的宣传和认识力度。各级民营经济(中小企业)主管部门要充分认识到大赛对"专精特新"中小企业发展的促进作用,将大赛作为本部门本单位推动"大众创业、万众创新"和服务企业发展的重要抓手;二要是进一步提升赛事的品牌认知度,要通过电视、网络、报刊、自媒体等多种渠道,宣传和推介大赛,让更多的创新创业者关注大赛、参赛大赛和推介大赛;三是各级组织单位要组织好大赛,做到有组织、有服务、有政策,建立常态化制度化推进机制,在更大范围、更高层次、更深程度上推进大赛工作开展。

## (二)优化赛事组织管理体系,提升赛事组织管理效率

一是要提升赛事数据的精准性。赛事报名表格各条目要更具体,提升赛事数据管理的准确性。二是要提升赛事数据的安全性。要加强大赛相关信息保护,制定信息保护相关制度,避免无意泄露企业、赛事、评审等信息。三是优化赛事流程设置。要给参赛主体预留足够的准备时间,减轻参赛主体的参赛时间成本。四是要完善大赛评委约束机制,建立评委参加赛事的相关制度,强化对评委的赛前培训和信用管理。五是复赛阶段要设置技术专家。创新创业大赛项目专业性很强,而投资专家对技术的掌握程度不够深入,容易使参赛选手对专家组的专业性产生怀疑,要在国家行业赛阶段设置1~2位技术专家,提升专家组对专业技术的把握。六是要细化大赛评分细则。在现行评分标准的基础上,进一步在技术和产品、商业模式及实施方案、行业及市场、团队四方面制定细化评分标准,探索量化指标体系。

## （三）进一步整合社会资源，强化后续服务内容

"市长杯"创新创业大赛从项目征集到市级总决赛，跨度约 6 个月。但大赛终究是一场"临时"的活动，让临时变为"永不落幕"，既是营造"双创"氛围的一个目标，也是服务企业的一种方式。一是各级赛事主办机构要广泛整合各类社会资源，引入更多的创投机构、金融机构、专业服务机构、上市公司加入，在赛事各阶段推出更接地气的服务和产品，提供更专业、完善、优质的赛事服务，帮助企业培养创新意识、增强创新能力、提升创业成功率，增强赛事的吸引力，提升赛事的知名度；二是要加强对各级赛事服务活动的指导和考核，要将区（市）赛后续服务纳入优秀组织单位考核评价体系中，强化各区（市）对参赛企业的跟踪服务；三是要为参赛主体提供全方位的创新创业服务，如创业辅导、创业培训、融资辅导、金融服务方案设计、检验检测、技术搜索、知识产权保护、技术转移等；四是要在全赛季组织各项配套活动，为参赛单位提供多元化服务，如专场融资路演、主题论坛、行业沙龙、展览展示、公益大讲堂、市场与技术对接等。

## （四）建立联动支持机制，加强对优秀企业和团队的支持

要多维度整合各政府部门扶持资源，提升大赛创新资源凝聚力。一是要积极探索与各类财政引导基金对接。建立和储备赛事优秀项目和优秀团队数据库，探索优秀项目和优秀团队与各类财政引导基金对接新模式。二是设立全市"专精特新"中小企业创新基金，资助赛事优秀企业开展技术创新。对赛事评选出来的优秀企业通过无偿资助、贷款贴息、股权投资的方式进行支持，引导社会资本注入"专精特新"中小企业。资金分配采取因素法，根据各区（市）、各高校参赛企业和创客团队报名、参赛情况进行分配。三是加强人才政策对接。对赛事高科技人才团队、高层次人才应优先纳入各类

人才项目库,在各类人才计划支持中予以优先支持。四是整合各类政策资源。结合企业政策诉求,充分发挥政策通平台作用,系统梳理针对创新创业企业的相关扶持政策,做好各类扶持政策的解读,实现参赛主体与相关政策的充分对接。

　　　课题组组长:史凤隆　青岛市中小企业公共服务中心
　　　课题组成员:曲魁选　青岛市中小企业公共服务中心
　　　　　　　　赵凤和　青岛市中小企业公共服务中心
　　　　　　　　王　寰　青岛市中小企业公共服务中心

# 一流营商环境营造优质产业生态
# 推动千亿元级"芯屏"产业链全面起势

青岛西海岸新区管理委员会

近年来,西海岸新区将打造市场化、法治化、国际化一流营商环境作为落实国家战略、推动高质量发展、激发创新创业活力的关键之举,把优化营商环境列为"一号改革工程",连续三年实施改革攻坚行动,整合全区之力顶格推进 850 项硬核举措,以营商环境的优化改革全面撬动政府职能向纵深转变,在全国营商环境评价中获评优秀,开办企业、跨境贸易等 9 个指标成为全国标杆。2022 年,新区地区生产总值跨过 4500 亿元大关,综合实力稳居国家级新区前三强、全国百强区第四名,连续三年获评"全省高质量发展先进区"。

山东省委副书记、青岛市委书记陆治原同志指出"高效率推进项目落地就是营商环境好的一个具体体现"。新区把"芯屏"经济作为推动高质量发展、新旧动能转换的关键,围绕集成电路、新型显示两个战略新兴产业,精准打造政策最优、成本最低、办事最快、服务最好的营商环境,吸引芯恩、京东方、富士康等总投资超千亿元的"芯屏"产业项目加快集聚,设计、制造、封装、应用全产业链条全面起势,集成电路产业园、新型显示产业园入选青岛市首批十大新兴产业专业园区,青岛集成电路产业集群入选全省战略性新兴产业集群。2022 年 11 月 26 日,市委常委会会议暨重点产业链"链长制"、招商引资推进工作现场推进会议在新区召开,市委、市政府主要领导为两个产业园进行揭牌。

# 一、政策最优，打造"芯屏"产业生态体系

西海岸新区坚持把"芯屏经济"作为高质量发展、新旧动能转换的核心关键，成立咨询专家库，梳理国家、各地区以及新区半导体产业扶持政策，研究新区产业政策重点支持方向，编制完成《集成电路产业发展与基础设施配套综合研究》，全力推进新一代半导体产业发展。

## （一）统筹产业布局

出台《新一代半导体产业链高质量发展方案》及《"芯面经济"突破专项行动方案》，规划建设半导体产业园与光电显示产业园，发布产业招商地图。围绕设计到应用全产业链条，形成了以宸芯科技、富士康、京东方等核心企业引领，配套企业集聚的产业发展生态。

## （二）强化招商引资

实施"链长制"顶格推动，由工委、管委主要领导挂帅总链长，组建突破"芯面经济"专班，深入研究半导体和光电显示产业发展状况、趋势和新区产业基础，发挥"龙头"企业带动效应，精准绘制"产业链全景图谱"，靶向引进上下游企业，聚点成链，以链带面，集聚形成"芯屏"产业集群。比如，京东方项目签约前后，向新区牵线推介一批关联企业，目前已有总投资约 100 亿元的 20 余家配套企业签约或有落户意向。

## （三）保障政策兑现

严格落实"芯屏"产业税收优惠政策，汇编梳理《新区惠企政策词典》，在"芯屏"等高新技术企业领域实施政策"免申即享"。推进

工程项目建设减税降费，将国家减税降费政策贯穿到项目审批全过程，免除相关工业项目基础设施配套费、人防易地建设费等费用。

## 二、成本最低，提高"芯屏"企业核心竞争力

西海岸新区牢固树立产业生态思维，成立科技创新委员会，统筹强化资金、人才、技术等要素的精准供给和饱和性支撑，为"芯屏"产业发展提供有力保障。

### (一)配强资金保障

充分发挥国有资本引领带动作用，专门成立总规模超百亿元基金，服务保障"芯屏"产业项目，区属国企通过组建合资公司、股份收购等方式，撬动社会投资参与，实现了新兴产业发展和国有资本保值增值的双赢。专门成立 2 只总规模 13.2 亿元的基金，专项保障"芯屏产业"集成电路研发生产项目。新区国有企业平台投资 22.5 亿元入股京东方物联网移动显示端口器件生产基地项目和富士康高端封测项目。

### (二)锻造人才保障

瞄准"芯屏"产业高端人才需求，实施"梧桐树"聚才计划，运行"冰鉴"人才产业云平台总部项目，招引高端人才 400 余人。设立总规模 1 亿元的"高校校长基金"，鼓励企业和青岛大学、山东科技大学等驻青高校合作，共建集成电路产业学院、人才实训基地满足用工需求。创建"校企通"成果转化平台，启用省内首个"院士之家"，建成产业博士邨 5 处，筹建人才公寓 4.4 万套。预计"十四五"末，聚集"芯屏"产业从业人员将超过 5 万人。

### （三）完善法治保障

设立全省首个县（区）级国家商标业务窗口，建设国家知识产权快速维权中心，商标注册缩短至 1 个工作日。发布国内首个《RCEP 协定下企业知识产权合规指引报告》，揭牌成立青岛国际仲裁中心和"一带一路"国际商事调解中心，启用知识产权巡回法庭，案件平均审理周期控制在 65 天以内。知识产权保护和执行合同的优化提升，为"芯屏"产业提供了良好的法治环境，张汝京博士核心团队开展芯片技术攻关，已取得近 300 项专利申请号。

## 三、办事最快，助力"芯屏"项目快落地早开工

西海岸新区深入推进工程项目审批制度改革，先后推出"挂图作战""模拟审批""信用承诺"等改革新举措，真正实现花最少的时间、跑最少的路、找最少的部门、交最少的材料，确保重点项目早落地、早开工、早见效。"芯屏"项目样本创造了工业项目建设的西海岸速度，更是积累了新区建设项目行政审批的可复制和可推广经验。

### （一）优化审批流程、提升效能

社会投资类工程主流程审批总时限控制在 30 个工作日，简易低风险项目控制在 10 个工作日。争取 617 项省、市级行政权力事项区内实施，下放 1749 项区级行政权力至区属功能区及镇街，"芯屏"项目在所属辖区即完成审批。京东方项目 2021 年 8 月 29 日签约，9 月 1 日注册，9 月 30 日拿地，10 月 13 日开工建设，2022 年 11 月 25 日点亮量产，从项目落地到开工建设仅 45 天，从开工建设到量产仅 1 年，每一步都跑出了"新区速度"。

## (二)推广模拟审批、拿地即开工

对于达成建设或投资协议的重点项目,鼓励建设单位在未取得土地使用权前,按审批程序准备报批材料,各审批部门容缺审查并出具模拟审批意见,待项目用地手续完备并达到法定条件后,在1个工作日内转为正式审批文件,实现"拿地即开工"。中南高科青岛光电产业园项目通过模拟审批,实现当天拿地、当天开工建设。

## (三)实行项目审批集成办理、现场办理

设立"集中审批中心",10个部门首席审批员统一入驻,创新使用"2号公章"授权审批,对29个审批环节46项申报材料实行极限容缺受理,压缩受理时间50%以上。富士康半导体高端封测项目通过集中审批,从开工到量产仅用18个月。在全省率先开通项目审批服务"5G"直通车,利用车载5G信息技术及车载专用服务设备,将固定的政务大厅前移到了工地一线,实现工程建设101个审批事项"现场办、马上办、一次办",已为611个区级以上重点项目提供上门服务,现场解决各类问题160多个,制发证215件次。

# 四、服务最好,为"芯屏"企业提供精准、有温度的服务

西海岸新区以企业需求为导向,完善企业全生命周期服务机制,出台《"有需必应、无事不扰、政策即享"服务企业17条措施》,将每月17日定为"企业服务日",营造舒心便利的企业成长环境。

## (一)诉求解决"有需必应"

线上,搭建企业服务云平台,实现企业诉求"一口进、一口出",精准解决企业问题。线下,开展"千名干部服务万户企业"活动,针对"芯屏"等重点项目实施服务专员"包保"制度,实现"企业吹哨、部

门报到"。目前,累计协调解决"芯屏"企业反映市政配套、人才住房等 50 余件问题,得到企业高度认可。

## (二)监管检查"无事不扰"

对"芯屏"等"四新"经济领域创新开展柔性执法,对企业给予 1~3 年包容期,量身制订个性化监管方案,向社会公布 292 项不予行政处罚事项和 18 项减轻处罚事项清单,"双随机、一公开"联合抽查事项扩展至 87 项。

## (三)精准服务主动靠前

实施"链长制"顶格推动,组建突破"芯屏经济"工作专班,实施全流程跟踪服务。富士康项目在两个月内完成土地清场,保证了项目如期开工。为电子信息产业园项目免费进行四回线路电力预装,实现企业入场秒接电,节约资金 2500 余万元。京东方物联网项目仅用一周完成两路用水报装前准备工作,在企业提出需求后一小时内实现开栓通水。

2023 年,是全面贯彻落实党的二十大精神的开局之年,西海岸新区将持续开展营商环境提质行动,聚焦"办事方便、法治公平、成本竞争力强、宜居宜业"攻坚突破,推动营商环境各领域进入全国"第一梯队",加快建设市场化、法治化、国际化的一流营商环境,为新区高质量发展提供强有力保障。

科教兴市篇

# 关于建设国家级人力资源服务出口基地的对策研究

青岛市人力资源和社会保障局课题组

在当前构建新发展格局的时代背景下,青岛通过建设国家级人力资源服务出口基地,将进一步放大青岛在优化人力资源要素市场化配置上的突出作用,更高质量服务好国家对外开放和国际交流合作,成为连接东北亚地区和"一带一路"沿线国家的人力资源服务贸易重要枢纽基地。

## 一、青岛建设国家级人力资源服务出口基地的基本概况

2022 年 3 月,经商务部、人力资源和社会保障部等 7 部门联合认定,青岛国际人力资源服务产业园成为全国首批、山东省唯一获批的国家人力资源服务出口基地(以下简称基地)。获批基地以来,青岛市市北区人力资源和社会保障局擘画了基地建设的"一张蓝图",确定了"三个跟着走"(跟着战略走、跟着需求走、跟着项目走)和"四个一"(一中心、一平台、一学院、一特区)的建设架构。8 月 18 日,国家人力资源和社会保障部人力资源流动管理司副司长李祥伟一行来市北区考察调研基地建设情况并揭牌,活动现场,首发了支持基地建设的十项举措、国际人力资源服务"一张清单"、首批 12 家基地建设合伙人单位,青岛国家人力资源服务出口基地成为全国首家揭牌的基地,率先在全国 12 家基地中发出"青岛之声"。2022 年

9月,在中国国际服务贸易交易会上,青岛基地展区在国家会议中心精彩亮相,并获得国家人力资源和社会保障部领导的高度认可。

青岛国家人力资源服务出口基地积极探索联盟化、多元化、国际化发展路径,建立市场运营合伙人机制,大力实施"引进来"工程,搭建国际化人力资源服务交流合作平台,加快建立业态多元、覆盖广泛、特色突出的国际化人力资源服务网络,共同推进基地高质量建设发展。目前,青岛国际人力资源服务出口基地已累计吸引万宝盛华、智联招聘、上海外服、华夏基石、锐仕方达等知名企业98家,为青岛市引进年薪30万元以上高端人才800多名,配置就业岗位5万余个,为数十万名员工提供了全方位的人力资源服务,累计实现营收161亿元,综合税收突破8亿元。

## 二、青岛建设国家级人力资源服务出口基地的对策与建议

通过打造东北亚人力资源配置中心、国际用工数字交易平台、国际人力资源人才学院、国际职业技能资格认证先行区的"一中心、一平台、一学院、一特区"的"四个一"发展架构,力争到2025年,将基地建设成为连接东北亚地区和"一带一路"沿线国家的人力资源服务贸易重要枢纽基地。

### (一)建设理念

紧密围绕"跟着战略走,跟着需求走,跟着项目走"的"三个跟着走"核心理念,支持机构主动服务国家战略,将业务模式向战略伙伴转型,以服务对象拓展海外业务需求为导向,重点服务"走出去"海外项目中的人力资源需求,量身定制精准、科学、高效、有力的专业化人力资源服务,通过海外布局、离岸服务外包等多种形式实现需求交付,为中资企业"走出去"保驾护航。

### (二)发展目标

#### 1.行业规模不断扩大

到 2025 年,基地行业营业收入突破 75 亿元,开展人力资源服务贸易的人力资源服务机构达到 80 家,从业人员达到 3000 人。引进世界 500 强或国内外知名人力资源服务企业 5 家,培育规模以上人力资源服务机构 20 家,培育省级及以上层次行业诚信机构 5 家,扶植有上市潜力的企业 1 家,扶植总部型企业 2 家。

#### 2.对外开放不断深化

深度融入全球人才链、产业链和创新链,培育具有国际影响力的人力资源服务本土品牌。到 2025 年,基地在境外设立人力资源分支机构(联络站)达到 160 个,服务人数 5 万人次,服务用人单位1500 家次,人力资源服务进出口贸易总额突破 22000 万美元。加快建立业态多元、特色突出、基本覆盖"一带一路"沿线及 RCEP 区域国家的国际化人力资源服务网络。

#### 3.业态创新不断突破

基地人力资源服务业创新发展步伐不断加快,支持科技类人力资源服务企业加大研发投入力度,引导高端人才寻访(猎头)类企业快速发展。到 2025 年,实现人力资源服务贸易与大数据、云计算、人工智能、移动互联等新一代信息技术的深度融合,重点培育扶持5 家具有国际竞争力的行业领先猎头公司,推动区域整体人才招引水平达到新高度。

#### 4.人才队伍不断扩充

基地与中德工匠学院、中国—上海合作组织经贸学院等院校的合作水平不断提高,为"一带一路"建设和 RCEP 经贸合作配置专业人才的能力不断提升。到 2025 年,为共建"一带一路"制造业企业培育高级技能人才 3000 名;培养 500 名精通"一带一路"沿线国家、RCEP 成员国语言、法律,具备职业资格,通晓国际规则的服务贸易人才。

### 5. 发展环境不断优化

加快建设统一开放、竞争有序的人力资源市场体系,健全完善人力资源服务产业政策法规体系、诚信服务体系、服务标准体系。到 2025 年,形成平等竞争、集聚发展、行业自律、政府监管、国际认证的优质发展环境。

## (三) 主要举措

### 1. 发起聚势扩容攻势

一是实施招商聚势行动。发布基地招商引资指导目录,重点引入具有较强服务"一带一路"建设及 RCEP 经贸合作能力的人力资源服务机构。支持行业协会、商会、本地重点企业和企业家等协同招商。建立基地重大项目落地协调机制。二是实施扩大开放行动。支持本土人力资源服务机构开拓国际市场、承接国际业务。鼓励本土人力资源服务机构引进国际先进的服务技术和管理模式,面向"一带一路"建设和 RCEP 经贸往来增强全流程服务能力,扩大人力资源服务出口规模。三是实施品牌打造行动。鼓励引导人力资源服务机构注册和使用自主人力资源服务商标、申请专利,健全品牌营运管理体系。支持人力资源服务机构争创高新技术企业和服务业高端品牌。通过政府部门、行业协会、第三方机构协作,打造一批具有国际影响力的人力资源服务品牌。

### 2. 发起协同创新攻势

一是实施"人力资源＋数字科技"行动。推动人工智能、大数据、云计算、区块链等新兴信息技术在人力资源服务领域的深度融合和全面应用,助推人力资源服务业态、产品创新,扶植培育一批服务于"一带一路"沿线及 RCEP 区域发展的数字化、信息化人力资源服务机构。二是实施"人力资源＋产业融合"行动。鼓励人力资源机构与先进的科技类人力资源服务机构和企业合作，提升管理咨询、人才测评、高端人才寻访等高附加值业态的科技化、互联化服务能力。探索培育互联网、教育、医疗等行业与人力资源服务深度融合的新模式。三是实施"人力资源＋成果转化"行动。服务科技强国战略和海洋强国战略落地，支持国内外知名企业、大学、科研机构在青岛设立研发机构，推进国际创新合作，共建国际高端产业基地以及科技成果转化基地。

### 3. 发起主体壮大攻势

一是实施领军企业培育行动。支持人力资源服务机构进入资本市场融资，鼓励金融机构与人力资源服务项目全方位对接，推动企业指数级加速发展。鼓励境外人力资源服务机构在基地设立独资、合资或合作企业。扶植总部型人力资源服务企业，支持重点企业上市，培育一批具有较强国际竞争力的行业龙头骨干。二是实施行业英才引领行动。探索建立人力资源服务培训基地和实训基地，推进中、高级行业人才交流，培育一批具有国际视野、通晓国际规则和国外法律、熟悉国际经营战略和技术发展的人力资源服务贸易人才。鼓励企业参加人力资源服务业领军人才评选活动，培养行业企业家人才队伍。加大高层次人才激励扶持，将符合条件的人员列入服务业专业人才奖励。三是实施业态优化升级行动。着重发展猎头服务，培育人力资源高人力资本、高技术、高附加值业态，提升人力资源服务的能级与竞争力。精准服务制造产业基础高级化、产业链现代化中的人力资源需求，助推制造业企业高质量拓展"一带一路"建设海外业务和参与 RCEP 经贸合作。

### 4. 发起国际融合攻势

一是实施海外拓展行动。鼓励本土人力资源服务机构在"一带一路"沿线国家及 RCEP 成员国设立分支机构，构建全球服务网络,推动人才、智力、项目、资本、技术等跨区域流动。支持人力资源服务机构与国内外高校签订战略协议,与海外互派教师交流,互派学生学习、实习,为海外分支机构精准化培养业务代表,以人才推动海外市场拓展。二是实施跨境服务行动。支持人力资源机构为我国企业"走出去"承接国际服务,提供特色化、精细化人力资源服务。重点为企业推进海外投资项目落地、承建境外基础设施建设和自主产品出口等提供劳务外派、招聘培训、技能提升、福利管理等人力资源服务出口保障。三是实施国际交流行动。筹办国际性、专业化论坛、峰会等行业交流平台。组织本土人力资源服务机构开展国际市场调研,参与国际供需对接,加强境外宣传推介,增强国际市场开拓能力。加强商务、人社、海事、金融、财政、税务、行政审批等部门的衔接,优化"零跑腿""全链式"政务服务,为行业从业人员出国、出访提供便利,为行业企业拓展国际业务提供支持。

### 5. 发起人才引育攻势

一是实施打造东北亚人才枢纽行动。对接发展重点产业、新兴产业对人力资源的需求,面向"一带一路"沿线、RCEP 区域,重点突出日韩搭建人才供需引育平台,实施更加开放的人才引进政策,充分发挥人力资源服务机构在国际劳动法务、人才配置、职业技能提升等方面的作用,提高人力资源市场配置效率和人才招引水平,着力打造高端人才聚集的东北亚区域人才枢纽。二是实施产教融合行动。深化校企合作,推行中国特色企业新型学徒制,满足企业拓展海外业务对技能人才的需求。支持规模以上人力资源服务机构与中德工匠学院、中国—上海合作组织经贸学院等职业院校、高校合作,联合用人单位精准培训和输出海外项目与市场所需的人才。打造"国内培养—海外输出—回国发展"的良性循环发展模式,人力资源输出后锁定人才,学习积累技术和经验后再回归国内,做到以人才促进产业集聚。三是实施互通互认行动。探索与日韩及"一带一路"沿线、RCEP区域国家加强职业教育互认合作。鼓励和支持青岛周边各类高校及职业院校,对标国际权威人力资源服务从业资格标准,培养具有国际市场运营能力的人力资源服务行业专业人才。以地区性行业联盟为依托,逐步扩大人力资源服务从业资格的互认范围,促进人力资源服务贸易便利化。

### 6. 发起服务提质攻势

一是实施联盟行动。主动与其他人力资源服务出口基地、人力资源服务产业园开展合作,增强基地辐射带动作用。牵头成立胶东五市人力资源服务产业园联盟,推动胶东五市组团融入人力资源国际交流合作。加强国外人力资源服务贸易管理政策、市场需求等信息的收集、分析和共享,提高胶东五市人力资源服务业发展水平。二是实施产业配套行动。在青岛市14个市级重点工业产业集聚区建立人力资源服务联络办公室(人力资源事务所),精准匹配产业集群发展中的各类人力资源服务需求。针对企业进军"一带一路"沿线国家、日韩等开展国际业务的人力资源需求,推广宣传基地相关高端人力资源服务项目。建立国际人力资源服务清单制度,引导企业采购适合发展需要的高水平人力资源服务产品,提升人力资源服务供需对接效能。三是实施标准提升行动。完善行业统计调查制度,建立基地人力资源服务贸易统计制度框架,为推进基地建设提供决策参考。打造数字化人力资源服务系统,鼓励引导行业骨干企业、领军人才、专家学者参与行业理论研究、标准化建设,通过加强统计数据分析和利用,探索建立人力资源服务机构等级评价体系,促进行业规范化、标准化发展。

## (四)保障措施

### 1. 健全规划体系,强化组织领导

为促进人力资源服务出口基地发展,打造人力资源服务贸易新

高地,成立青岛市人力资源服务出口基地建设协调专班,由青岛市商务局、青岛市人力资源和社会保障局主要领导担任专班组长,市商务局、市人社局、市北区政府分管领导担任副组长,明确专班职责,理顺工作机制,专班下设办公室,统筹推进全市人力资源服务出口基地建设工作,加强对人力资源服务贸易工作的宏观指导和协调促进。加强规划引导,定期编制人力资源服务贸易发展规划。充分发挥市服务外包协会、市人力资源协会等行业商(协)会桥梁纽带作用,加强行业规范自律,推进行业诚信建设,维护市场经营秩序。密切与国内外相关商(协)会和中介组织的沟通合作,促进会员企业做大做强,形成促进服务外包和服务贸易加快发展的合力。

**2. 突出政策引导,强化资金保障**

构建"政府＋平台公司＋头部企业＋社会资本"的运营模式,加大财税扶持和资金保障力度,有效发挥政府引导、市场运作的效果。充分发挥外经贸发展专项资金及相关产业发展促进政策作用,落实国家有关人力资源服务贸易扶持政策,完善地方配套政策,出台《关于加快人力资源服务业创新发展若干措施》。落实基地发布的青岛国家人力资源服务出口基地建设高质量发展的十项举措,以及青岛国家人力资源服务出口基地首批国际人力资源服务清单,吸引更多机构到基地发展。统筹市、区(市)相关资金,加强对服务贸易工作经费保障,支持人力资源服务贸易主体培育、平台基地、业务培训、产业研究、统计监测、活动组织等事项,支持人力资源服务贸易机构开拓国际市场、研发创新、品牌打造、国际认证、人才培养等,落实"营改增"政策和国家对服务出口税收优惠政策。

**3. 优化建设环境,强化服务支撑**

提升运营团队专业化运营水平,强化基地的日常运营管理。坚持集中宣传和日常宣传,普及宣传与专项宣传相结合,多形式、多渠道、多方位宣传人力资源服务出口发展趋势、创新模式与典型经验,形成推动人力资源服务出口基地建设的强大合力、浓厚氛围。定期举办主题论坛、高层讲座等专题活动,提升人力资源服务出口的社会关注度,努力营造开放和谐、互利共赢的人力资源服务出口发展环境。加快引导企业建立人力资源服务出口的战略思维、运作理念,建立健全产业精英、领军人才与优秀专家数据库,组建专家顾问团队;加快建立重大事项专家参评工作机制,推动人力资源服务出口持续健康发展。建立贸易纠纷专项法律援助机制,对企业发展面临的违约和纠纷情况提供政策咨询,减少贸易风险点。

### 4.加强过程评估,强化执行落实

设立基地管委会,负责统筹指导和协调基地管理工作,协调解决重大问题,争取上级支持。探索建立人力资源服务贸易高质量发展指标体系,建立实行人力资源服务出口基地建设评价机制,委托第三方开展全过程评估,协助提炼总结人力资源服务出口基地工作成效、典型案例、发展规划,增强人力资源服务出口基地建设专业能力,确保基地建设事项落实到位,为基地高质量和可持续发展提供保障。

未来,基地将锚定"三个走在前",围绕服务国家战略、满足出海需求、陪跑项目落地,聚焦实体经济、金融、资本等领域,实施"互联网＋人力资源服务业"行动,持续推动行业数字化转型,加快发展猎头服务、人才测评、人力资源外包等高人力资本、高技术、高附加值业态。招引培育一批具有核心竞争优势的人力资源服务机构,使其走上国际舞台,服务"一带一路"建设及 RCEP 经贸合作,推动行业国际化品牌建设。

课题组组长:刘传华　青岛市人力资源和社会保障局

课题组成员:张信龙　青岛市人力资源和社会保障局

　　　　　曲荣研　青岛市人力资源和社会保障局

　　　　　王　萍　青岛市人力资源和社会保障局

执　笔　人:曲荣研

# 深化科技领域"放管服"改革
# 营造良好的创新创业生态

## 青岛市科学技术局

青岛市科学技术局深入贯彻实施创新驱动发展战略,持续深化科技领域"放管服"改革,营造良好创新创业生态,不断增强高质量科技供给,支撑引领经济社会高质量发展。近年来,青岛市科技创新事业快速发展,科技创新指标大幅跃升,高新技术企业由 2017 年 2053 家增长至 2021 年 5554 家,增长 170%;技术合同成交额由 126.7 亿元增长至 320.1 亿元,增长 153%;规模以上高新技术产业产值占规模以上工业产值比重由 42.5% 增长至 60.5%,提升 18 个百分点。

世界知识产权组织发布《全球创新指数 2022》榜单中,青岛前进 19 位次,升至全球第 34 位、全国第 9 位,连续三年成为全国进步最快城市。科技部发布《2021 国家创新型城市创新能力指数》榜单中,青岛连续两年列全国 78 个创新型城市第 10 位。十次入选"魅力中国—外籍人才眼中最具吸引力的中国城市"十强。

# 一、典型创新举措

## (一)强化战略科技力量,科创策源能力稳步提升

### 1.培育战略科技力量

打造海洋领域国家实验室,建成全球领先的下一代超算、全球

最大规模的深远海科考船队、国内海洋领域首个冷冻电镜中心等一批大型科技基础设施和公共科研平台,获批国家超级计算青岛中心,海洋领域国家实验室创建取得突破。吸气式发动机关键部件热物理试验装置纳入国家重大科技基础设施"十四五"规划。推动海洋科学考察船队常态化开展航次和设备共享,完成十年十次跨赤道海洋科考,推动我国深海探测与研究能力跨入世界先进国家行列。

### 2. 建设高端创新平台

加快中科院海洋大科学研究中心建设,整合 13 家涉海科研机构创新资源,深化海洋科技"抱团攻关"。全国首个技术创新中心——国家高速列车技术创新中心加快建设,时速 600 千米高速磁浮交通系统成功下线。获批共建国家耐盐碱水稻技术创新中心,打造耐盐碱水稻产业化创新平台。聚焦"双碳"战略需求,中科院、省、市三方共建山东能源研究院,建设新能源山东省实验室,打造能源领域创新高地。拥有国家重点实验室 9 家,其中企业国家重点实验室 7 家,居副省级城市第二位。

### 3. 集聚科技创新人才

发挥人才第一资源作用,坚持人才、项目、平台一体化推进,建有国家引才引智示范基地 2 家、高等学校学科创新引智基地 18 家、科技部创新人才培养示范基地 7 家。改革产业领军人才选拔办法,破除"四唯"倾向,以项目水平评定人才层次。承接薪酬外汇便利化和外国人管理两个国家试点,科技部外籍高端人才 R 签证审批权下放青岛市,外国人来华工作许可办理数量常年居全省首位,十次入选"魅力中国—外籍人才眼中最具吸引力的中国城市"。进一步激发女性科技人才创新创业活力,出台《青岛市关于支持女性科技人才发挥更大作用的措施》,靶向解决女性科技人才创新创业难题。

### 4. 加强国际科技合作

紧抓上合示范区、山东自由贸易区青岛片区等战略机遇,获批中国—上海合作组织技术转移中心,打造国内首个市场化运营的国家级多边国际技术转移平台。建设中德青年科学院,搭建跨文化、跨学科、跨机构、跨体制国际交流合作平台。拥有国家级国际科技合作基地19家,建设中国—泰国轨道交通、中国—沙特石油能源等"一带一路"联合实验室。支持科研院所参与国际科技合作,海洋一所牵头发起的"海洋与气候无缝预报系统"入选联合国"海洋十年"大科学计划。

## (二)强化科技企业培育,高新技术企业发展壮大

### 1. 培育科技企业队伍

先后实施科技企业培育"千帆计划"、"百千万"工程、"沃土计划",构建"科技型中小企业—高新技术企业—上市高新技术企业"梯次培育体系。国家备案科技型中小企业达6306家,高新技术企业达5554家,均占全省四分之一。开展高新技术企业上市行动,上市高新技术企业数量达37家。全面落实企业优惠政策,2021年,近9000家企业享受研发费用加计扣除额近300亿元。构建以企业需求为导向的科研立项和经费分配机制,市级科技资金支持企业比重增至80%以上。

### 2. 建设产业创新平台

搭建以企业为主体、市场为导向、产学研深度融合的技术创新体系。拥有海洋药物等省级技术创新中心24家、占全省四分之一,市级技术创新中心超550家。布局聚合物新材料、海洋科技成果转移转化等4家省创新创业共同体,建设6家市创新创业共同体,构建"政产学研金服用"融合创新生态。易邦生物获批全省规模最大生物安全P3实验室。通过"线下+线上"多元化方式引导企业建设研发机构,全国首创"云端研发"模式,规模以上工业企业研发机构覆盖率提升至63%以上。

### 3. 推进科技项目落地

坚持面向经济主战场,引进具有产业化前景的重大科技项目。引进中科院"高端轴承自主可控制造"先导专项,建设高端轴承示范基地。引进国际领先医药健康领域产业孵化平台——中关村医学工程转化中心,打造"分中心"暨"中关村医学产业园"。引进一汽解放(青岛)商用车研究院,打造"中国第一、世界一流"的商用车研发中心。引进全球领先的空天大数据领军企业——中科星图,打造山东空天大数据应用创新中心。全国首个全要素集聚的科学仪器领域专业化园区——青岛科学仪器产业园正式启用。

### 4. 实施关键技术攻关

实施"强链"计划,围绕重点产业,全链条、一体化组织关键技术攻关。建成全球唯一连续平稳运行超临界 $CO_2$ 无水染色产业化示范线。国内首次突破非晶带材精密连铸技术,达到国内领先、国际先进水平。全球首艘 10 万吨大型养殖工船"国信 1 号"成功交付,实现我国深远海大型养殖工船零的突破。全国首艘自主航行集装箱商船"智飞"号正式运营,标志我国在船舶智能航行研发与应用领域处于全球前列。启动应急攻关绿色通道,支持汉唐生物、简码基因等企业开展新冠病毒快检产品研发,助力疫情防控。

### 5. 打造一流科技园区

健全高新区"一区多园"管理体制机制,成立"高新区管理专委会",强化统筹领导。出台高新区"一区多园"管理办法,建立决策机制、工作机制、考评机制和统计监测平台相互衔接的"3+1"体系,构建协同发展格局。出台《青岛市科技创新产业园区实施细则(试行)》,在高新区范围内建设市级科技创新产业园,打造创新创业微生态。开展国家高新区企业创新积分制先行先试。青岛高新区连续两年获评国务院"真抓实干成效明显区域双创示范基地","一区多园"相关典型做法获科技部面向全国宣传推广。蓝谷打造开放创新合作平台提升科技支撑能力典型做法被国务院办公厅通报表扬。青岛高新区综合排名升至全国第 16 位。

### (三)强化科技创新服务,创新创业生态不断优化

#### 1.加强科技改革谋划

出台科技计划管理改革方案,以市场为导向、产业为中心,促进各类创新要素向企业集聚。深化科技攻关"组阁揭榜",在关键技术及产业化示范类项目中全面推行揭榜制,发榜立项项目 28 个,占总数四成以上。推行科研经费使用"包干制",让科研人员集中更多精力专注于科研。出台《关于进一步加强科研诚信建设的实施意见》,获批科技部科技监督评估和诚信管理改革试点,是唯一获批副省级城市。

#### 2.促进科技金融结合

设立科创母基金,专注投资种子期、初创期科技型企业,对接储备子基金 200 余只,直投项目 30 余个,完成 40 只子基金和 3 个直投项目的投决、预投决或立项,立项基金规模超过 200 亿元。推进科技金融产品扩面增量,通过科技信贷"白名单"、"投(保)贷联动"等业务,累计助力科技型企业融贷市场资源超 2000 亿元。国内首创专业化、体系化、网络化科技金融特派员队伍,搭建各类金企对接平台,为企业提供定制化辅导和融资服务,服务企业 4234 家、融资 140 亿元。

#### 3.创新成果转化机制

坚持企业"出题目"、院所"做答案",成立半岛科创联盟,依托市场化平台开展产学研对接。出台《青岛市实施"硕果计划"加快促进科技成果转移转化的若干政策措施》,拿出 16 条"真金白银"举措,加快建立以企业为主体、市场为导向、产学研深度融合的成果转化机制,推动科技成果就地交易、就地转化、就地应用。支持山东科技大学等 3 所高校承担省成果转化综合试点,赋予科研人员职务科技成果所有权或长期使用权。深化科技成果评价改革,出台国内首个

地方服务规范,打造市场化科技评价服务"青岛模式"。深化国家科技成果转移转化示范区建设,打造国家海洋技术转移中心,2021 年技术合同成交额 320.1 亿,同比增长 11.7%。

### 4.提升孵化服务能力

推动孵化载体提质增效,拥有国家级科技企业孵化器 22 家、国家级众创空间 70 家。开展孵化器提升行动,依托科技服务领军企业建设孵化加速基地,引进华夏基石、春光里、创业黑马等机构先后落地,导入产业和创新资源;拓展海外孵化网络,支持天安数码城、建邦科技在以色列、韩国、日本等建设海外孵化器;建成青岛市工业技术研究院、海创汇孵化平台等一批标杆孵化器。实行孵化器房租减免政策,累计减免国有载体房租面积 150 万平方米,减免金额 5000 余万元,有效帮助企业纾困解难。改革创新创业大赛,连续 3 年设置深圳异地赛场,以大赛结果取代项目评审,近三年有全国各地 1200 余家企业参赛,140 余家企业获奖。承办全国颠覆性技术创新大赛领域赛,举办 2022 青岛市科技活动周,组织科普活动 100 余场,线上线下近 10 万人共享科技盛宴,营造良好创新氛围。

## 二、持续深化科技领域"放管服"改革,加快建设国际创新型城市的建议

当前,青岛市仍然存在科技成果转移转化不够顺畅、科技企业队伍不够壮大等问题。下一步,青岛市科学技术局将继续按照市委、市政府决策部署,持续深化科技领域"放管服"改革,营造良好创新创业生态,加快打造国际化创新型城市,为建设现代化国际大都市提供强有力的科技支撑。

### (一)完善科技创新体系

加强科技创新立法保障,加快推进《青岛市科技创新促进条例》

调研修订工作。围绕国际化创新型城市"五年规划"和"三年行动方案",深入实施创新策源能力、产业创新能级、企业创新能力等方面七大提升计划,推动国际化创新型城市建设落地落实。

## (二)着力培育战略科技力量

布局重大科技基础设施,加快国家高速列车技术创新中心、中科院海洋大科学研究中心、山东能源研究院等重大创新平台建设。推动 9 家国家重点实验室重组。

## (三)着力打造科技企业队伍

实施"沃土计划",构建科技型企业梯次培育体系,做好科技型中小企业评价、高企认定和高企上市培育工作,争取年内净增高新技术企业 1000 家。聚焦重点产业,实施"强链计划",全链条、一体化组织关键技术攻关和产业化示范。抓好重点科技项目落实。

## (四)着力推动科技成果转化

实施"硕果计划",重点抓好技术合同成交额、专业技术转移人才、高校院所本地成果转化和科技型中小企业孵化等工作。开展线上成果推介、线下项目路演、专题沙龙等对接活动,重点成果"一对一"精准服务。推动大学科技园和高校院所科技成果转化基地优化提升,打造标杆孵化器。

## (五)着力提升海洋科技创新能级

深入实施"海创计划",聚焦海洋新兴产业,实施海洋科技创新示范工程,推进重大共性关键技术突破、重大创新产品研发和重大创新成果转化。大力培育海洋科技企业,带动海洋产业链上下游企业创新发展,加快海洋科研优势向产业优势转变。

# 释放多元创新平台效能
# 培育创新创业生态经验模式

### 青岛市崂山区人民政府

近年来,崂山区持续完善创新创业生态体系,加快集聚双创主体、完善双创要素、培育高新技术产业,打造青岛市创新创业高地。2021 年,崂山区有效发明专利拥有量 1.7 万件、万人发明专利拥有量 340 件,连续多年保持全省首位、全国领先;技术合同成交额 60.13 亿元、技术合同交易额 19.6 亿元,均列青岛市第一位;高新技术产业产值占规模以上工业产值比重达 82.6%,创新创业对经济社会发展的支撑引领作用持续增强。

## 一、崂山区创新创业生态现状

### (一)创新创业主体链条式发展

2022 年,崂山区加速集聚各类创新主体,构筑"基础研究—应用技术研究—技术产品化—产品商业化"创新链全链条。以高校为代表的源头创新主体赋能产业发展,崂山区拥有中国海洋大学、青岛大学、青岛科技大学 3 所驻区高校,有效支撑海洋科学、生物医药、新能源新材料等新兴产业发展。新型研发机构激发创新活力,北京航空航天大学青岛研究院、青岛国创智能家电研究院等 12 家新型研发机构获省级备案,围绕虚拟现实、智能家电、生物医药等重点领域,提供技术研发、成果转化、企业孵化、人才培养等服务。"科技型中小企业—高新技术企业—瞪羚独角兽企业—上市企业"梯队初步形成,全区拥有高新技术企业628家、山东省瞪羚企业25家,累计培育独角兽企业8家,居全省第一位,海泰新光在内窥镜及医用光学产品领域全国领先,成功在科创板上市。企业创新主体地位进一步提升,2020年,企业R&D经费支出占GDP的4.21%,依托海尔、海信网络等重点企业建成重点实验室、技术创新中心等省级以上创新平台43个,形成一批创新成果。

## (二)创新创业要素全面化集聚

崂山区持续完善各类创新创业要素,形成对创新创业生态的有效支撑。一是创新创业人才加速集聚。截止到2022年8月底,崂山区各类人才总量突破22万,拥有"两院"院士及外聘院士49人、国家级高层次人才109人、泰山学者及产业领军人才260人。二是金融资本服务持续优化。建成全球(青岛)创投风投中心大厦,集聚青岛科创母基金、青岛市市级创业投资引导基金管理中心等29家创投风投机构;依托青岛蓝海股权交易中心,为中小企业提供资本运作、融资理财、投资管理、资本市场培训等服务。三是创新创业载体加快建设。拥有汉客空间、北京大学创业训练营·海尔联合创业基地等13家国家级众创空间、孵化器,为创业企业提供办公空间、资源链接、人才培训等服务。四是科技服务体系持续完善。在知识产权领域,崂山区获批国家知识产权示范园区、国家知识产权服务业集聚发展示范区等荣誉,集聚知识产权服务机构200余家,涵盖知识产权代理、咨询、评价、分析、交易、转化、质押、投融资等环节;在检验检测领域,崂山区获批建设国家检验检测认证公共服务平台示范区,集聚华测检验、谱尼测试等检验检测机构近100家,成为北方地区服务规模最大、服务能力最全的集聚区。

### (三)高新技术产业集群化发展

崂山区在新一代信息技术、生物医药、智能制造等高新技术产业方面集聚一批优质企业,产业活力加速迸发。一是新一代信息技术产业生态加快培育。工业互联网、微电子、虚拟现实等细分赛道在市内具备影响力、全国具备显示度,卡奥斯连续两年蝉联全国"双跨"工业互联网平台榜首,歌尔微电子入选全球 MEMS 企业TOP10,Pico 连续三年入选"中国 VR50 强企业"名单前十强。大数据云计算、人工智能等底层支撑赛道加快培育,招引博云视觉、云天励飞等优质企业落地。二是生物医药高端化数字化发展,医药研发能力稳步提升,依托杰华生物、明勤生物、青岛海洋生物医药研究院等创新主体,在蛋白药物、疫苗、海洋药物等原研药/创新药领域实现突破;医疗器械数字化专业化特征明显,海信医疗、瑞斯凯尔、未来医疗等企业融合人工智能、大数据等技术,布局数字化医疗产品。三是智能制造特色赛道全国领先。智能家电、智能电网、海工装备等领域关键技术加速突破,海尔牵头组建的国家高端智能化家用电器创新中心获批,重点开展本体、智能、安全、场景等领域关键技术突破;特锐德、汉缆等共同构筑智能电网生态,特锐德高铁远动箱变、110kV 模块化智能变电站等产品被鉴定为"产品国际首创、技术水平世界领先";双瑞海洋主编国内首个电解法压载水处理技术船舶行业标准,船舶压载水管理系统市场占有率全国领先。

## 二、崂山区培育创新创业生态亮点、经验

### (一)释放多元创新平台效能

#### 1.推进驻区高校校地融合

联合成立北京航空航天大学青岛研究院,充分发挥政府、高校、

产业优势，建立"政产学研"结合的创新体系，开展高起点、多领域、全方位交流合作；联合成立青岛海洋生物医药研究院，聚焦新药开发工作，加快实施"蓝色药库"开发计划；联合青岛市开放大学、青岛星鲨虚拟现实研究院共同筹建青岛市虚拟现实产业学院，开展虚拟现实产教融合型人才培养。促进高校科研仪器设备共享，协助中国海洋大学、青岛大学等驻区高校科学仪器设备及设施纳入青岛市大型科学仪器共享平台，面向全社会进行资源共享，助力产业创新发展。

### 2.支持新型研发机构建设

深化"校地企"共建模式，联合北京航空航天大学、青岛市、歌尔集团合作共建北京航空航天大学青岛研究院，围绕微电子、虚拟现实等领域开展技术研发、成果转化、公共服务、人才培养等，获省级新型研发机构备案。支持现有研发机构向新型研发机构升级，创新单个重点项目小专班模式，推进青岛海洋生物医药研究院等研发机构转型。支持高校院所、企业等各类主体组建新型研发机构，对新认定为山东省新型研发机构并经省级绩效评价为优秀的单位，给予20万元奖励。

### 3.支持创新创业共同体建设

调动多主体参与积极性，参与青岛市海洋监测装备创新创业共同体举办的科技沙龙等活动，协助共同体融合政产学研金服用等要素，提升技术研发、成果转化、人才培养、企业孵化等服务功能；对龙头企业、高校、科研院所、新型研发机构等多元主体参与建设创新创业共同体的，给予共同体最高不超过2000万元的配套支持。支持创新创业共同体向省、市级提档升级，组织推荐青岛市海洋监测装备创新创业共同体、青岛市新型智慧城市创新创业共同体、青岛市新型数字住区创新创业共同体通过市级认定。

## (二)加大科技企业培育力度

### 1.高度重视高新技术企业发展

协助企业开展高企申报,对区内到期高企、上年度未通过认定企业、科技型中小企业等逐一梳理,落实高企申报意向,结合高企申报新形式和新要求制作申报"明白纸",动员各街道面向办公楼宇、产业园区等广泛发动企业申报,组织开展认定培训。助力高企对接资本市场,抢抓科创板注册制改革契机,成立资本市场发展领导小组,创建区街联动、部门协同的上市服务专班,开展企业上市"定期走访、专员服务、全程帮办"全链条服务,获批全省上市公司孵化聚集区。

### 2.大力培育瞪羚独角兽企业

建立联席会议机制,设立联席会议办公室,统筹推进全区独角兽企业和瞪羚企业招引、培育、服务工作,定期研究企业发展情况,协调解决企业创新发展中遇到的问题。联合海创汇打造全省首家瞪羚独角兽企业加速器,开放海尔生态资源,为优质创业项目提供投融资、创业空间、创业培训等一站式服务。精准支持独角兽企业发展,聚焦卡奥斯发展,分管区领导牵头与海尔建立高层会商机制,共同研究重大合作事项并解决卡奥斯发展中遇到的重大问题;聚焦歌尔微电子落户,在将青岛国际创新园 F 楼作为歌尔微电子总部大楼的基础上,成立由区委书记和区长任双组长、21 个部门和平台公司主要负责人任成员的歌尔崂山区服务工作专班并建立线上沟通平台,区科创委联合歌尔建立日常工作对接组,随时了解并解决企业落户需求和困难。

## (三)集聚各类创新创业要素

### 1.创新人才招引模式

开展资本引才,探索实践"人才＋技术＋产业＋资本＋服务"的招才引智"千山模式",先后获评全国、全省人才工作创新案例奖。发挥企业引才主动性,创新性推出"产业巨峰人才引进计划",将人才评定自主权下放企业,通过配额制管理模式支持企业引才。建设人才载体,建成青岛院士创新创业园(院士智谷)、院士专家创新大厦重点支持院士创新创业,千山大厦、高层次人才创业大厦重点集聚国内外高层次技术人才。加大政策支持力度,创建"问策于企"机制,邀请企业家参与涉企政策制定,出台人才引进十大工程、40 条措施,其中 9 项措施全国领先、21 项全省领先,大力支持各级各类人才落地崂山开展创新创业。

### 2. 充分发挥金融资本作用

创新财政资金服务模式,在全省率先出台直接股权投资办法、金融服务科技创新实施办法,首创财政资金"拨改投"、区属国有平台"债转股",发行全省首只"双创"专项债,撬动社会资本参与创新创业。发挥政府引导基金效能,设立总规模 200 亿元的股权投资引导基金、5 亿元的创新创业引导基金,初步形成涵盖企业成长各阶段的基金投资链条;设立包括 5 亿元的种子基金和 20 亿元的产业投资基金规模在内的虚拟现实引导基金,精准支持产业发展。引导金融机构加大科技金融服务力度,在全省率先出台首个区(县)级专利质押贷款担保费补助和知识产权证券化支持政策,鼓励科技企业通过专利质押贷款、知识产权证券化等方式融资;搭建金企通融资服务平台,上线区内 22 家银行的 130 个金融产品,协助金企线上对接。

### 3. 构筑多元科技服务体系

搭建产业公共技术服务平台,围绕微电子、虚拟现实等重点领域,联合中国科学院微电子所、中科曙光、北京航空航天大学青岛研究院等创新主体共建青岛 EDA 中心、虚拟现实技术与应用公共研发平台,为科技型企业提供先进 IC 设计、芯片测试与验证、VR 硬件解决方案等技术服务,助力行业内中小企业发展。完善科技服务体系,引入信通院(青岛)科技创新中心、赛迪(青岛)区块链研究院等新一代信息技术领域智库机构,围绕发展战略、标准研究、白皮书发布、资源链接等方面开展合作;同长城战略咨询、创业黑马等合作共建青岛新经济研究院、青岛独角兽加速基地等智库平台,重点围绕区内独角兽企业挖掘培育、国内优质独角兽企业对接等开展深入合作。

### (四)持续优化双创顶层设计

#### 1.突破创建科技创新管理架构

崂山区率先以"系统化、集成式、大科创"理念,整合原青岛高科技工业园管理委员会、区科技局、区创业服务中心、区科协四部门职能,组建全国首家区(县)级科技创新委员会,打破编制身份限制,打破部门界限,创新建立起集约高效的科技创新工作顶层架构。

#### 2.系统出台双创领域全新政策

在全国率先出台《崂山区支持产业发展集成政策》,靶向瞄准创新创业企业关注的资金、载体、审批等"卡脖子"问题,一揽子出台了"1+1+15"科创政策。全国首家建设并启用"免申即享"政策兑现平台,在高新技术企业奖励、产业领军人才奖励等方面率先开展试点,企业在获得相关认定后,无须重复提交申报材料即可实现政策兑付。

#### 3.营造良好创新创业氛围

年度常态化举办"创未来·致青春"青年创新创业大赛,围绕科技创新、大健康、文化旅游等重点产业领域,以赛促研、以赛促创、以赛促产,引导青年创客、青年创业团队开展创新创业。积极举办国际虚拟现实创新大会、世界工业互联网产业大会崂山论坛等高规格活动,聚焦细分领域招引项目、资本、人才等优质资源。

# 三、崂山区创新创业方面存在的问题及应对策略

## (一)存在问题

### 1. 硬科技企业群体不足

中科曙光、博云视觉等项目仍处于建设阶段或发展初期,技术创新引领效能尚未发挥。区内独角兽企业仅杰华生物、歌尔微电子以原研药、MEMS 技术创新为主,卡奥斯、日日顺、聚好看、能链等更偏模式创新和技术集成,硬科技属性相对不足。

### 2. 创新创业载体有待优化

崂山区内众创空间、孵化器等创业载体仍处于从提供"场地＋创业服务"的 2.0 阶段向提供"场地＋深度服务＋投资"的 3.0 阶段过渡期,服务能级有待进一步提升。缺少专业化中试基地,"众创空间—孵化器—中试基地—专业化园区"的载体链条未形成。

## (二)应对策略

### 1. 壮大硬科技企业群体

搭建硬科技企业培育库,支持入库企业推进技术创新、创新平台建设等工作。推进大企业孵育科技型创业企业,支持海尔、海信等龙头企业开放技术、资本、供应链等生态圈资源,鼓励员工开展技术创新创业;支持杰华生物、中科曙光等行业头部企业聚焦细分领域组建专业化众创空间,通过开放技术创新资源、供应链资源、市场渠道等,提升科技型中小企业孵育能力。

### 2. 完善空间载体保障

提升孵化载体服务能力,鼓励汉客众创空间等孵化载体加强同

巨峰科创及私募股权合作,通过配套投资基金、合作、设立子基金等方式为初创企业提供股权投资服务。建设中试基地,围绕智能制造、生物医药等重点领域,建设可满足企业小试、中试等环节的工业楼宇,推进"工业上楼";依托虚拟现实、人工智能、生物医药等"千亩"专业化园区,加强中试基地/平台配比,通过建设中试共享产线为企业提供加速服务。

### 3.创新科技治理模式

探索实施科技项目"揭榜挂帅"制度,围绕主导产业"卡脖子"技术,年度编制崂山区科技计划专项项目清单,面向全球征集解决方案,助推更多科技成果落地。实施场景创新开放工程,编制崂山区场景创新清单,支持国内外知名企业、科研院所等落地崂山区开展创新创业。

# 搭建中国—上海合作组织
# 地方经贸合作综合服务平台

中国—上海合作组织地方经贸合作示范区管理委员会

为进一步提升与上合组织国家经贸合作便利化水平,中国—上海合作组织地方经贸合作示范区(以下简称上合示范区)立足于上合经贸应用场景和合作需求,在全国首创推出面向上合组织国家的经贸综合服务平台,为企业提供优质便捷的一站式服务,提供多元化服务场景,解决企业关、汇、税的痛点、堵点、难点,打造国内企业走进上合组织国家的母港、上合组织国家企业进入中国的平台。

## 一、取得的成绩与进展

### (一)配置三大主体功能

#### 1. 综合信息展示

汇总发布上合组织系列会议领导人讲话精神、上合经贸倡议等重要文件;即时发布上合组织时政新闻、经贸动态等重要资讯;发布上合组织国情研究、风险分析、投资指南等系列研究成果;致力于打造上合组织经贸领域全方位资讯服务中心。

#### 2. 综合功能应用

发挥上合示范区制度创新优势,立足跨境贸易真实场景,致力于解决中国与上合组织国家贸易投资的痛点、堵点、难点；主动匹配金融保险、跨境信用、人才培养、商事服务等市场化要素，打造"关、港、税、贸、金、服"一体化公共服务生态圈，构建上合经贸全周期全要素服务体系，为上合经贸合作提供一站式解决方案。

### 3. 综合数据发布

整合上合组织大数据资源，建设全局性数据标准体系，多维度提供上合贸易数据的智能统计分析和可视化动态展示；逐步实现与上合组织国家的"单一窗口"进行互联互通，推动全区域贸易数据、金融信息的可交换、可查询、可追溯，构建联通上合组织成员国政府监管部门与贸易企业的国家级数据共享交换枢纽。

## (二)构建八大应用模块

### 1. 跨境采购

搭建由采购商和供应商定制化需求为起点，贯穿资质认证、商品匹配、贸易协商、信用服务，最终实现贸易成交的跨境供应链，创建采购商、供应商及平台自身三方共赢的服务生态，立足于上合国家新客户新订单在中国的新销售，提供一站式整体解决方案，提升上合客户经贸便利化水平。

### 2. 一站通关

上合经贸综合服务平台依托中国国际贸易"单一窗口"平台建设，为外贸企业提供业务办理指引、在线申请、单证电子传输、办理预审核、通关实时查询和提示、政策信息发布及关企实时互动等线上"一站式"服务，企业可以在上合经贸综合服务平台完成进出口业务的一点接入、一次提交、一次查验、一键跟踪和一站办理，真正实现"让企业少跑腿，让数据多跑路"。

### 3. 全链物流

依托卫星星座、物联网、5G、大数据、人工智能、云计算、移动互联网等先进技术和先进算力,构建覆盖全程物流管理、跨部门高效协同、跨平台数据互联互通的数字化物流链条,支持与承运商、电子口岸、物流企业等业务单位的信息共享通道,为多式联运经营方、政府单位、物流业务各参与方提供实时的业务数据支撑和一站式物流信息服务。

### 4. 智税引擎

为企业提供出口退税服务及全流程智能规则引擎,以数字化、可视化、交互式的方法智能指导进出口企业充分应用税收减免规则,并通过配套服务创新实现税务业务办理"零跑腿"。

### 5. 特色金融

依托中国国际贸易"单一窗口"金融保险服务模块,通过与银行及保险机构对接,面向外贸企业提供预约开户、国际结算、汇总征税保函申请、融资贷款、关税保证保险、出口信用保险及索赔功能等服务,方便优秀企业与银行、保险机构开展合作,提升融资效率,降低融资成本。

### 6. 全景服务

为贸易企业、物流企业、货代企业等市场主体提供商事法律服务,外籍人来华便利服务,外国人事务专窗、智库服务、翻译服务等全周期、全场景一站式服务。该模块构建集线上综合服务平台、APP移动终端、线下企业服务中心为主要载体的平台服务体系,实现"线上+线下"全景服务无缝衔接。

### 7. 新区视窗

集中展示现代化上合新区建设成果、产业园区、头部企业、新区动态等内容,为国内外企业了解上合新区提供全景式窗口。通过数字化场景构建,实现上合新区"5-2-1"产业体系、上合大道总部经济带的"实地考察"和信息集成,为经贸合作多方提供专业、翔实的第一手信息。

### 8.数字上合

汇聚上合国家经济贸易、进出口单量占比等数据,以可视化形式,结合动态图表显示最新数据,直观形象地展示上合国家外贸动态。

## 二、典型经验、创新举措

### (一)实现供应链可视化管控

上合经贸综合服务平台通过搭建跨境贸易链条中各方之间的互动平台,参与整个交易流程,通过对上下游信息采集和追溯,提高上下游交叉验证数据准确性和业务真实性,从而解决贸易企业、物流运输方、金融机构之间信息不对称问题,打通贸易相关方之间的障碍,实现供应链全程可视化管控,提高交易透明度。

### (二)降低企业贸易的成本

上合经贸综合服务平台以公益属性为主,为企业提供进出口贸易过程中的"通关、物流、金融"等具有共性的交易流程服务,企业无须额外支付费用。结合企业的差异化需求,整合海关、税务等多个机构和部门为中小外贸企业设立服务专窗,不断拓展中小企业市场应用功能及应用服务,支持外贸中小企业开拓市场。

### (三)拓展"单一窗口"功能

平台在国际贸易"单一窗口"基础之上,集成了贸易撮合、物流运输、税务办理、金融服务、信息查询等各项功能,提供外贸集成化服务,既符合我国"单一窗口"的建设初衷,又进一步拓展贸易便利化功能。提升对进出口企业全链条的联动监管水平,优化通关便利和各业务部门协同水平。

## (四)减轻企业资金压力

通过平台能够查询各企业的实际进出口情况和信用记录,银行可以很方便地掌握企业的经营状况和潜在风险,将金融支持给予有订单、有效益的企业。这降低了贷前调查的成本,通过金融渠道创新,中小外贸企业能够更容易获得贷款,提高接单能力;银行也能更好地控制贷款风险,有效降低中小企业的融资成本。

## (五)促进信用体系构建

平台深入中小企业对外贸易各个关键环节中,采集最为真实全面的交易信息,并将这些宝贵的信息用于专业分析和执行。随着企业交易的重复进行和交易数据的不断累积,这些信息得到进一步充实和完善,从而有助于建立起一套动态可监控的企业商业信息系统,形成中小企业商业信用基础,进而可以全面激活中小企业的融资系统。

下一步,上合示范区将加强与口岸管理部门和海关协作,对接上合组织国家商协会以及全国范围内面向上合组织国家开展业务的物流、贸易等头部企业,持续导入平台用户,丰富平台功能,以便利化、智能化、国际化为目标,将平台建设成为集大通关、大物流、大外贸、大数据于一体的综合服务平台,为我国与上合组织其他国家间经贸合作向更高质量发展提供基础设施支撑。

# 打造科技人才新高地
# 为建设活力城阳提供新动能

青岛市城阳区人民政府

近年来,城阳区持续深化"放管服"改革,加速培育创新创业生态,突出抓好高成长类企业培育,充分发挥政策拉动作用,积极搭建平台,在科技创新力度和制造业高质量发展方面提升到新的高度,为打造"湾区都市,活力城阳"提供了强大动能。

## 一、取得的成绩与进展

### (一)科技创新展示经济发展的硬实力

近年来,城阳区大力发展"隐形冠军""专精特新"等创新实力强、市场占有率高、掌握核心技术的高成长类企业。截至目前,城阳区共有市级以上"专精特新"等高成长型企业 1845 家(占全市的21.7%),国家级高新技术企业 1248 家(占全市的 22.4%),数量均居青岛市第一。先后建成青岛国际博士后创新创业园、青岛特种食品研究院等一批高能级创新平台。

### (二)充实人才池为经济发展续航

科技创新能力的发展,最主要的还是依靠人才,城阳区加强对科技人才的引进和培育,持续打造区域人才集聚高地。城阳区已累计引进培育国家级高层次人才 10 人、省级高层次人才 39 人、青岛市级高层次人才 19 人,全区新增来华工作外国人才 677 人(居山东省首位)。截至目前,城阳区商标总数 61199 件,拥有专利的企业 1670 家,数量均居青岛市第一位。2022 年,城阳区被国家知识产权局确定为国家知识产权强县建设示范县,为青岛市唯一入选的县(市、区)。

### (三)企业上市数量凸显区域经济潜力

近三年,全区新增上市公司 9 家,数量居全市首位;上市公司总数达到 15 家,进位居全市前二位。截止到 2022 年 6 月底,共投资 32 只基金,基金已实缴总规模 192 亿元,其中城阳区财政和区属国企已实缴出资 27 亿元,总共投资 118 个项目,其中包括天仁微纳、易邦生物、利和味道等区内科技创新企业,及中车成型、中钛国创等优质产业招引落地项目。

## 二、典型经验及创新举措

### (一)全力以赴,构建"专精特新"企业培育体系

#### 1. 坚持全流程跟踪,构建立体化政策服务体系

2022 年以来,城阳区出台了《关于支持民营经济和中小企业改革发展的意见》等一系列政策,通过"城阳区企业服务智慧云平台"APP,运用"大数据＋人工智能"为企业进行精准"画像",实现差异化推送惠企政策信息。通过实施"无感"兑现、创新开展企业家早餐会等举措,加快推进惠企政策兑现,通过部门信息共享、审批"全程入网"等形式,实现"政策申报零跑腿、资金兑付不见面"。2022 年以来,通过云平台发布首批 5 类 20 项政策清单,兑现高成长企业奖励资金 300 余万元;通过区委书记、区长与企业家早餐会渠道解决

企业诉求 65 项。

### 2. 实施全周期服务,打造深层次梯度培育体系

实施"育苗工程"。开展龙头企业三年倍增行动,设计领导包联方案,组建专门服务团队助推企业发展。目前,纳入培育库的企业超半数营收增长 40% 以上,其中,裕丰汉唐提前一年完成倍增目标,青特集团入围山东民营企业百强榜,8 家企业入围山东省第六批制造业单项冠军,数量居青岛市第一位。实施"攻关工程"。大力开展科技创新和技术攻关活动,鼓励企业建立工业设计中心,培育工业设计创新体系。2022 年上半年,推动实施青岛市技术创新重点项目 230 余个,开发新产品 56 个,17 项产品入选 2022 年青岛市首批创新产品目录,均居青岛市首位。实施"平台工程"。持续开展公共服务平台的培育工作,积极推荐申报国家重点公共服务示范平台。截至目前,共认定国家级中小企业公共示范平台 2 家、国家级小微企业创业创新示范基地 1 家。

### 3. 探索新融资模式,强化多领域帮扶保障体系

创新融资模式,扎实推动"金融活水"流向实体经济,在全国率先开展"补贷保"联动试点,政府、银行和保险公司三方按照 5:3:2 的比例建立风险共担机制,通过"政策增信＋信用贷款＋保险支持＋地方配套"的联动,支持龙头企业及其关键配套企业获得更多优惠资金。积极推动工信部百亿元级专精特新中小企业发展基金落地,优化完善企业融资"白名单"制度,为"白名单"企业提供担保增信服务,目前,两批共计 35 家企业入选,将撬动银行机构对中小微企业、科技型企业新增 20 亿元以上的贷款额度。

## (二)引才聚才,打造科技人才汇聚新高地

### 1. 机制创新释放人才发展活力

出台《关于引进优质科技资源建设高端研发机构的意见》,鼓励

区外知名研发机构、高校、科研院所、企业等优质科技资源来城阳区建设高端研发机构,强化人才保障。实施"揭榜挂帅"项目引才工作机制,支持企事业单位组织实施重大科技项目,通过重点项目集聚人才。

### 2. 产才融合激发人才创新动力

按照"一个产业集群、一个科创平台"的思路,引导研发机构与优势产业强力融合,形成以新型研发机构为核心,"新型研发机构—核心企业—辐射企业"有机融合、共同发展的高新技术产业联盟生态圈。畅通人才联系渠道,引进国家技术转移东部中心等科技服务机构,借助檬豆网络科技"云端研发"平台,为重点领域企业精准引才提供"定向导航"。目前,云端研发平台企业用户已超过 400 家。

### 3. 财政支持赋能人才创业生态

制定《城阳区"人才科创金"运行管理办法》,按照市场化原则精准聚焦市场潜力大、有发展前景的人才创业企业给予支持,首期规模 3000 万元,预计撬动各类资本超过 1 亿元。创新激励分配机制,将股权退出后净收益的 50% 作为资金管理人的投资收益,50% 补充"人才科创金"滚存使用,激励资金管理人选好项目、投准项目。创新容错容损机制,对本金亏损 40% 及以下部分给予豁免,明确亏损超过 40% 部分由基金管理人补齐,实现容错与约束相结合,确保资金安全高效使用,着力打造多层次金融赋能人才发展新生态。

## (三)尽锐出战,打造全省上市公司孵化聚集区

### 1. 创新政策供给下好"先手棋"

坚持政策先行,充分发挥政策的导向和牵引作用,通过完善政策体系、拓宽扶持路径、创新兑现模式,以政策引力激发企业上市动力。按照签订券商、完成辅导、首发受理等节点,有步骤、分阶段地进行全过程扶持,切实减轻企业上市的财务费用压力。2022 年以

来,全区兑付上市挂牌资金 1900 余万元,成功助力 2 家企业实现过会待发、2 家企业报会待审。

### 2. 创新服务机制练好"基本功"

聚焦企业需求导向,建立了"梯队式"精准转化机制、"管家式"靠前服务机制和"链条式"延伸服务机制。梳理全区 120 家上市后备企业,按照"精选层""优质层""培育层"三个梯度进行培育,提前组织券商、律所等专业机构上门提供服务,为企业量身打造政策宣传、规范管理等"综合服务包"。设立支持上市公司专项奖励资金,对上市公司并购、再融资等进行扶持。

### 3. 创新平台建设打好"组合拳"

坚持平台引领,积极搭建资本要素聚集平台、直接融资对接平台、产融培育交互平台,着力在汇聚资源和要素、撮合资本和企业、融合产业和金融上做文章,推动形成产融交互赋能的优良资本生态。近年来,城阳区通过政府引导基金参股引入规模 100 亿元的海创千峰新旧动能转换母基金。2022 年上半年,城阳区拟上市企业获得创投风投机构投资超 3 亿元。

## (四)平台引领,打造全国领先的博士后创业园区新标杆

2019 年建立山东省首家博士后创新创业园区以来,城阳区每年举办中国·山东博士后创新创业大赛,一大批高端人才和高新技术项目落户,为区域发展提供了坚强的人才支撑和智力支持,园区和大赛已成为青岛市、山东省乃至全国博士、博士后创新创业的标杆,先后获得山东省博士后创新成果转化基地、山东省小型微型企业创新创业示范基地等荣誉称号。目前,园区企业和人才拥有各类知识产权 462 项,累计实现税收 3000 余万元。

### 1. 高标准搭建创业平台

城阳区瞄准博士后这个富有创新活力的"塔尖人才"群体,打造

山东省首家博士后创新创业园(目前也是唯一一家),可为入驻项目提供产业孵化、产业加速等全方位、个性化、一站式创新创业服务,打造博士后人才集聚高地,吸引了清华大学、浙江大学以及德国耶拿大学、德国马普高分子所等海内外知名高校院所的博士后人才来园区创新创业,如"世界领先的纳米压印材料"开发者冀然博士。

### 2. 高规格谋划赛事品牌

致力于打造具有国际影响力的创新创业赛事,每年举办"中国·山东博士后创新创业大赛",同步举办博士后创新创业成果发布、展示、交易系列活动,将大赛举办地永久落户城阳。大赛连续 4 年在城阳区举办,共吸引 18 个国家、38 所海外高校、169 家国内高校和科研院所的 3000 多名博士后参赛,累计评选金、银、铜奖及其他奖项 159 个。

### 3. 高水平配置产业服务

成立由区委、区政府分管领导担任管委主任,相关区直单位主要负责人担任成员的青岛博士、博士后创新创业园管委会。按照"政府引导、企业管理"的原则,聘请第三方运营机构,组建专业运营服务团队,为博士后人才项目提供 360 度全生命周期产业服务。

## 三、城阳区打造科技人才高地,培育创新创业生态的措施

### (一)在科技人才高地打造上持续发力

#### 1. 建立具有国际竞争力的人才制度体系

创建综合性服务平台,为人才提供便捷高效的政策咨询和办理服务。创新人才政策支持,实施人才分类评价改革,建立以创新价值、能力、贡献为导向的人才评价体系。构建数字化的人才服务机

制,加快构建以满足国际人才需求为导向的人才工作"数字大脑"。

### 2.实施广揽英才的引才计划

夯实基础引才渠道,培育具有国际化、规模化的人才服务组织,吸引海外留学生、外籍青年人才加入。鼓励企业依托专业化引才机构,搭建国际高端人才招引平台。完善国际人才信息需求的匹配、对接、发布机制,依托跨国企业、海外研发机构等,打造政策发布及信息共享海外平台。

### 3.构建国际一流创新创业生态

加大对高新技术企业的支持力度,支持头部企业、科研院所设立境外研发机构或离岸基地,就地吸引海外高层次人才。优化人才金融服务措施,提供从天使投资、创业投资到上市融资的全链条、全周期金融服务。畅通国际人才交流渠道,举办具有较高影响力的国际会议、论坛等,面向海内外人才开放共享,营造良好的国际合作交流氛围。

## (二)在产业链优化提质上持续发力

### 1.抓好主体培育

聚焦先进制造业集聚区建设,强化中车、国恩等"链主"带动、推动龙头企业"倍增",确保 22 家重点企业年内营收 400 亿元以上。支持天仁微纳、诺安百特等中小企业立足主业创新发展,培育"专精特新"、"隐形冠军"和"瞪羚企业"600 家以上。

### 2.抓好载体拓宽

结合城市更新和城市建设三年攻坚行动,攻坚白沙河北岸、青岛轨道交通产业示范区及周边区域等低效片区开发。创新实施"亩均效益"改革,实施标准地供给。

### 3.抓好创新赋能

支持企业实施技术创新重点项目,鼓励新产品研发应用,全年认定市技术创新重点项目500个以上、新产品100个以上。优化整合博士创业园、博士后创新创业园,高质量办好中国山东博士后创新创业成果大赛、新锐青岛全球高端制造创新创业大赛。完善国际化创客空间,打造"众创空间—孵化器—加速器—产业基地"双创链条。

## (三)在打造政府投资基金提供金融支持上持续发力

强化市场化思维,引入市场化专业机构共同组建基金管理团队,创新竞争性和规范化的基金管理机制,增强引导基金投后管理质量。加强产业联动,围绕城阳区14条产业链和专业园区板块,联合市场化头部基金组建混合型基金管理公司。针对产业链上下游、关键环节设立产业基金或市场化联合投资基金,完善产业上下游各环节链接、企业孵化成长生命周期全覆盖的政府股权投资基金矩阵,打造"基金+产业链""基金+园区"等多种模式。

# 多措并举　靶向发力
# 打造创新创业生态和营商环境"市南样板"

青岛市市南区人民政府

## 一、取得的成绩与进展

### (一)搭建立体化企业服务体系,营商环境持续优化

#### 1. 持续完善"1＋N"政策制定机制

在青岛市率先推出《提振信心加快发展惠企服务15条》,全面修订《市南区促进"双招双引"和经济高质量发展政策20条》,陆续出台数字经济、科技创新、律师业、人力资源服务业等领域新政策,形成以"政策20条"为总纲的"1＋N"政策体系,通过政策组合拳构建协同、高效、融合、畅通的产业发展生态。

#### 2. 严格落实惠企政策兑现机制

严格落实"不见面刚性兑付",创新实施奖励扶持政策"一口受理"模式,用有效政策应对疫情冲击,支持企业发展。区级政策奖励金额和范围逐年提高,从往年的1.9亿元、2.6亿元提升到2022年的5.1亿元,惠及企业654家,最大限度地发挥资金效能,助力企业高速发展。

### 3.全面推进企业包联服务机制

实行区级、行业主管部门、街道三级包联体系,组建专业化企业服务专员队伍,建立常态化走访调度机制,对重点企业实行分层次、全覆盖企业包联,开展"点对点"走访服务。2022 年 1—10 月,累计走访企业 6000 余家次。

### 4.闭环落实企业诉求办理机制

建立精准、高效、闭环的企业诉求处置机制,对企业反映的各类问题分类、限时、高效办理和反馈,实行首问负责制跟踪解决,不断提升服务企业的"温度",2022 年以来为企业解决问题 170 余个。

### 5.打造一站式企业服务智慧平台

搭建一站式、全流程、全要素企业服务"智慧"平台,聚焦"享政策、提诉求、找资源"等企业核心需求,建立政策政务、产业载体、市场资讯等信息库,实现部门间诉求分派、办理反馈等功能,构建企业需求无缝办理网络;打通与区城市云脑中枢等平台的关联,与财税、经济运行、行政审批等部门实现企业信息整合共享,为企业服务、双招双引、产业发展等工作提供多维度数据支持。相关经验获得 2022 年"绽放杯"5G 应用大赛优秀奖。

## (二)创新审批服务新模式,服务水平显著提升

### 1.全面实现企业开办进入"零成本、一时代"

围绕涉企高频服务事项,通过流程再造、系统对接、数据共享、集成服务,开展营业执照与许可证件联合开办、联合变更、联合注销"三联办"改革,完成 6 个主题 5 个事项的办事指南梳理,运用智能化、标准化技术手段,对全市首批推出的 60 个服务事项实施集成办、极简办、全域办。推出"企业开办大礼包 2.0 版",新增《市南区优化营商环境服务指南》《市南区银行开户服务手册》《市南区"1+

N＋2"人才政策 2.0 版》,以政策为指引为企业提供全方位、全生命周期领航。积极探索"政银合作"模式,由银行网点免费提供"企业开办"代办帮办服务,实现由单一登记窗口咨询办理向银行网点多元化延伸。

**2.全速打造审批数字化、场景化、智能化服务模式**

以申请人高效办成"一整件事"为中心,推进政务服务由单个事项供给向"点菜单"式主题集成服务改革。建设"一点即办"掌上平台,上线移动端"政务服务地图""证照领取"等功能,新增布设 8 台政务服务自助终端,对公共场所卫生许可证、劳务派遣经营许可证等 11 类审批事项许可证件试点开展智能制证系统建设改革,实现许可证从系统生成证面信息到证件制发全程无人工干预。在全市试点推行"民办非企业单位"全流程数字化审批模式,实现民办非企业注册审批事项"智能帮办"和"全程无纸化申报",为办事企业群众开启数字化审批新体验。推进 11 处"标杆型"街道便民服务中心建设,制订《关于推进基层政务服务能力提升暨建设"标杆型"街道便民服务中心的工作实施方案》,提升基层政务服务能力。

## (三)重视创新产业发展,产业能级不断提升

### 1.科技型企业队伍持续壮大

加大科技企业政策扶持力度,完善科技企业梯次培育,常态化组织科技型中小企业入库评价工作。2022 年,参与评价企业共 486 家,目前入库企业 374 家。统筹布局全年高企认定工作,按照年初制定"四个一批"工作机制及市科技局工作部署,组织 2022 年三批高企申报工作,参与认定企业达到 110 家。推动高企上市培育,科凯电子、展诚科技、积成电子 3 家科技企业进入 2022 年度青岛市高企上市培育库,全区入库企业总数达到 5 家。强化"新物种"梯度培育,组织 2022 年"新物种"企业入库工作,100 余家企业参与申报,

初步遴选 81 家企业入库。

### 2. 重点产业实现新发展

推动科技服务业产业向专业化、高端化、集约化发展。2022 年前三季度,市南区科学研究和技术服务业企业完成营收增速 42.16%,超过市级引导目标 19 个百分点;全区科学研究和技术服务业规模以上企业三季度营收实现增速 23.8%,全市排名位居前三。支持链主企业中石化经纬有限公司发展,2021 年实现营收超过 40 亿元,2022 年前三季度实现营收 31.3 亿元,占比达 53.8%。强化科技计划项目引导产业发展作用,组织 2022 年市南区科技计划项目申报,共征集数字经济、现代海洋、新材料、医疗健康等领域 21 个申报方向,支持企事业单位与沿黄城区、胶东五市开展项目合作,融入并推动黄河流域高质量发展和胶东一体化发展。特色发展数字经济,与上海敏诚德信人工智能科技集团、浙江猫享电子商务有限公司、青岛智能产业技术研究院合作共建青岛元宇宙生态创新区,打造元宇宙人才培养、人工智能科技研发、元宇宙空间运营及数字艺术等链条产业,预计 2023 年产值不低于 5 亿元,5 年累计产值不低于 200 亿元。

### 3. 依托产学研联盟集聚创新资源

发挥市南区产学研创新联盟作用,为企业链接高校、科研院所和产业资源。组织海洋领域专题对接会,发布海洋领域科技成果 46 项。青岛嗨呗好停车智能科技有限公司与青岛大学就智能停车系统达成合作,15 家企业与市内高校、科研院所开展技术转移转化。截至目前,全区技术合同成交额达到 34.7 亿元,较上年同期增长超过 1 倍。举办市南区"智创市南"系列主题活动——上街里新物种企业招商对接交流会,邀请本地 17 家"新物种"企业及外地 8 家瞪羚企业、上市企业参加活动,会后与 8 家外地企业进行了逐一对接。

## 二、典型经验、创新举措

### (一)完善创业创新"生态链",营造创新创业新生态

#### 1.完善创业创新"政策链"

出台《关于推进市南区科技创新高质量发展的若干政策措施》,形成包括源头创新、企业培育、载体建设、科技人才、科技金融、创新服务、国际合作、场景应用的体系化扶持条款,精准扶持企业发展。兑现2021年度科技创新奖励资金2000万元。完善"空间—孵化器—加速器—产业园区"创新创业孵化链条,调整优化《科技创新孵化载体管理办法》及绩效评价指标,引导创新孵化载体向专业化、高质量化发展。召开科技创新孵化载体观摩交流会,加大现有孵化载体对国家科技型中小企业和高新技术企业培育力度,培养高成长性企业。拟定《市南区重点平台管理办法》,进一步加强和规范政府投资建设、市场化运营的重点平台管理,提升平台服务水平。加强科技政策培训,分层次、分主题开展各类培训,采取"线上＋线下"方式,先后组织科技创新政策培训会、高企认定、技术合同、科技金融等各类专题培训10余场,深入11个街道开展科技政策专题培训会,推进科技政策落实落地,助力企业做大做强。

#### 2.布局创业创新"人才链"

始终把人才工作和人才队伍建设作为一项重要的任务来抓,不断增加创新创业领军人才数量。目前,全区各级科技创新创业领军人才共计80名,2022年以来,累计推荐申报高层次人才37人次,其中,2人进入泰山人才省评阶段,10人进入青岛产业领军人才(团队)答辩阶段。探索以"揭榜挂帅""以赛代评"等立项方式推动优质人才项目落地。全市首个推行企业"自主荐才",坚持"谁用人谁评

价",提高企业引进培育人才积极性,已发布申报通知,目前已收集17家申报材料。创新开展创业"轻骑兵""敲门式"服务模式,走进创业孵化基地开展创业政策宣讲,指导创业者了解政策、用好政策,助力初创企业健康高质量发展。

### 3. 强化创业创新"技术链"

鼓励企业开展重大关键技术攻关,推荐中石化经纬联合中国石油大学申报2022年山东省重大科技创新工程项目,争取省级资金约1000万元。洛克环保"磁絮凝沉淀技术在污水中的广泛应用"获2022年度山东省环保产业环境技术进步一等奖。推荐7家企业申报2023年青岛市科技惠民、国际合作、产业集群培育等项目,通过项目立项支持企业开展自主研发、技术创新,提高企业核心技术竞争力,争取市级资金2576.08万元。

### 4. 夯实创业创新"资本链"

鼓励科技金融融合发展,帮助企业寻找融资渠道,组织两场银企对接会,建立企业与银行等融资机构间的沟通联系。持续关注企业融资进展,根据摸排情况,截至2022年9月底,共19家企业获得银行贷款。积极宣传青岛市科技金融相关政策,组织海普安全、东卡环保、公用建筑设计院三家单位申报2022年青岛市投保贷贴息,预计将获得市级补助67万元。

## (二)创新政务服务"暖南直通"模式

### 1. 全链条护航项目建设审批

全市首创"暖南"项目管理师,与6家重点项目企业签订帮办代办服务协议,全程帮办代办重点项目各项审批手续,将审批服务触角延伸至工程建设领域,推动重点项目建设落地开工更快一步。截至目前,开展"暖行动"18次,帮助企业解决审批难题30余个,全程帮办代办中山路改造等重点项目审批手续4个。

### 2. 全流程保障业务办理

贯彻"首问负责制",探索建立业务咨询热线"4＋1"工作模式,创新开通"回拨"服务功能。每月回拨咨询电话累计 2600 余件,获得企业普遍认可和好评。创新发放"暖南"亲清服务卡,通过卡上的窗口编号和联系电话,企业的审批申请由首次接待人员服务到底,实现从"一次办理"到"连续关注",构建"亲""清"政企关系。

### 3. 全方位聚焦企业动态和需求

针对每月新登记市场主体情况撰写《市场主体分析报告》,从市场主体登记总体情况、新登记市场主体增速等角度,对比相关区(市),进行横向、纵向深入分析,先后 5 次获区委主要领导批示。2022 年 1—9 月,新设立市场主体 9647 家,其中,新登记企业 5674 家,同比增长 2.86%,企业开办增幅跑在全市前列。打造城市云脑态势感知平台审批服务板块,汇聚依申请政务服务事项、市场主体情况、服务满意度等数字资源,为经济发展和精准服务企业提供参考。建立新注册、新迁入企业满意度回访机制,每月对办事企业开展调查回访不少于 500 家,加大整改提升力度,把定期回访作为提高企业满意度的有力抓手。截至目前,回访企业 2016 家,收集整改企业意见建议 17 条。

## (三)创新开展创业"轻骑兵""敲门式"服务模式

市南区创新打造创业"轻骑兵"服务品牌。"轻骑兵"创业服务,作为唯一一个区(县)级人社自创服务品牌,成功入选 2021 年青岛市创业城市建设典型案例。

通过"敲门式"送政策、云上"轻骑兵"宣讲、设立"轻骑兵"服务站等举措,为辖区创业者提供全周期、全链条、全要素的创业"陪跑"服务。2022 年以来,分别走进阿斯顿、爱购等创业孵化基地,开展"轻骑兵"创业政策宣讲和服务活动,充分发挥政策效应促进创业带动就业,赋能企业发展。探索开展了云上"轻骑兵"创业政策直播,业务骨干化身"主播",与创业者"云端"见面,送政策、送服务、解难题,线上观看互动 600 余人次。在全市率先启动创业"助潮计划",在青岛市创业创新总部设立市南创业"轻骑兵"服务站,借力创业总部效应辐射提升辖区创新创业氛围。举办"创业第一课"市南篇,结合政策宣导、理论输出、案例分享,帮助"新消费"创业者把握时代脉搏、寻求发展突破,活动线上、线下同步进行,近 7 万人次参与围观。创新推出"创业 dá 人"宣传计划。推出"dá 人计划"系列短视频。拍摄《与你共筑梦想 奔赴山海》创业担保贷款政策宣传视频,努力打造优质高效的创业服务环境,培育营造市南区崇尚创业、尊重创业者的创业文化氛围。视频观看转发互动达 1 万余人次,同时获市人社局官方视频号转发宣传。截至 10 月底,市南区政策性扶持创业 1853 人。

## 三、市南区优化营商环境,培育创新创业生态的措施

### 1. "条""块"结合,建立精细化企业服务体系

推行"条""块"结合新打法,构建从区级领导到社区的四级立体化企业服务体系。构建困难迅速传导机制、诉求快速响应机制、问题加速解决机制,打通政府与企业之间信息传导的高速通道,建设企业难题的诉求精准高效办理体系,打造营商环境"市南标杆",争取在全国推广"市南经验"。

### 2. 更优更快,简化政务审批服务工作流程

加大"点菜单"式"一事全办"申报系统推广应用,扎实推进政务服务"双全双百"工程和"一件事"建设,推出跨域通办的"一事全办"审批事项,持续加大电子营业执照推广力度,提升企业设立登记全程电子化应用率,用更简审批流程为高质量发展提供新助力。优化

"项目管理师"制度,主动靠上服务,为推动重大项目早开工、早建设、早竣工、早达效,提供优质高效便利的政务服务。

### 3. 集聚动能,优化创新创业发展生态

进一步发挥政府引导作用,在优化创新创业环境上持续发力,促进创新链和产业链深度融合,让更多的创新成果尽快形成现实生产力;发挥市南区"科创 20 条"政策引导作用,加快推动科技创新平台建设,提升科技创新平台综合能力,将平台作为人才创新创业和引才聚才的重要抓手,推动现有市级平台集聚创新资源升级为省级创新平台。

# 打造高效便捷的政务环境
# 营造舒心舒适的创新创业生态

胶州市人民政府

近年来，胶州市深刻把握开放创新改革的内在逻辑，持续拓展改革的广度和深度，打造高效便捷的政务环境、公平公正的法治环境、竞争有序的市场环境、舒心舒适的创新创业环境。2021年，获得中国最具幸福感城市、中国十大最具投资价值县（市）、青岛市优化营商环境和深化"放管服"改革先进集体等荣誉称号。2021年8月，山东省政府办公厅反馈了2020年度山东省营商环境评价结果，胶州市位列全省136个县（市、区）第3名。在青岛市2022年上半年青岛市企业家政务服务环境满意指数调查中，胶州市位列第1名。全国首创外商投资企业在线跨国登记入选山东省新型智慧城市"优政"案例。全省首创远程视频勘验平台系统获评2021年青岛市优化营商环境"十大创新案例"第2名。全省首推对新开办的个体工商户免费发放印章，已为1359个个体工商户发放了免费印章。

## 一、全国率先推出外资企业在线跨国登记

胶州市以《外商投资法》实施为契机，全国首创外资企业在线跨国登记方式，确保疫情之下招商、安商、稳商工作不间断，激发招商引资新活力。

### （一）以境外协作为抓手，创新定制式深度服务，破解外方"来不了"难题

依托"一会一中心"载体，实现审查环节关口前移。"一会"即胶州市海外联谊会，将英国、俄罗斯等 10 余个国家和地区近 100 名胶州籍华人、华侨作为协助审查人员，通过定期培训做好相关政策宣讲和材料审批讲解。"一中心"即青岛境外工商中心，争取青岛市商务局支持，与日本、中国香港等 9 个青岛境外工商中心建立合作关系，每个中心设立 1 名专职帮办人员，若有外方投资主体表达投资意向，帮办人员可驻企全流程帮办。

### （二）以企业舒心为导向，创新滴灌式精准服务，破解核准"时效长"难题

按照"一次看明白、一次就填对、一次就能收、一次就能批"的便民思路，在全国首创外资企业设立登记"零基础"标准化模板。申请材料准备完毕后，由境外协作人员、外方投资主体、胶州审批人员进行三方视频，外方投资主体通过视频展示材料原件，境外协作人员现场确认材料真实性，并通过电子邮件等方式提交电子版材料，审批人员可及时进行执照核准。该方式平均核准时间为 0.5 小时，较传统邮寄方式节约时间 20 天以上。材料核准结束后，"线下"纸质版营业执照通过本地"免费证照快递"服务当日邮寄发出；"线上"电子版营业执照可通过支付宝或微信"电子营业执照"小程序即时下载，具备与纸质版同等法律效力。

### （三）以系统观念为引领，创新链条式全程服务，破解项目"落地慢"难题

针对外资项目后续建设，胶州市延伸服务链条，构建了从项目洽谈到投产的全程跟踪服务链条。在市级层面，成立由市委、市政

府主要领导任组长的推进政府职能转变和"放管服"改革协调小组，对重大外资企业或特殊外资项目亲自协调调度，集中力量解决遇到的难点、堵点问题，推动外资重大项目建设提速增效。在镇（街道）级层面，要求各镇（街道）、功能区明确1名外资项目服务专办员，实行"一对一""店小二"式服务，指导企业精准编制相关审批材料，跟踪解决疑难问题。

## 二、全省首创对新开办的个体工商户免费发放印章

为进一步减轻个体工商户负担，认真落实"六保六稳"政策，胶州从市场主体最小单位——个体工商户入手，推出了个体工商户注册"零材料""零费用""零跑腿""零门槛"等多项创新服务举措。

### （一）推出个体工商户注册"零材料"

申请人只需通过手机打开青岛市行政审批微大厅——"青 e 办"，按照提示，录入相关信息，即可轻松办理个体工商户营业执照，通过微信小程序"青 e 办电子签"进行电子签章，在微信端实现个体工商户全链条"掌上办、零材料、智能审"。建立以政务服务大厅（实体端）为依托，网上办事大厅（电脑端）、手机微信（移动端）、自助办理机（自助端）为支撑的"四端"办事新格局，申请人可根据自身实际自由选择，满足不同群体办事需求。

### （二）推出个体工商户注册"零费用"

在对企业提供免费印章的基础上，又推出了个体工商户免费印章，同时，免费提供税务 UKEY，免费领取电子营业执照和电子发票，帮助市场主体纾困解难，助推全市经济发展。全年可为个体工商户节约印章费用近 100 万元。

### (三)推出个体工商户注册"零跑腿"

胶州市将个体工商户委托至镇办便民服务中心办理,通过市镇一体化、线上线下一体化办理方式,推出个体工商户市镇通办、全程网办,提供营业执照免费邮政寄递及自助打印服务,个体工商户实现了就近办、当天办。通过智能登记、自助服务等方式,经营者当场申报、当场发照,实现线上"一网通办"、线下"一个窗口、一次领取"。

### (四)推出个体工商户转型"零门槛"

为进一步推动有条件的个体工商户转型升级,胶州市简化"个转企"申请材料,对有固定经营场所、正常营业的个体工商户,申请办理"个转企",不改变住所(经营场所)的,不再提交企业住所(经营场所)使用证明材料;个体经营者为法定代表人或股东的,不再提交法定代表人或股东身份证明。只需3份材料,即可完成"个转企"办理手续。对申请"个转企"的个体工商户,实现了个体工商户注销登记和企业设立登记同步办理。

## 三、全省首创远程视频勘验系统

针对市场主体反映的勘验时限长、效率低等问题,在山东省内率先推出"远程视频勘验"新模式,有效提升了勘验效率,方便了申请人。截至目前,围绕36个行政许可事项,完成720多次远程视频勘验,节约申请人时间1700多小时。

### (一)搭建平台,实现勘验环节一体化

成立勘验服务中心,安排专人专职从事勘验工作,将原隶属于多个科室的勘验事项划转至勘验服务中心进行集中勘验,实现了勘验事项"一口进、一口出"。投资研发胶州市远程视频勘验平台系

统,将线下勘验完全转移到线上,系统性解决了事项推送、语音互动、现场定位、实时拍照、视频留存、电子签章、报告书防伪打印、结果反馈、图像保存、数据分析等问题。受理、勘验、推送结果也全程在系统内运行,实现了全程无纸化办公。

## (二)明确要求,实现勘验流程标准化

坚持清单式管理,对勘验事项进行颗粒化分解,逐一制定操作性强、标准清晰的条目式勘验要求,并利用技术手段将其嵌入胶州市远程勘验系统进行固化。通过胶州市远程视频勘验平台系统,借助申请人的手机终端,实现申请人位置的准确定位和周边环境的可视确认,逐项勘验要素进行展示,实现系统的随机抓取。勘验结束后,申请人、勘验人员依托系统进行云端签字,实现了远程勘验的闭环运行。通过技术手段,实现胶州市远程视频勘验平台系统与青岛政务服务通用审批平台的对接。勘验结束后,对于合格的勘验项目,胶州市远程视频勘验平台系统自动将勘验报告推送至青岛政务服务通用审批平台,后续审批人员即时"接单",高效完成审批工作。

## (三)放管结合,实现勘验事项动态化

根据《国务院关于深化"证照分离"改革 进一步激发市场主体发展活力的通知》要求,扎实推进"证照分离"改革,直接取消审批 4 项、审批改为备案 3 项、实行告知承诺 7 项、优化审批服务 32 项。制定《优化营商环境服务项目落地创新突破政策 19 条》,探索施工许可证及相关建设手续、涉路工程许可、上合国际医疗器械交易平台建设等均实行告知承诺制,便利申请人。

# 实施企业创新积分制
# 引导创新要素向企业集聚

**青岛国家高新技术产业开发区管理委员会**

青岛高新区作为全国首批 13 家企业创新积分制试点园区之一,在科技部火炬中心的指导下,落实火炬中心《企业创新积分制首批试点工作实施方案》,制订并组织实施《青岛高新区企业创新积分制工作实施方案》,搭建积分管理信息化平台,开展企业创新积分评价,出台实施积分政策,引导各类创新要素向企业集聚,全面提升企业创新活力和创新主体作用,结合企业全生命成长周期,加快形成"雏雁成长、强雁振翅、头雁引领、雁阵齐飞"的发展格局,持续为高质量发展提供支撑。

作为全国首批、全省首家企业创新积分制试点园区,按照"放管服"要求,青岛高新区由科技部门牵头,联合税务、行政审批、人才等职能部门打通企业数据资源,建设并投入运营企业创新积分信息管理平台,集中导入企业的营业收入、研发费用、税收、人才等数据,构建企业信息互联互通机制。同时,企业创新积分制系统也向高新区"一区多园"不断完善和扩增,截至目前,平台收录规模以上企业、高新技术企业、科技型中小企业等科技企业近 3000 家。2022 年 5月,科技部火炬中心公布创新积分前 500 家企业名单,青岛高新区内 49 家初创期企业入榜,列全国 13 家试点园区第一位,入榜企业总数居第二位。企业创新积分制相关工作获山东省科技厅主要领导肯定性批示,并被《山东新闻联播》报道。

## 一、突出科学监测,实现企业科技创新动态画像

　　青岛高新区根据科技部火炬中心《企业创新积分制首批试点工作实施方案》,在技术创新指标、成长经营指标、辅助指标三类核心一级指标的框架下,结合青岛高新区科技创新工作实际,对指标体系进行完善和丰富。一是增设指标项目,为充分体现企业技术创新成果,增设Ⅰ类知识产权拥有量、Ⅱ类知识产权拥有量等指标;为体现企业经营现状及成长潜力,增设实际上缴税费总额、获得投融资额等指标;结合本省、本市实际情况,增设省市科技奖励及科技计划项目数等指标。二是增设逆向指标,对企业存在较大及以上安全事故、重大质量事故或严重环境违法行为的,或在参与积分评价过程中存在严重弄虚作假行为的,实行一票否决,不纳入创新积分评价对象。三是实行分类评价,针对企业不同成长发展阶段,按照营收规模将企业划分为初创期、成长期两种类型,同时建立两套评分体系。其中,科技型中小企业等雏雁企业采用"初创期企业"评价标准,强化研发投入、知识产权拥有量等技术创新指标权重,更加注重企业的创新发展潜力;高新技术企业、上市企业等"强雁""头雁"企业采用"成长期企业"评价标准,强化科技创新平台建设、获得科技奖励、承担上级科技项目等辅助指标权重,更加注重企业的科技创新贡献。

## 二、突出精准扶持,构建企业全生命周期培育体系

　　青岛高新区遵循科技型企业成长规律,建立健全"科技型中小企业—高新技术企业—上市培育企业—产业集群"的梯次培育机制,以企业创新积分和科创画像为参考,精准推动科技企业入库培

育,着力打造"雏雁成长、强雁振翅、头雁引领、雁阵齐飞"的企业发展格局。

青岛高新区于2021年6月出台《青岛高新区关于聚焦创新引领 加快企业雁阵培育 推动高质量发展的试行意见》(以下简称"科创36条"),布局实施"科技创新发展1622行动"(力争到2023年,全区培育科技型中小企业1000家、高新技术企业600家、上市培育企业20家、研发机构200家,实现90%以上的研发机构设立在企业、90%以上的研发人员集中在企业、90%以上的重大科技项目发明专利来源于企业),对区内科技型企业等创新主体进行覆盖全生命周期的政策扶持。同时,结合企业创新积分制,分类别、分层次对科技企业进行精准政策"投喂"。在研发费用奖励方面,给予科技型中小企业等雏雁企业15%、最高30万元的研发费用奖励;给予高新技术企业等强雁企业12%的年度研发费用奖励,连同一次性奖励20万元,有效期内最高110万元;给予上市培育库入库企业等头雁企业8%、最高600万元的研发费用奖励;依据企业创新积分和成长实际,在原享受研发费用奖励政策及标准的基础上,另外给予最高2%的创新奖励。

2022年是青岛高新区"科创36条"政策全面兑现的第一年,为了让企业尽快享受到科技政策,基于实际情况分批组织政策兑现工作,并探索实施"免申即享"。第一批通过"不见面兑现"的模式,提前拨付2021年度高企认定区级奖励近3000万元,惠及高新技术企业182家。第二批对申报重点研发计划和科技重大专项配套、科学技术奖配套奖励、新型研发机构运营支持等政策的16家企业拨付1218.26万元。第三批依托企业创新积分制工作,以企业创新积分为参考,联合税务等职能部门打通企业数据资源,实现政策的匹配与测算,拨付包括研发费用、发明专利授权、科技服务机构等奖励资金超1.93亿元,助力科技型企业创新发展。此外,还分别从提升科技创新策源能力、实行科技攻关"揭榜挂帅"、完善科技金融支持体系、集聚高端创新创业人才、深化国际科技交流合作、营造创新创业生态体系等方面给予企业精准支持,全力推动企业创新发展。

通过积分助力精准培育,青岛高新区科技型企业群落迅速壮大,已成为青岛育孵高成长企业的"热带雨林",《科技日报》刊发《青岛高新区:以"雁阵"式企业发展格局支撑高质量发展》文章,推广园区企业雁阵培育经验。2021 年,高新区北部主园区入库国家科技型中小企业 552 家,年度认定高新技术企业 183 家,全区有效期内高新技术企业达到 408 家;万家注册企业中拥有高新技术企业数量居全省第一。16 家企业牵头项目获 2021 年高新技术企业上市培育库在库企业技术创新项目立项支持,占全市 1/3;科捷智能科技股份有限公司等 2 家企业入选"全国硬科技企业之星 TOP100";青岛慧拓智能机器有限公司入选"中国潜在独角兽榜单";中科英泰、盘古智能、科捷智能等 3 家企业首发上市申请获受理,"大企业顶天立地、中小企业铺天盖地、高新技术企业抢占高地"的创新主体格局逐渐形成。

## 三、突出赋能发展,推进科技创新要素高效聚合

青岛高新区依托企业创新积分,从"点"出发,实现企业精准画像和科学评价;以"线"连通,加快畅通科技成果转化渠道,实现企业需求端和供给端的有效衔接;强化资本赋能,以创新积分为企业增信,强化科技金融的支撑效能;全"面"融通,依托企业创新积分,链接多方科技服务主体,壮大科技服务生态圈。

### (一)实施揭榜挂帅,助力科技自立自强

聚焦实现科技自立自强、畅通科技成果转化渠道,青岛高新区于 2021 年 4 月发布《科技攻关"揭榜挂帅"实施方案》,组织实施科技攻关"揭榜挂帅"工作。打通企业创新积分信息管理平台与科技

攻关"揭榜挂帅"和科技成果转化对接平台,通过"多层次寻榜—全方位搭台—多渠道揭榜"为科技企业精准匹配技术成果;为主导产业配备专业机构,通过园区走访、发放调查问卷等形式,多措并举开展重点企业技术需求征集;搭建"线上＋线下"服务平台,"线上"联合半岛科创联盟牵头单位柠檬豆科技等专业机构搭建科技成果数字化对接平台,"线下"开展第六届中国挑战赛(青岛)相关赛事及行业细分领域走进领军企业、专业对接沙龙等系列活动,推进科技成果供需精准对接;联合区内科研院所,市内高校、院所、龙头企业及全国行业协会、科技服务机构,攻关"卡脖子"技术,助力科技自立自强。

### (二)加强资本赋能,深化科技金融服务

推进资本赋能,聚焦"科技＋金融"双轮驱动,着力搭建"科技信贷＋股权融资＋金融服务"三位一体的金融服务体系,以资本助推企业发展壮大。

2021年9月,青岛高新区举办企业创新积分制工作推介及服务机构签约仪式,与浦发银行青岛高新区支行、春光里产业集团、青岛高新创业投资有限公司、青岛里程碑创投等金融机构及创投机构签约,以创新积分为企业授信,引导资本向创新积分高的科技型企业集聚。青岛高新区联合科技金融机构,定期组织投融资座谈会、银企对接会等活动,常态化组织"蓝贝·金融汇"品牌科技金融服务活动,促成企业与投融资机构的高效精准对接。鼓励金融机构创新开发科技金融服务产品,为企业提供多样化融资服务。

为积极引导银行机构加大服务实体经济力度,解决园区小微企业融资难、融资贵问题,结合企业创新积分情况,青岛高新区出实招、送干货,打造纯信用、低门槛、低利率的"高新贷"科技企业专属信贷产品。由合作银行提供,在风险可控、商业可持续的前提下,专门用于扶持区内小微企业开展科技成果转化和创新创业活动的无

抵押、无担保的纯信用贷款。主要支持对象为经相关部门认可的高新技术企业、科技型中小企业、市级及以上"专精特新"企业、"瞪羚"企业、"隐形冠军"等科技企业。同时作为全国首批创新积分制试点之一，合作银行将企业的创新积分作为"高新贷"授信评级的参考指标。在将企业认定从一纸证明变为企业发展的"真金白银"的同时，鼓励更多科技企业加强技术创新，加大研发投入，不断提高企业的核心竞争力。通过政府增信，为符合条件的企业提供信用保证，能够有效降低科技企业的融资成本，让企业轻装上阵、聚力发展。自2022年2月《青岛高新区"高新贷"风险补偿资金管理办法（试行）》出台以来，合作银行已为43家企业提供贷款，贷款授信规模达到1.58亿元。

作为科技金融创新服务"十百千万"专项行动的首批实施单位，青岛高新技术产业开发区将与中国工商银行青岛分行共同培育创建科技金融创新服务中心，充分发挥各自在科技创新、金融服务等方面的优势，完善产业链供应链金融服务，积极稳妥探索投贷联动，形成综合金融服务方案，共同做好区内企业金融服务，有效支持高新区内科技创新基础设施建设，助力国家高新区企业培育、产业升级、招商引资和人才引进等工作。

### （三）助力科学决策，推动园区创新发展

通过数据收集—定量分析—科学建模，提升科学化、智能化、专业化管理能力和水平，建立大数据为科学决策提供参考。在2021年发布的《青岛高新区关于聚焦创新引领 加快企业雁阵培育 推动高质量发展的试行意见》研究过程中，运用创新积分建立模型体系，对科技型中小企业、高新技术企业、上市培育企业、"双五"高新技术企业、规模以上企业等6类企业分档科学制定研发投入奖励政策额度提供了决策参考。运用创新积分，连续两年举办科技创新大会，重磅奖励科技创新。2021年7月，青岛高新区以"科技引领 创新

驱动　产业聚集"为主题举办科技创新大会,根据企业创新积分结
果,评选青岛海大生物集团有限公司、青岛科捷机器人有限公司、青
岛慧拓智能机器有限公司等 10 家企业为 2020 年度科技创新领军
企业,青岛思锐科技有限公司、青岛高测科技股份有限公司、中国重
汽集团青岛重工有限公司等 10 家企业为 2020 年度研发投入十强
企业,青岛海特生物医疗有限公司执行董事、青岛高测科技股份有
限公司董事长为科技创新特殊贡献人才。2022 年 7 月,以"实体立
区　创新引领　金融赋能"为主题举办科技创新大会,评选融智生物
科技(青岛)有限公司、软控股份有限公司、海尔生物医疗科技有限
公司等 10 家企业为 2021 年度科技创新领军企业,中车制动系统有
限公司、青岛高测科技股份有限公司、中国重汽集团青岛重工有限
公司等 10 家企业为 2021 年度研发投入十强企业,青岛盘古智能制
造股份有限公司董事长、科捷智能科技股份有限公司董事长、海克
斯康测量技术(青岛)有限公司执行总裁、青岛蔚蓝生物股份有限公
司动物疫苗技术总监为科技创新特殊贡献奖。

# 提升跨境贸易便利化水平
# 持续拓展"一带一路"国际经贸合作

### 中华人民共和国青岛海关

青岛海关始终把深化"放管服"改革优化口岸营商环境摆在突出重要位置,2018—2021年,出台了4批次、148条深化"放管服"改革措施。2022年,又陆续出台包括促进跨境贸易便利化专项行动18条、服务"一带一路"高质量发展17条、促进山东外贸保稳提质19条等服务举措,全力服务青岛市经济发展,着力推进外贸经济保稳提质,提升跨境贸易便利化水平,助力地方外贸发展,青岛港、上合示范区、青岛自贸片区等重要枢纽平台作用不断放大,"一带一路"国际经贸合作持续拓展。

## 一、加大行政审批制度改革力度,放出活力,增强动力

一是实施行政许可清单管理,深入推进行政审批制度改革,持续减项目、优流程,动态更新清单和服务指南、办事流程等信息,行政许可事项由2018年的17项缩减至目前的9项,压缩比例接近50%,许可事项清单同步纳入省、市两级清单管理。二是实施海关涉企经营行政许可事项"证照分离"改革全覆盖,按照直接取消审批、审批改备案、实行告知承诺制和优化审批服务等4类方式、15项"证照分离"改革举措全部落地。三是对滞报金减免等6项证明事项实行"告知承诺制",鼓励、引导企业用信用换时间、简手续、提

效率。四是优化行政许可服务,搭建行政许可"场景式"服务平台,集成、拓展、优化行政许可网上办理功能。对办理数量大、与生产经营关系密切 3 项行政许可实行办理时限承诺制,办结时限可压缩 60%,涉及近 70% 的行政许可业务。青岛海关年均办理行政许可事项 1 万余件,持续保持"零超时""零差评"。

**案例一:创新实施胶东国际机场口岸候机楼内公共场所"大许可小备案"管理模式**

青岛胶东机场海关将机场整个候机楼作为整体实施公共场所卫生许可,对内部各类独立的小公共场所采取备案管理模式。已对胶东国际机场候机楼内 73 家公共场所实施备案制管理,约占辖区内所有公共场所的 92.4%。同时,海关以整个候机楼为整体,科学制订"双随机、一公开"监管方案,统筹设置监测点执行病媒生物监测、集中空调通风系统监测以及微小气候监测任务,摒弃重复性无效劳动,工作量减少至原来的 5%。机场候机楼内公共场所卫生管理人员由原来的 74 位减少为 1 位,大大降低了经营类公共场所这种小微企业的人力和办事成本,有效缓解了国际候机楼内这些受疫情影响较大的小微企业的运营压力。

## 二、提高政务服务效能,化繁为简、惠企便民

一是简化无纸化报关随附单证。除海关审核时需要外,进口环节无须提交合同、装箱清单、载货清单(舱单),出口环节无须提交合同、发票、装箱清单、载货清单(舱单)。二是精减进出口环节监管证件,进出口环节需要验核的监管证件从 2018 年 86 种精减至 41 种,同比减少 52.3%,其中,除 3 种证件因特殊情况不能联网外,其余 38 种证件全部实现了网上申请和办理。三是实施政府服务标准化

提升行动,推动政务服务项清单属地化管理进程,大力推行网上办理,65%实现"零跑腿","一次办好"比例达95%,12360热线接通率达到99.6%。

# 三、持续压缩通关时间,优化流程、提高效率

一是持续推进"两步申报""两段准入"改革,全国首批试点开展"两步申报",两步申报应用率近20%,全面推行"两段准入"信息化监管。二是优化作业流程,开发上线水水转关辅助管理系统,内支线转关业务实现自动化,码头物流效率提高30%。三是保障重点商品快速通关。建立"云港通智慧查检平台",保障鲜活易腐农产品、高级认证企业进出口货物、出口船期紧急货物优先检查。截至2022年9月底,进、出口整体通关时间较2017年分别压缩54.36%和90.82%。

**案例二:创新"云港通·智慧查检"模式,推动通关提速降本**

青岛海关创新推出"云港通·智慧查检"模式,通过建设信息化智慧平台深化关港联动,将企业需求、码头作业与海关监管深度融合,实现物流、信息流线上、线下无缝衔接,有效提升口岸监管智能化水平和服务效能,以增效促降本。通过建设"云港通·智慧查检"平台,集成调箱申请、状态展示、线上计费等功能,实现集装箱查验货物实时准备、接受查验、及时提离等信息耦合以及关港企信息快速响应互动。自上线以来,共受理查验预约16万票,累计38.7万余自然箱,共1800余家企业开通服务,节点查询访问量达52.1万次。该平台获评中国(山东)自由贸易试验区最佳实践案例,入选国家发展和改革委员会编著的《优化营商环境百问百答》,在全国范围推广,获得进出口企业广泛赞誉。

## 四、创新改革实践，降低成本，"服"出效益

一是推出自贸试验区海关监管创新措施 60 余项，7 项通过海关总署备案，12 项入选第二批可推广制度创新成果。首创保税原油混兑调和模式，可节省企业采购成本 2.2 元/吨，可提升贸易商效益 20 元/吨。首创进口大宗商品智慧鉴定监管模式，实现重量鉴定智能化、鉴定监管自动化、机构监管远程化和风险管理科学化。率先实施保税混矿"边卸边混"模式，2022 年 1—9 月，共开展保税混矿业务 2100 多万吨，完成国际中转 900 多万吨，进口铁矿依企业申请实施品质检验 1.85 亿吨，为企业节约检验成本超过 500 万元。二是落实税收优惠政策助力企业复工复产，实施企业集团加工贸易改革，2022 年 1—9 月，参与改革企业减少保证金资金占用 8647 万余元。三是实施"先期机检、前沿直提"改革试点，单个集装箱可节省成本 600 元～1000 元。推行市场采购全国通关一体化模式，大幅缩减企业物流运输成本。

**案例三：实施"先期机检　码头直提"监管模式，实现无感通关**

青岛海关所属黄岛海关充分发挥"智慧海关"作用，强化"先期机检＋智能审图"应用，在全国率先开展"先期机检　码头直提"模式改革试点。通过优化海关非侵入检查设备布局、深化智能审图应用、构建先期机检和传统机检联动机制、实现基于先期机检的查验流程再造等改革措施，进一步提高查验效率、压缩通关时间、减少物流环节、节省物流成本、企业无感查验等方面优势明显。新模式下，进口货物卸船后顺势经过先期机检设备，无须通知企业拖箱至查验区过机，企业在不增加任何时间和经济成本的情况下接受海关检查，避免了企业拖箱至查验区的运输费用和排队时间，整个过程实

现企业无感通关。新模式可节省企业物流成本 600 元～1000 元/箱，平均压缩通关时间 3～7 个小时。通过直放直提优化现场查验流程，有效缓解物流运力，缩减港口物流运输成本，切实提升场地周转效率和港口综合竞争力。

## 五、畅通国际物流通道，扶持发展，提振信心

一是创新推出内陆港"陆海联动、海铁直运"模式，大幅降低内陆企业出口成本。二是打造对韩贸易"黄金通道"。发挥中韩客滚班轮、中日滚装班轮航线"海上高速公路"优势，保障输日韩货物在青岛集拼出口，2022 年 1—9 月，门到门全程"甩挂运输"货运量达到 1322 标准箱，同比增长 58.51%，货运量稳居全国第一位。三是畅通国际寄递物流通道，支持"空转海"开辟海上邮路，推动实施国际邮递物品"一点清关"，开展跨境电商企业对企业出口监管试点。四是在胶东新机场全面推行旅客"无感通关"，提高国际旅客的通关效率和通关舒适度。

**案例四：畅通中韩"海上高速公路"，助力"甩挂运输"领跑全国**

"甩挂运输"作为建设"中韩海上高速公路"的重要抓手，可减少港口装卸、吊装和集疏港环节，已成为精密仪器、半导体配件及大中型高精尖设备首选的物流方式。青岛通道依托青岛大港海关便捷高效监管以及青岛至韩国仁川双向滚装航线优势，已成为中韩陆海联运第一阶段"甩挂运输"物流模式在全国应用业务量最大、最便捷的通道。该模式下，韩国挂车在中国牵引车的牵引下直接进入口岸监管作业场所内，海关放行后，无须再更换车辆，可直接驶往目的地，实现货物"门到门"快速运输。该监管方式可为每个集装箱省去三次口岸吊装作业和一次港口运输车辆的占用，大型设备甩挂运输

也不再按散装货物收取海运费,大幅降低集疏港物流成本,每车可节省约 3000 元。同时大大减少货物滞港时间,货物加速提离,运输时间上比普通海运节省 2～3 天,使海港间物流快速联动,真正实现了以海运价格跑出空运速度。多年来,中韩陆海联运青岛通道运行顺畅,取得业界较好口碑,货运量持续增长。

## 六、打造对外开放新高地,抢占机遇,先发制人

一是率先出台助推山东省抢抓 RCEP（Regional Comprehensive Economic Partnership）机遇先期行动方案,制定 6 方面 25 条措施推进落实。二是拓展国内国际海关关际合作,牵头黄河流域海关关际合作,推动黄河流域形成"关、港、铁、区"大合作格局,实现沿海和内陆开放高地优势互补和协同联动。三是持续推进中日韩海关"智慧海关、智能边境、智享联通"合作,打造优化口岸营商环境促进跨境贸易便利化工作的升级版。四是首创"中国对上合组织成员国贸易指数",在 2021 上合组织国际投资贸易博览会上正式发布。

**案例五:关地共建原产地证书审签中心,推动 RCEP 高水平实施**

为促进跨境贸易便利化、助力企业抢抓《区域全面经济伙伴关系协定》（RCEP）机遇,依托 RCEP 青岛经贸合作先行创新试验基地,在全国首创关地共建 RCEP 原产地证书审签中心,打造全国领先的综合性企业服务平台,为企业提供享惠方案设计、证书签发等一站式服务;依托发起成立的全国首个原产地签证技术联盟,推动海关与贸促会互认原产地调查结果,联合开展年度监督管理检查;打造一个数字化虚拟审签平台,破除辖区界限,在不改变海关签证人员隶属关系和办公地点、不改变企业所属关系和签证操作的前提下,实现原产地签证的集约化、专业化和数字化,原产地证书核查时

长压缩30％以上，原产地签证"零跑腿"和"零等待"的比例超过七成，"零重复"调查实现100％。2022年1—9月，青岛海关RCEP原产地证书审签中心共为5.8万批申办RCEP原产地证书的出口货物审查确定原产地，占全国RCEP原产地证书总签证量的12％，出口享惠货值146.1亿元，企业可享受国外关税减让近1.5亿元。

## 七、聚焦聚力助企纾困，关企同心，共赢发展

一是与青岛市口岸办、青岛自贸片区管委合作建立"跨境贸易便利化直通车"机制。召开助企促贸座谈会14场，调研70余次，收集问题293个，对2300余人次开展线上政策宣讲；与山东省、青岛市口岸办等单位开展"助企促贸"政策宣讲，与上合示范区管委等单位联合开展"上合海关大讲堂"政策宣讲，近5万人次通过线上、线下参加。二是细化梳理政策措施并纳入台账管理，建立业务改革"问题清零"机制，着力破除海关执法、监管与服务难题，定期调度，同时，建立重点企业产业链供应链"白名单"企业通关保障机制，对"白名单"中外贸企业开展靶向服务。三是提升AEO企业便利化水平，推出28项优惠措施。截至目前，辖区共有317家AEO企业，覆盖近两成进出口额，AEO企业样品检测时长缩短30.29％。黄岛口岸优先查验AEO企业货物，节省企业成本1000余万元。企业协调员"一对一"解决疑难问题332个。

# 深化改革激活力 优化环境强服务
# 多措并举推动平度发展提档增速

### 平度市人民政府

深化"放管服"改革、优化营商环境,既是更好激发市场主体活力和发展内生动力的关键之举,也是应对当前复杂严峻形势、促进经济稳定发展的现实选择。近年来,青岛平度市锚定"走在前列、全面开创""三个走在前"总遵循、总定位、总航标,按照"推动平度建设综合性节点城市"的战略部署安排,聚焦体制机制创新、全链条优化审批、事中事后监管、全生命周期服务等关键环节,在提高群众获得感和幸福感、助力企业纾困发展等方面精准发力,主动对标先进提档提标提效,推动有效市场和有为政府更好结合,扎实推进"放管服"改革,最大限度地优化营商环境,持续为平度市发展增效力、激活力、添动力。

## 一、取得的成绩与进展

### (一)创新体制机制,高位推进营商环境工作

#### 1. 建立顶格推进的营商环境工作体制机制

组建由中共平度市委、市政府主要负责同志任双组长,市委常委、政法委书记、分管副市长任副组长的优化营商环境工作专班,实

施"顶格倾听、顶格谋划、顶格部署、顶格协调"。专班办公室设在平度市行政审批服务局,并下设 7 个工作组(综合协调组、考核评价组、监督执纪组、政策研究吴、信息宣传组、法治建设组、平台数据组),统筹协调推进平度市优化营商环境工作。2022 年上半年,平度市企业家政务服务环境满意指数列青岛十区(市)第二位,营商环境持续大幅改善,市场主体满意得到有效提升。

**2. 推出营商环境平度方案**

2022 年以来,平度市紧紧围绕国务院、山东省政府、青岛市政府优化营商环境工作任务,对标先进城市创新做法,深入结合平度实际情况,在走访 20 余个市直部门、座谈 23 次,充分调研、多次修改完善基础上,在青岛市率先推出《平度市 2022 年营商环境优化提升行动方案》,出台创新举措 70 条,其中自主创新 24 条,对统筹抓好营商环境工作作出明确的安排,列出了详尽的工作计划。

**3. 发挥考核"指挥棒"作用**

把优化营商环境工作纳入全市高质量发展综合绩效考核,通过"红黄绿"挂牌、"上门"督导、通报"亮晒"等形式,压实目标责任,调动各单位工作积极性,更好地推动政策落地见效。

## (二)夯实产业基础,创新发展新模式

为加快完善和壮大产业发展,平度市在建立调度、督办、咨询、考评制度等保障体系的基础上,创新性建立"九个一"(1 条产业链、1 个链长、1 个工作专班、1 个平台公司、1 个主导园区、1 个招商事业部、1 个科研院所、1 个头部企业、一揽子政策)推进模式,综合考虑各产业链的项目招引、产业集聚、科技创新、金融和政策需求等因素,明确各产业链链长、牵头单位、责任单位、主导园区、平台公司等职责分工,在要素保障、市场需求、政策帮扶等领域精准发力,紧紧抓住产业"上下游、左右岸、前后端、内外圈",全面厚植中小企业与

"领航型"企业协同创新、配套合作的产业生态,夯实高质量发展基础。2022 年以来,平度市高端装备—电气及通用设备产业集群成功入选 2022 年山东省"十强"产业"雁阵型"集群库,实现独立申报"零突破";睫毛美妆产业链加速转向政府引领、市场主导、头部企业带动的规模化发展,据最新数据显示,平度市睫毛产品生产份额约占全球 70%,年产值约 70 亿元,经营范围含眼睫毛的市场主体2165 户,带动就业创业 5 万余人。

## (三)强化政策支持,开展精准辅导

### 1. 用活"一揽子"惠企政策

构建线上线下、点面结合的政策宣传机制,围绕企业发展政策,开展线上线下集中宣讲、"一对一"辅导。精心选拔优秀青年干部组成 18 支"服务企业突击队",由 6 个分管领导带队,以"1+1"模式组成小分队,深入镇街、园区,进行集中政策宣讲,强化对重点企业"点对点"上门服务力度。截至目前,平度市共举办线上线下集中宣讲50 余场次,"一对一"辅导 300 余次,培训企业 1000 余家次,受训人群 1500 余人次,发放《惠企政策一册通》2000 余册。

### 2. 助推企业做大做强

聚焦企业转型升级,按照"储备一批、培育一批、成长一批、壮大一批"的原则,主动靠前服务,加强与企业的沟通交流,提高服务效率和水平,以"店小二"的姿态当好服务员,用心、用情为企业纾困解难,全力支持企业做大、做优、做强。截至目前,新增青岛市"专精特新"企业 183 家,同比增长 13%;新增山东省"专精特新"企业 11家,同比增长 84%;新增山东省"瞪羚"企业 9 家,同比增长 80%;5家企业被认定为专精特新"小巨人",104 家企业完成 2022 年度第一批高企申报,征和工业、德盛机械的 2 个项目入选山东省数字经济重点项目,立博汽车被认定为 2022 年度省级技术创新示范企业,

1 家企业被认定为省级小型微型企业创业创新示范基地,实现省级双创基地"零突破"。

### 3.加大对上资金争取力度

认真研究国家、山东省、青岛市的行业支持政策和行业发展方向,积极对接上级主管部门,将最新的政策信息和指导性意见及时传达给企业,同时,积极协调解决企业存在的困难和问题,帮助更多的企业享受到惠企政策。截至目前,平度市共兑现各类惠企资金1.65 亿元。

## (四)优化流程再造,提升服务质效

### 1.流程再造,持续精简审批

平度市持续发力、积极探索,全力加速释放审批效能。比如,46个政务服务事项已实现"无感审批";推行土石方施工许可分阶段审批和施工许可"零材料"申报服务;做实做细"政务服务＋产业园区"审批模式,"窗口前移"主动上门服务等健全帮办代办三级服务体系,将 200 余个青、平两级重点项目纳入全程免费帮办代办范围,为160 余个项目建立了审批服务"一企一档",推动 40 余个项目实现"拿地即开工""验收即办证",90％以上不动产登记服务实现当天办结。

### 2.打破信息壁垒,创新"区块链＋政务服务"模式

为推动服务从"能办"向"好办""快办"等持续转变,平度市在全省率先创新推行"区块链＋政务服务"模式,通过部门间数据共享,让居民和企业少跑腿、好办事、不添堵。平台运行以来,已接入共享端口 99 个,汇聚身份证、营业执照、企业不动产权证书等数据源100 类,开发上线应用场景 83 个,为办事企业和群众提供 1500 余次的电子要件共享,真正实现"数据多跑路,群众少跑腿"。

# 二、典型经验、创新举措

平度市在加快实体经济振兴发展,提升产业链供应链稳定性和竞争力过程中,创新应用"九个一"推进模式,推动智能家电、食品饮料、睫毛美妆等 10 条产业链快速发展。以睫毛美妆产业链为例,在"九个一"模式推动下,睫毛美妆产业改变了过去散乱、无序的发展方式,正在向智能化、规模化、链条化的全产业链生态加速形成。

## (一)以"1 个链长＋1 个工作专班"全面强化政府推动力

### 1. 顶层推进产业链发展

为充分发挥政府的引导和推动作用,结合平度市重点产业发展实际,印发《平度市重点产业链"链长制"实施方案》,确定每条产业链由一名市级领导担任链长,实行链长负责制。2022 年以来,中共平度市委、市政府主要领导、分管领导先后 6 次召开专题调度会议,研究部署睫毛产业发展相关事宜,并实地调研产业发展情况,从最高层面整合土地、人才、资金等各方面发展要素,全力推动产业链发展各项工作。

### 2. 统筹推进重大事项

产业链工作专班由相关牵头单位负责组建,重点明确产业上、中、下游企业发展现状和对外依赖情况,绘制睫毛美妆产业全景和现状图,找准产业突破关键点,精准制定产业重点布局区域、产业链龙头骨干企业、主要配套企业、在建重点项目、锻长板重点领域、补短板突破环节、可探讨合作区(市)等"N 张配套清单",统筹推进产业链企业发展、项目建设、人才引进、技术创新等重大事项。

## (二)以"1 个平台公司＋1 个头部企业＋1 个科研院所"持续提升产业智能化

### 1. 强化资金支撑

资金是产业链打造的"源头活水",睫毛美妆产业链实现了国有资本和社会资本的互利共赢。国有资本重"硬件",平度市开发集团投资 3 亿元建设美妆配套产业园,与温州横聚科创发展有限公司合资成立青岛尚臻产业园区运营管理有限公司,投资 30 亿元建设美妆在线新经济产业园,为产业链发展提供硬件环境,吸引产业链上游环节和下游企业回流;社会资本重"软件",通过鼓励国有资本和社会资本采取股权合作等灵活方式,减轻社会资金"硬件"压力,保证其更多地投入技术研发,突破一批上游和中游环节"卡脖子"技术,不断提高行业竞争力。

### 2. 强化技术支撑

技术是突破产业发展瓶颈的"关键一招",睫毛美妆产业链的技术突破来自企业与浙江大学机器人研究院的产学研深入合作。一方面,对现有睫毛拉丝设备进行升级改造,将设备操作工由 8 人降至 2 人,产品质量由低档国产丝达到中档高仿丝与高档进口丝之间的国内领先水平,实现了生产效率和生产标准的双提高;另一方面,加大对半成品加工自动化技术的研发,实现卡毛、合毛等环节"机器换人",推进成品深加工数字化车间建设,单日成品包装效率提高了220％,大大降低了生产成本。

### 3. 强化市场支撑

链主企业是产业链的"主导引擎",为借助链主企业丰富的市场经验,在睫毛美妆产业链发展过程中,由头部企业从市场角度明晰产业发展路径,提出针对性发展建议,并组织青岛市浙江商会、浙江大学、平度市城市开发集团、本土睫毛加工龙头企业等多方合作,以

"龙头企业引领＋中小配套企业协同"模式,达到"穿针引线、聚点成链"的作用。

## (三)以"1 个招商事业部＋1 个主导园区＋一揽子政策"不断健全产业全链条

### 1. 主动开展定向招商

针对产业链前端原材料和基础加工、后端销售等短板弱项环节,平度市建立了招商项目库和客商库,并制定产业链关键卡点项目清单,精准规划招商路径,重点招引对产业链具有引领、支撑作用的关键企业,有效推动产业链实现上游补链、中游强链、下游延链,累计引进 36 家企业。

### 2. 不断拓展发展空间

为聚集产业链上游生产企业和成品加工等中下游企业,平度市筹划建设了美妆配套产业园,引入拉丝、磨尖、染色全流程的加工企业,补足了原材料加工部分工序依赖外地企业的短板;筹建美丽在线新经济产业园,目前已有 30 余家企业签订入驻协议,通过培育自主品牌、培养电商人才、举办睫毛美妆展览会等方式,提高本土品牌知名度,拓宽产业市场空间,提升了产地直销能力。

### 3. 实现政策有效激励

针对睫毛产业发展,平度市印发《支持睫毛产业发展若干政策》,涉及经济贡献扶持、外贸及电商、快递物流、人才、品牌、展会补助、研发、金融 8 个方面,对符合支持政策的环节及时兑现政策奖励,以政策落实推动产业链关键环节加快发展。在"九个一"模式的推动下,平度市睫毛美妆产业链不断向政府引领、市场主导、头部企业带动的规模化发展,产业产值将大幅跃升,加速跨越 100 亿元级关口。

# 三、存在问题及下步打算

平度市作为山东省区域面积最大的县级市,人口、经济均在山东省前列,对比省内其他市发展情况,平度市存在基层便民服务能力不足、监管水平有待加强、产业结构层次较低、新兴产业发展水平相对滞后等问题。下一步,平度市将立足各产业发展阶段差异和自身特点,进一步优化营商环境,针对当前经济运行压力大、实体企业经济困难多的情况,在减轻企业负担、提高服务水平等方面下功夫、求实效,推动平度市经济社会高质量发展。

## (一)深化改革,打造"服务型"机关

进一步深化"放管服"改革,提高政务服务效率,提升政务服务水平,推动各项政策落到实处,让企业真正从政策中增强获得感,进一步改善政企关系,努力营造"亲""清"营商环境。

## (二)主动出击,提高精准服务

服务前移、靠上指导,为企业提供专业化服务,全面分析企业发展状况,为企业"精准画像"。根据企业发展状况,为企业量身打造惠企政策申报方案,"一企一策",提供全业务、全链条、全流程的精细服务,助力企业"轻装快跑"。

## (三)解难纾困,持续优化环境

深入项目建设、招商引资、营商环境建设一线,了解掌握企业难点、痛点、堵点,全力帮助企业解决发展中遇到的资金、人才、用工等困难和问题,组织"青岛企业家日暨企业家宣传周""卡位入链"以及创业创新、人才洽谈、金融助力行等活动,建立政府部门与企业的良好互动平台,多渠道帮助企业用好、用足各类惠企纾困政策。

## (四)全面升级,不断提高政务服务水平

持续深化"放管服"优化营商环境,进一步完善"容缺受理"范围,深入实施包容审慎监管,创新轻微违法不予处罚清单、"提醒告知单"等模式,提升服务效能;提高贯彻落实上级决策部署的执行力,着力打造程序最简、环节最少、时间最短、效率最优的服务流程,当好政策"宣讲员"、政企"联络员"、问题"协调员"、效能"监督员",提高服务市场主体、优化营商环境的专业能力,争当服务市场主体的标兵,为平度市经济发展提供更优质高效的政务服务保障。

依法行政篇

# "四位一体"完善审管衔接机制
# 以审管协同破解审管分离难题

**青岛市人民政府办公厅课题组**

根据山东省工作部署,青岛市于 2018 年启动相对集中行政许可权改革,组建市、区(市)两级行政审批服务局,实行"一枚印章管审批"。通过改革,审批服务机构和职责整合优化,政务服务质效不断提升,市场主体和办事群众的获得感、满意度明显改善。但与此同时,因部分核心环节职责边界不清,审管部门之间推诿扯皮现象时有发生,审管分离造成的审管衔接不畅等问题日益凸显。为贯彻落实党中央、国务院和省委、省政府决策部署,促进政务服务标准化规范化便利化,提升政府监管效能,职能转变,市政府办公厅协调处结合"作风能力提升年""大调研"活动安排,深入市、区(市)两级行政审批局和监管部门开展调研,蹲点市南区行政审批大厅,了解审管衔接工作现状和存在的难点堵点问题,结合基层实践经验和诉求,对症下药,靶向提出"四位一体"破解改革难题的相关建议,形成调研报告如下。

## 一、青岛市审管衔接工作现状

### (一)事项划转和办理情况

自改革以来,结合省级事项划转指导目录和青岛市实际,在广泛征集行业主管部门意见建议的基础上,分两批次向行政审批部门划转行政许可及关联事项,编制公布了市、区(市)两级划转事项清单。截至目前,青岛市行政审批局已承接全市 22 个市直部门的230 项行政许可及关联事项,各区(市)行政审批局参照市级事项进行划转。各级行政审批部门坚持"以人民为中心"发展理念,以工业互联网思维加强流程再造,实现政务服务"网上办""一次办""就近办""自助办",推进"一事全办""一业一证"主题式服务改革,在优化企业开办、电子证照应用、企业开办注销一体化等领域走在全国全省前列。

## (二)审管衔接联动情况

2019 年,青岛市出台《关于建立相对集中行政许可监管实施机制的意见》(以下简称《意见》),为界定审管双方职责定位、厘清权责关系规定了基本原则、工作机制和保障措施。《意见》明确,按照"谁审批谁负责、谁主管谁监管"的原则,审管双方签订审管衔接备忘录,对划转事项的实施范围、业务指导关系等情况进行约定,围绕现场踏勘、技术审核、专家评审、专网衔接、事中事后监管等核心环节反复磋商,力争明确职责边界,理顺职责分工。打造了"审管一体化平台",将申请材料、办理意见、电子证照等审批业务信息自动推送至监管部门,由监管部门按权限认领查看,实现信息共享应用,提高了审管互动效率。

虽然从制度设计、平台打造和实践操作等领域进行了大量探索,也取得了一定成效,但由于相对集中许可权改革并非全国统一做法,受法律法规规定、上级对口部门要求以及审管部门天然立场不同等多方面因素影响,青岛市审管工作仍然存在衔接不畅的问题。

# 二、青岛市审管衔接工作存在的问题

## (一)划转事项的科学性、精准性、灵活性有待提升

### 1. 部分划转事项存在割裂现象

一个完整审批大项中的部分子项划转至审批部门,部分子项留在原行业主管部门,导致原本完整的职能链条割裂,企业和群众办成"一件事"需要两头咨询、两头跑腿。比如,海域使用过程涉及的审批事项主要包括海域使用权审核、海域使用权转让审核和海域使用预审 3 个子项。根据山东省划转事项指导目录,前两项划转至行政审批部门,"海域使用权预审"作为重大工程建设项目立项前的用海审批前置程序,留在海洋发展部门,将一个整体割裂至两个部门实施。自然资源规划部门的"规划两证"由市局垂管的 7 个派出分局实施,市级垂管模式可以很好地实现市级统筹,而市、区(市)两级行政审批部门是业务指导关系,无法完全复制自然资源规划部门的办理模式,相关事项的划转导致原本在分局属地即可办理的事项要专门跑到市级审批大厅办理,反而造成不便。

### 2. 部分划转事项专业性强,审批部门承接难度大

比如,发展改革部门的企业投资项目核准等事项,项目单位应当组织编制可行性研究报告,审批部门应当从可行性研究报告分析的技术经济可行性、建设方案合理性、经济社会效益以及项目资金等主要建设条件的落实情况进行审查。整个审批过程 90% 以上的精力与重点均集中在审批前的论证和可行性评估,需要行业规划政策、可研论证、现场踏勘、事后监管等全链条专业支撑,而这些政策资源、研究手段及专业人员力量是行政审批部门所不具备的,需要行业主管部门在长期的许可、监管过程中积累经验,具有很强的专

业性和延续性。

### 3. 已划转事项退回路径不明确

"特种设备使用登记"在委托区(市)实施的过程中,因区(市)行政审批部门不具备承接能力,市、区(市)两级政府最终放弃了"上下一致"的委托原则,10 个区(市)中有 9 个改为市场监管部门承接,在区(市)变相恢复了"审管合一"模式,而市级因受限于省级指导目录,仍然保留在行政审批部门,无明确退回路径。

## (二)审管部门责任边界不清

### 1. "审改备"事项实施主体存在争议

根据"证照分离"改革要求,部分划转事项准入方式由"行政许可"改为"备案"。审批部门认为当时划转的事项类型为"行政许可"而非"备案",由审批部门开展"备案"工作于法无据。而且省级已明确"机动车驾驶员培训经营备案""粮食收购企业备案"等事项"审改备"改革后,更改为由行业主管部门实施备案,且"新建、改建或者扩建一级、二级病原微生物实验室的备案"等备案事项专业性强、涉及实质内容审查,建议将"审改备"事项统一退回至行业主管部门实施。而行业主管部门认为,"审改备"相当于在原先"许可"的基础上降低了准入门槛,办理难度降低,且部分单位已将相关事项涉及的工作人员甚至整个业务处室划转至审批部门,理当由审批部门继续办理,双方存在分歧。

### 2. 监管执法责任主体存在争议

部分法律法规制定时并未考虑相对集中行政许可权改革情况,而是统一按照过去审管一体的背景设立相关条款,与青岛市现行体制机制存在一定矛盾。例如,《市场主体登记管理条例》规定"提交虚假材料或者采取其他欺诈手段隐瞒重要事实取得市场主体登记的,由登记机关开展调查,并负责撤销市场主体登记";《房地产开发企业资质管理规定》明确"企业隐瞒真实情况、弄虚作假骗取资质证书的,或者涂改、出租、出借、转让、出卖资质证书的,由原资质审批部门公告资质证书作废,收回证书"。行业主管部门认为,出现上述情况是由于审批环节把关不严造成的,按照"谁审批谁负责"的原则,再加上法条规定,应由行政审批部门负责调查撤证。但审批部门认为上述职责已超出其三定方案规定,审批部门无行政处罚权,也没有专业力量和执法人员,应当由负责事中、事后监管的行业主管部门开展相关工作。再如,在施工许可办理过程中,取消了监管部门现场踏勘环节,审批部门对项目形象进度材料实施告知承诺制,行业主管部门收到施工许可办理信息对项目进场监管时,发现很多项目早已开工建设,涉嫌未办理施工许可手续提前开工,该类事项监管主体的确定存在分歧。

### (三)审管部门信息共享机制亟须完善

#### 1. 信息双向交流反馈机制不健全

行政审批部门通过多种途径向业务主管部门推送审批信息,包括但不限于"审管一体化"平台、工程建设项目审批平台、金宏办公系统等,推送渠道分散,智能化程度不足,部分数据尚未达到实时推送。行业主管部门对推送信息重视程度不够,未积极认领反馈,造成一定程度审批、监管脱节,尤其是涉及安全生产、环保等问题,审、管部门交接时间节点不明确,双方在责任划分方面均存在较大顾虑。

#### 2. 审管部门之间交换信息要素不匹配

行政审批部门将审批信息全量推送至行业主管部门,对于非现场核查许可、告知承诺制许可等存在隐患、亟须主管部门关注的重点信息,却不能给予单独标识,无法给事中事后监管提供精准引导,无效信息冗余繁杂,这也是主管部门认领信息不积极的原因之一。

### (四)审管部门协同意识和配合力度不够

#### 1.审管部门协同配合意识不足

行政审批部门直面办事企业群众,承担优化审批服务任务,在压减材料、压缩时限、实行告知承诺等流程再造方面改革创新动力更足。但从监管部门角度看,一味放宽准入,给监管工作带来较大压力,因此对改革举措偏谨慎。此外,事项划转后,审、管双方一定程度上存在"划转给我我决定""划走了与我无关"的心态,双方的立场不一,协同配合意识天然存在不足。

#### 2.日常工作配合衔接不足

在上级行业主管部门(国家、省级均无行政审批局)组织召开行政审批业务相关会议、开展相关培训时,行业主管部门存在不通知参会、不传达会议精神的情况,导致审批部门对行业最新政策了解不全面、不准确,仍然按照"老办法"审批,容易出现"违规审批",且责任难以界定,这在"大型户外广告审批"等方面已有前车之鉴。在联络会商、踏勘规范、技术审查、投诉处理等业务方面,审、管双方衔接效率有待进一步提升。另外,因为双方标准不统一,审批档案的历史数据移交不能及时完成,导致市场主体办理变更时,审批部门没有过去的登记档案,无从研究变更依据。

## 三、完善青岛市审管衔接机制的对策建议

### (一)构建科学精准、动态调整的事项划转机制

#### 1.完善划转事项清单

按照市、区(市)两级划转事项基本统一、重点事项审批链条完整闭合、集中办理联动优势有效发挥、审批服务效能显著提升的原

则,由行业主管部门全面梳理办成"一件事"所需要的上下游事项清单,结合承接能力和实际情况,对已划转事项进行延链补链,对新划转事项进行建链强链,切实解决企业群众"两头跑、折返跑"的问题。

### 2.开展定期评估

组织行业专家、市场主体、办事群众、法律机构、职能部门等,对划转事项定期进行综合评估与分析研判。对审批程序复杂、专业要求较高,特别是涉及公共利益平衡和重大公共安全的事项,进行政策风险评估,条件尚不成熟的暂不划转。对已划转事项的技术装备、档案资料、审批系统、人员编制等要素保障情况,承接后的办事质效进行定期评估。

### 3.实行动态调整

对于"审改备"事项,以及专业要求较高、适合行业主管部门独立实施的事项,研究划转后退回标准和路径。探索建立划转过渡期制度,明确划转事项试运行规则,试运行结束评估研判后再决定是否划转。对于不适合集中划转的事项,可统一在市民中心设置审批窗口,确保办事群众端实现"一门办理、一窗受理、一次办好"。

## (二)建立联席会议制度,明确审管责任分工

建立健全市、区(市)两级行政审批部门、行业主管部门以及综合执法机构之间的联席会议制度,由本级政府领导挂帅,提高联席会议权威性和刚性约束力。联席会议办公室可设在本级行政审批服务工作领导小组办公室,每个单位选取一名业务骨干作为联络员,构建一支专业性、稳定性强的联络员队伍,提高沟通质量和效果。完善工作联络会商机制,原则上由办公室每季度或每半年定期召集会议,听取审管衔接工作进展情况、存在问题和下步打算,协调解决分歧较大的疑难问题。其间遇到特殊情况,可由相关部门通过函商或者临时提请召集联席会议的方式解决。对于需要修订法律

法规或者由省级行业主管部门指导解决的问题,由联席会议研讨提出方案,及时与上级部门请示对接。联席会议要规范审管衔接备忘录模板,依法界定行政审批部门、行业主管部门以及相关执法机构之间的关系。编制部门职责清单,理顺责任分工,明确职责边界,尤其对于涉及撤销、撤回、注销行政许可等情况的申请主体、实施流程予以明确,确保审管无缝衔接。

## (三)加强平台建设,推动信息互认共享

根据全省一体化政务服务平台建设部署,按照"政务服务平台优先"原则,统筹推进市、区(市)行政审批部门业务系统升级改造,各类审批业务专网与"一体化政务服务平台"深度对接,打破信息孤岛,融合应用数据,补齐信息化短板。行业主管部门要向行政审批部门开放自建系统端口和共享数据,提供用户账号、密钥、审批权限等。使用上级垂直自建系统的,行业主管部门要加强与上级请示对接,获取审批业务办理和改革创新所需的系统和数据支持,做好技术保障。加强"审批—监管—执法"一体化平台建设,根据审批、监管和执法部门各自的实际需求,完善功能设置。一方面,监管和执法部门可以实时查看审批信息,实现监管对象分类汇聚,精准导出监管清单;另一方面,审批部门可以实时了解监管信息、行业最新政策、许可依据调整变动情况,实现事前审批和事中事后监管信息精准推送、高效互认。

## (四)加强监督考核,推动实现审管协同

按照审管部门职责分工,建立健全审管衔接监督考核机制,明确考核指标内容并予以细化、量化。例如,行业主管部门应加强对划转事项的业务培训和工作指导;对于需要联合踏勘、专家评审、检验检测以及组织听证论证等事项,双方应按照职责分工,在规定的时限内高质量完成任务等。充分发挥考核指挥棒作用,用好政务服

务"好差评"工作机制,对审管部门履职尽责情况加强日常监督检查,建立通报机制,并纳入年底综合绩效考核"放管服"指标中统筹考虑,倒逼审管部门提高协同配合度。对于主动担当、勇于创新、成效突出的部门(单位),以刊发简报等方式推介典型经验,对于推诿扯皮,不担当、不作为、慢作为影响改革推进的部门及责任人员严肃问责,在考核中予以适当扣分。

**课题组组长:** 陈万胜　青岛市人民政府副秘书长
**课题组成员:** 栾　珂　青岛市人民政府办公厅职能转变协调处
　　　　　　　　　　　　处长
　　　　　　林　春　青岛市人民政府办公厅职能转变协调处
　　　　　　　　　　　　二级调研员
　　　　　　柴　君　青岛市人民政府办公厅职能转变协调处
　　　　　　　　　　　　一级主任科员
**执　笔　人:** 栾　珂　柴　君

# 创新推行服务型执法模式
# 赋能经济社会高质量发展

青岛市市场监督管理局

市场监管机构改革以来,市场监管部门的职能由原来分段监管转变为全链条监管,监管领域由原来单领域市场主体行为监管转变为全领域市场主体行为监管,监管方式由原来审批为主的事前监管转变为以"双随机、一公开"为主的事中事后监管,监管手段由原来以人力为主转变为以信息化监管为主,开启了"大市场、大质量、大监管"新阶段。

青岛市市场监管局针对当前疫情防控和经济下行压力新形势要求,积极创新工作思路,转变监管执法理念,对接微观市场主体需求,推行服务型执法工作模式,把监管落在"问诊把脉"上,把执法落在"去除病灶"上,把服务落在"健康成长"上,不断健全"预防为主、轻微免罚、重违严惩、过罚相当、事后回访"执法模式,把市场监管职能嵌入经济社会发展的"经络",综合运用监管工具,寓服务于管理之中,以监管促发展,为高质量发展赋能助力。

## 一、明确服务型执法的目标导向

在疫情防控常态化的形势下,外部环境的不稳定叠加经济下行压力,我国经济社会发展面临巨大挑战,市场主体尤其是中小微企业、个体工商户成长发展普遍较为困难。青岛市市场监管部门聚焦企业"急难愁盼",以服务型执法改革为切入点,全力保主体稳大盘促发展。

## (一)国家政策部署要求

为贯彻落实疫情要防住、经济要稳住、发展要安全的总体要求,市场监管总局鲜明提出"讲政治、强监管、促发展、保安全"的工作总思路。青岛市市场监管局坚持以法治为依托,有效解决市场治理问题。积极推行服务型执法工作模式,帮助企业纾困解难,把执法重心转移到激发市场主体活力上来,把服务意识贯穿到市场监管各项职能,把市场监管职能嵌入服务经济社会发展的全领域、全环节、全过程,科学精准有效抓监管,用心用情用力抓服务,更大力度地发挥市场监管部门保障发展、支撑发展、服务发展的职能作用,推动服务与执法有机融合。

## (二)经济社会发展要求

市场监管部门是服务经济社会发展职能最多、最全的部门。青岛市市场监管局把服务建设统一大市场作为发挥职能作用、服务经济社会发展大局的主战场和主阵地,努力营造各类市场主体公平竞争、活力迸发、创新成长的市场环境,服务经济社会发展稳进提质。对不同领域、不同性质的违法行为,实施分类型、分梯次、个性化精准执法,更加注重从源头消除安全隐患、预防违法,更加注重倒逼市场主体主动纠偏扶正、防微杜渐,更加有效地统筹活力与秩序、发展与安全等多元工作目标。

## (三)市场监管工作发展要求

"十四五"时期推动高质量发展,必须立足新发展阶段、贯彻新发展理念、构建新发展格局,市场监管工作的重心由重典治乱的事后监管转变为事前事中事后监管并重,由注重审批监管转变为降低准入门槛、优化营商环境的监管服务并重等,这一系列变化不断推动市场监管部门进一步转变执法理念和方式,更加注重完善市场制度体系,明确经营底线和规则,营造公平公正、包容审慎的发展环境,维护竞争有序、富有活力的营商环境。青岛市市场监管部门推行服务型执法,就是在执法中融入服务,在服务中实现管理,推动监管、执法、服务有机融合,积极服务全国统一大市场建设发展。

## 二、构建服务型执法的体制机制

坚持理念引领、制度先行,把完善机制、明确路径、找准打法作为推进改革的先手棋,构建"四梁八柱"的制度体系,让服务型执法的工作理念化为思想和行动自觉,确保工作有指导、行动有依据、模式可复制。

### (一)制定总体性意见

经多方开展调研,反复研究论证,青岛市市场监管局制定出台《关于推行市场监管服务型执法 助力全市经济社会高质量发展的实施意见》,在坚守安全底线的基础上,牢固树立服务意识,突出事前、事中、事后服务型执法核心,不断扩展服务项执法外延,涵盖了质量、知识产权、标准化"三大战略"和营商、竞争、消费、法治"四个环境",贯穿行政许可、行政处罚、行政强制等市场监管全流程,把促进企业发展、服务发展大局落实到每一个执法环节,进一步优化营商环境、转变政府职能、建设服务型政府。

### (二)配套制度性规范

聚焦发展所需,企业所盼,建立起领导干部联系企业制度、服务企业智库管理办法、技术机构专家"进厂入企"等系列工作机制,制定日常督导制度、定期考评制度、基层联系指导等 17 项配套措施，确保服务型执法可细化、可操作、可落地，切实为企业助力、为产业赋能。

### (三)打造智慧化平台

依托市场监管大数据资源，建设服务型执法工作平台，开发"市场监管服务通""市场监管法规通"两个 APP，主动服务、靶向推送、精准普法，为企业提供一站式精准推送服务。通过实现"PC＋APP"双向互联互通、互为依托，搭建起服务型执法改革的信息化载体。

### (四)推广可复制案例

坚持边推进、边总结、边拓展的工作路径，定期总结梳理推进工作措施，编发服务型执法工作专刊和工作简报，在微信公众号开设服务型执法专栏，定期刊发推广工作典型案例，凝聚推进改革的浓厚氛围和争先创优的创新活力。

## 三、建立市场主体全生命周期服务体系

突出"指导在前、服务在前、警示在前"，推行个性化精准式监管，以行政指导、柔性执法彰显严格监管，坚决避免"一罚了之"。同时，积极对接微观市场主体刚性需求，打好质量管理、标准引领、计量认证、检验检测等服务"组合拳"，将服务贯穿于监管执法全过程，贯穿企业发展全周期。

### (一)事前"体检式"监管，为企业"把脉问诊"

一是常态化沟通。构建重点企业库和咨询服务智库，由青岛市市场监管局主要领导带头服务海尔等 10 家企业，其他局领导分别

联系 4～10 家企业,各部门依条线分别联系数量不等的企业,设置联络专员,定期访企问情问需,建立专门工作机制。对企业提出的意见建议,设立工作台账,逐项责任分解,明确办理时限,闭环督办落实。

二是标签式普法。建设开发"市场监管法规通",梳理 1181 部法律法规和规章,按照经营范围和行业特点进行标签化分类,为企业提供一站式法律法规推送服务,引导企业主动学法、守法、用法。截至目前,查询浏览量达 2.4 万余次。

三是门诊式服务。出台《市场监管服务企业智库管理办法》,畅通市场监管与企业"一对一"直通车,实行首问负责制和咨询评价制实行"线上坐诊、线下出诊"一体化服务,线上通过"服务通"提供咨询服务,线下组织专家团队"进厂入企"实地服务。

四是专题式助企。统筹服务发展职能,对接全市 24 条重点产业链,开设"壮链强企"市场监管频道,每期邀请国家级专家、链主企业参与互动。目前已启动食品饮料、生物医药、医疗器械、智能制造装备、精密仪器仪表等产业链宣讲频道。

五是体检式预警。对个性问题"一企一策",对共性问题"一业一策",智能研判企业守法经营状况,组织技术机构论证评估,生成"体检报告",向企业发放《违法风险预警提醒告知单》,让服务跑在监管前面,让监管跑在风险前面。

## (二)事中"手术刀式"执法,为企业"去除病灶"

一是"轻微免罚"。完善容错纠错机制,出台市场监管领域轻微违法行为不予行政处罚规定 3.0 版。截至目前,青岛市市场监管部门对首次违法、危害较轻、非主观故意、积极整改的企业,落实免罚管理,不予处罚事项 107 项。已办理轻微违法不予处罚案件 1300 余件,免除罚款金额 5400 余万元。

二是"重违严惩"。对危害公共利益、挑战道德底线、造成恶劣社会影响的违法行为,果断"亮剑",重拳出击,提升执法力度,坚决筑牢经济社会发展的安全屏障。实施"守查保"专项行动,加大食品安全隐患排查、风险会商、问题整改力度;推进药品安全专项整治,突出案件数量、处罚到人等关键指标,首次对个人作出"终身禁业"处罚,全力守牢食品药品等"一排底线"。

三是"过罚相当"。从立法本意出发,注重宽严相济、法理相融,确保每一件行政案件处理公平公正。2022 年 4 月份,青岛市某美容院因违法行为受到行政处罚,市场监管部门在对其开出 5000 元罚单的同时,从该美容院的一张"经营管理服务费"发票中发现其不当承担了转供电费用,帮助企业追回转供电费用 9 万余元。

### (三)事后"康复式"回访,为企业"健康成长"

一是事后回访。制定《行政执法事后回访制度》,将案件回访纳入行政执法必备程序,作为案件办理的规定动作,明确回访主体、回访期限、回访方式和流程,案件主办部门牵头行业专家、技术机构等,协助企业找准问题症结,跟进帮扶指导,服务企业健康成长。

二是信用修复。对受到行政处罚的企业,实行"承诺制"修复、"加速度"办结、"全覆盖"解答、"多维度"宣传等六大类信用修复举措,优化信用修复工作流程,支持失信企业重塑信用。2022 年已为企业信用修复 4745 家次。

## 四、夯实服务型执法的目标成效

目前,青岛市场监管服务型执法的"四梁八柱"基本搭建完成,相关配套办法和支撑措施陆续出台,构建起"问诊式"指导、"手术刀式"执法和"康复式"回访的闭环监管执法体系。

### （一）制度体系逐步完善

青岛市市场监管局领导联系企业制度、技术机构专家"进厂入企"、价格行为行政指导工作规范、计量赋能企业高质量发展、行政执法事后回访制度、轻微违法行为不予行政处罚规定、信用修复办法等 20 余项服务型执法配套办法陆续落地,惠企助企"政策措施包"达 100 余项,切实提高了服务能力,为企业在法律咨询、政策供给、产权保护等方面提供了精准服务,进一步促进了企业自律,激发了企业活力,推动了企业发展。

### （二）智慧化模块线贯通运行

"青岛市场监管法规通"已上线运行,关联市场主体 3000 余户,打通了"点对点"政企个性化对话沟通渠道,初步实现了法律的精准推送服务。同时,开放年报申报、格式合同备案等业务通道,实现企业信息、信用状况等事项查询,提供法律维权等专业性服务,各种利企助企服务"一触即达"。通过行政指导、行政建议等柔性方式,把行政执法与跟踪服务有机统一起来,指导市场主体依法经营,主动纠正违法行为,实现行政指导与严格监管相得益彰。

### （三）专家团队个性化服务

组建覆盖检验检测、认证认可、标准计量、知识产权、维权打假等职能的多个专家团队,实行"线上坐诊、线下出诊"一体化服务。线上通过"服务通"提供咨询,线下开展"进厂入企"活动,并针对青岛市重点企业,开展"点单式"专业培训,深入挖掘企业质量数据需求,"一对一"指导工艺改进、标准制定、商标培育等,服务企业提级发展。

### (四)开展系列市场监管"暖企"行动

出台抗疫情、促发展"暖企行动"20 条措施,推出 17 项创业服务举措;搭建银企协作平台,实施"政银携手助小微"行动;联合实施稳外资促发展 15 条措施,助力外资企业纾困发展;出台促进食品饮料产业链发展 15 条措施,全力推进食品饮料产业转型升级、提质增效,等等。这一系列政策的出台,进一步深化了"放管服"改革,激发了市场主体活力,更好地服务于全市经济的恢复发展、健康发展。

目前,青岛市场监管服务型执法已被国家标准委确定为第八批社会管理和公共服务综合标准化试点项目。下一步,青岛市市场监管局将积极推动服务型执法规范化、标准化建设,系统化、制度化运行,更好赋能助力经济社会高质量发展。

# 构建"四链合一"财政模式
# 助力打造一流创新创业生态环境

青岛市财政局

近年来,青岛市财政局围绕深化"放管服"改革,优化营商环境抓落实、求突破,在政策扶持、资金保障、汇智聚才、科技引领等方面精准发力,实现"政策链""资金链""人才链""科技链"四链合一,加大政策支持为中小微企业纾困解难,赋能科技企业创新发展,加速创业资本集聚,多措并举激活人才动能,助力创新创业生态持续改善。2021 年,获青岛市深化"放管服"改革优化营商环境先进集体称号,青岛市进入国家营商环境评价政府采购指标标杆城市行列,在山东省创业投资考核中荣获第一名。

## 一、打造财政"政策链",培育创新创业生态"肥沃土壤"

### (一)开发推广"青岛政策通"贯通政策服务全链条

一是建立全市统一的政策发布、查询平台,将支持产业发展政策"一网打尽",通过关键词检索,相关政策文件、申报通知、结果公示等信息一览无遗,解决政策"找不到"的难点。二是搭建全市统一的政策申报平台,实现与 13 个部门、28 项数据的打通互联,利用部门间数据共享自动匹配企业的注册数据、纳税数据、社保数据、信用数据等内容,最大限度地简化申报材料,解决政策"申报难"的堵点。三是各区(市)、部门可通过"政策通"申报项目管理后台登录系统进行业务处理,将过去各部门"串联式"审批调整为跨部门"并联式"审批,由企业"一对多"变为部门"多对一",最大化缩减审批时限,解决政策"兑现慢"的痛点。

### (二)坚持创业是就业之源,全力助推创业城市建设

一是全力落实"青创十条"创业财政政策,持续释放创业带动就业倍增效应。对初创实体提供场地支持、租金减免等政策扶持。优化调整创业担保贷款、一次性创业补贴等政策,支持"赢在中国、创在青岛"等创业赛事举办。二是用市场思维增强创业就业活跃度。升级创业扶持政策,整合原一次性创业补贴、一次性小微企业创业补贴政策,对在青岛市创办的小微企业给予最高 3 万元创业补贴;加大创业担保贷款扶持力度,将个体工商户贷款额度由最高 15 万元提高到 20 万元,将企业贷款额度由最高 45 万元提高到 60 万元,降低小微企业创业担保贷款申请条件。三是鼓励支持灵活就业,完善支持灵活就业的政策措施,将购置生产经营工具的平台就业人员纳入创业担保贷款范围,将离校 2 年内的毕业生纳入灵活就业补贴范围,将符合条件的就业困难人员享受灵活就业补贴期限延长 1 年。

### (三)加大政府采购支持力度,激发中小企业创新创业积极性和竞争力

一是提高面向中小企业预留份额。采购预算超过 200 万元的货物和服务项目、超过 400 万元的工程项目,适宜由中小企业提供的,面向中小企业采购预留份额由预算总额的 40% 提高至 45% 以上,其中,预留给小微企业的比例不低于 70%。二是调高对小微企业的价格评审优惠幅度。货物服务采购项目给予小微企业的价格

扣除优惠,由 10%提高至 10%~20%;大中型企业与小微企业组成联合体或者大中型企业向小微企业分包的,评审优惠幅度由 2%~3%提高至 4%~6%。三是制定面向中小企业采购指导目录。青岛市按照"能进必进、应留必留"原则,凡是中小企业可实现有效竞争的采购品目,均编入《青岛市政府采购面向中小企业采购品目指导目录》,共录入品目 2272 个,占末级采购品目总数的 51.33%。只要中小企业能够满足采购需求的,在编制采购预算、采购计划时,采购人应当选择专门面向中小企业进行采购。

## 二、以财政金融"资金链",为创新创业生态 注入"源头活水"

大规模增值税留抵退税是新的组合式税费支持政策的"重头戏"。2022 年以来,青岛市全面落实大规模增值税留抵退税政策,不断加快退税进度,强化退税资金保障,确保企业特别是小微企业及时享受退税政策红利,真金白银帮助企业减负纾困。针对新冠疫情加剧资金链紧张的局面,青岛市财政部门通过财金联动,引导金融"活水"源源不断注入市场主体,形成财政投入高效、金融支持有力、市场活力激荡的良性互动体系。

### (一)大规模留抵退税,"真金白银"增强创新创业内生动力

大规模留抵退税通过实实在在的真金白银,直接为企业提供现金流,促进其加快技术改造和科技创新,增强内生发展动力。"快"字当头。会同税务、中国人民银行等部门建立留抵退税政策,落实协调机制,形成上下贯通、协同联动的工作合力,保障留抵退税工作有序高效开展。"准"字为先。按照补助资金与退税规模相匹配、与财力水平相适应原则,采用"因素法"及时将补助资金分配下达各区(市),实行国库单独调拨、滚动清算,精准支持基层落实企业留抵退

税政策,激发经济高质量发展活力。截止到 2022 年 9 月底,青岛市累计有 409.7 亿元增值税留抵退税款退到纳税人账户,确保企业特别是小微企业及时享受退税政策红利,用真金白银帮助企业减负纾困,退税成效效果显著。

### (二)围绕"资本驱动创业"抓落实求突破,加速创业资本集聚

一是完善创投风投支持政策,按照创投风投机构落地、投资金额的 1% 给予奖励,对投资青岛市种子期项目的创投风投机构,按投资额 10% 给予奖励,鼓励创投风投机构投早投小投科技。二是加大政府引导基金让利力度,青岛市政府引导基金投资青岛市创新创业项目,最高可全部让渡政府引导基金收益,奖励让利政策"双管齐下",减轻社会资本投资顾虑,提振社会资本投资信心。三是着力构建新旧动能转换基金、科创母基金、国有资本股权制投资基金的立体式投资基金矩阵,提高政府引导基金对创业投资基金出资比例,吸引头部创业投资机构落户青岛、投资青岛,支持创新创业项目发展。四是积极搭建全球创投风投大会平台,共商资本与创新创业融合新路径,为创新创业企业提供广阔展示平台。

## 三、激发"人才链"动能,实现汇智聚才"筑巢引凤"

功以才成,业由才广。城市发展靠创新,创新根本在人才。青岛市财政局在全国首创"财政股权投资＋人才项目"模式,放大财政资金杠杆和引导作用,激发资本赋能人才发展活力。

### (一)以资本赋能人才,畅通企业创新发展的"人才链"与"资本链"

一是"管""放"并重。成立由中共青岛市委组织部、市财政局、

市科技局组成的"人才金"管理委员会,负责运作机制顶层设计,具体投资由专业化投资管理机构负责。二是"激""容"并举。创新激励机制和容错纠错机制,不单列"人才金"管理费,将股权退出后净收益的50%作为资金管理人的收益,50%补充"人才金"滚存使用,激励资金管理人"选好项目、投好项目";"人才金"宽容失败,本金亏损40%及以下部分由财政负担,让资金管理人"看准了就敢投"。三是"产""才"相融。资金管理人深度参与全市产业领军人才(团队)等选拔评审,通过以资选才,增强"人才链"和"资本链"的黏性。"人才金"设立一年来,以5000万元财政注资带动近2亿元的社会资本,投资山东省、青岛市产业领军人才项目。

### (二)优化住房保障体系,提高人才住房供需匹配度,实现"安居留才"

为深入贯彻落实国家和山东省关于人才工作的决策部署,更好地推动人才强市战略的实施,2020年以来,青岛市以中央财政支持住房租赁市场发展试点为契机,加快助力构建"多主体供给、多渠道保障、租购并举"的住房制度,顶格推进,建立健全体制机制和制度体系,精心培育市场主体,多渠道筹集房源,大力推进租赁型人才住房建设,多措并举优化人才安居环境,激活"人才动能",推动创新创业高质量发展。

多方筹集房源见实效。发挥财政资金的引导作用,助推住房租赁市场专业化、机构化发展,全面提升租赁住房多元化供给水平。2020年以来,累计发放奖补资金20.5亿元,支持筹集24.5万套(间)租赁住房,其中,新建改建租赁住房6.12万套(间),盘活存量租赁住房18.38万套(间),培育规模化住房租赁企业12家,可有效满足来青岛就业创业各类人才住房需求。

### (三)支持职业技能提升行动,加快提升创业者技能素质

实施针对企业职工、高校毕业生、就业困难人员等就业重点群体的职业技能提升培训。通过发挥企业主体作用、鼓励职业院校参与、扶持民办机构发展等方式激发职业技能培训市场活力。

## 四、创新"财政股权投资+"模式, 助推"科技链"项目"茁壮成长"

青岛市财政局深入推进财政资金股权投资改革,创新建立"财政股权投资+"新模式,以"拨改投"推动财政资金循环使用和绩效提升,在海洋新药研发、超算运维、科研平台培育、人才项目等领域率先突破,蹚出多条放大财政资金使用效能、赋能创新创业生态优化新路子。

### (一)助推云上研发平台建设,提升科技企业创新发展能力

针对中小企业研发力量薄弱、研发投入强度不高、创新需求多样、难以获知现有解决方案等问题,集中财力重点支持打造云上研发平台,聚集院所、专家团队、新型研发机构、科研设备、创投风投机构、科技创新服务等创新资源,利用平台创新资源聚集、创新链条畅通的优势,支持企业上云研发,对注册使用云上研发中心的规模以上企业,根据运营绩效每年遴选不超过 500 家,给予最高 5 万元奖补,年奖补资金可达 2500 万元,引导更多企业使用云上研发平台,让企业高效率、低成本地整合科技成果、专家团队、实验室、仪器设备等各类创新资源并为其所用,拥有自己的云上研发中心,为科技企业提供潜在、精准的全天候研发服务。

目前,云上研发平台已有全国注册用户 7 万余家,信息覆盖企业 60 万余家,在线问诊技术专家 3 万余名,可供对接成果资源 5 万

多项。2022年,云上研发平台在青岛开展技术供给深度交互1567场,覆盖企业2300余家,挖掘创新需求1348项,推介各类匹配资源8100项,累计吸引86家高校院所的167名行业专家对接企业联合研发,产生阶段性成果135项,为企业提供高质量创新服务。

## (二)创新"财政股权投资+"模式,精准赋能科创项目

深入推进财政资金股权投资改革,创新建立"财政股权投资+知识产权+创投风投"模式、"财政股权投资+重资产+土地""财政股权投资+无偿补助"等"财政股权投资+"模式,推动财政资金变"死钱"为"活钱",有效破解传统科技扶持资金难以贴近市场需求问题,蹚出了一条放大财政资金使用效能、赋能科创项目高质量发展的新路径。比如,青岛市、区两级财政向中国工程院管华诗院士团队公司实施"拨改投"1亿元,支持"蓝色药库"新药研发项目成果熟化,促成创投风投首轮融资1000万元,并实现知识产权评估入股,已拥有9个药物研发管线,2个重点项目进入临床前研究阶段。

下一步,青岛市财政局将会同有关部门进一步扩大"政策通"平台覆盖面,在全市范围推广应用"青岛政策通"平台;抓实抓细退税、减税、降费各环节,稳定市场主体预期和信心;打好全市科技成果转化政策"组合拳",加速科技成果向现实生产力转化,建立以企业为主体、市场为导向、产学研用深度融合的成果转化机制,促进科技成果转化落地,持续助力青岛市打造一流创新创业生态。

# 突出"三个转变"
# 打通产业政策改革创新全周期

青岛市工业和信息化局

为持续深入优化营商环境、深化"放管服"改革、促进创新创业生态发展,根据《青岛市开展"点菜单"式改革试点工作方案》(青改办字〔2021〕8号),青岛市工业和信息化局将"制造业政策'三化'改革"纳入"点菜单"式改革省级试点,突出"三个转变",打通产业政策改革创新全周期。

## 一、取得的成绩与进展

面对严峻的新冠疫情冲击和经济下行压力,青岛市工业和信息化局坚持稳字当头、稳中求进,立足发展产业、服务企业,针对部分市场主体反映政策"不精准、不给力、落地难"问题,深化实施"点菜单"式改革试点,探索推动政策"制定—宣贯—兑现"全周期改革创新,着力构建以"工赋青岛·智造强市"为主体、以数字赋能和产能跨越为支撑的产业政策体系,打出了工业稳增长的政策"组合拳",圆满完成试点改革任务。相关经验做法被中共青岛市委改革办、青岛市持续深入优化营商环境和推进政府职能转变领导小组办公室重点推广,并被《人民日报》《经济日报》《大众日报》《青岛日报》等主流媒体广泛报道。

比如,聚焦政策制定"市场化、精准化、生态化"导向,坚持"从企业中来、到企业中去",激励企业家出创意、投资者提需求,全方位参与,拿出政策"第一稿",全流程跟进政策制定各环节,实现了政策制定公开透明、政策落地精准有效。2021 年以来,先后"点菜单"式制定出台《青岛市加快先进制造业高质量发展的若干政策措施》及配套实施细则,全省首个支持集成电路全产业链发展专项政策,全国首个市、区两级一体化支持虚拟现实产业园发展专项政策。其中,先进制造业政策"18 条",创下"两项全国率先、四项全省创新"(在国内率先将财政资金与"亩产效益"评价结果挂钩、推动政府购买化工安全环保公众责任险;在省内创新实施支持国家先进制造业集群政策、"4K 应用示范小区"惠民政策、加速推进 5G 网络基站奖补政策、支持企业发展绿色制造政策)。

## 二、典型经验、创新举措

### (一)创新产业政策制定机制,实现由"政府端菜"向"企业点菜"转变,凝聚形成高质量发展的政策合力

#### 1.突出政策制定市场化

坚持问需于企、问计于企,主动邀请产业链上下游企业、行业协会和专家智库全程参与,构建更加市场化、更具竞争力的政策支持体系。以服务型制造示范奖励为例,为引导企业积极向"产品+服务""制造+服务"转型,创新制定服务型制造示范奖励政策,对新认定的国家级、省级服务型制造示范企业(项目、平台),分别给予 100 万元、50 万元的一次性奖励,2022 年,为 14 家企业拨付专项资金 1000 万元,加快培育新业态、新模式,助力建设国家服务型制造示范城市。

### 2.突出政策导向精准化

优化财政资金支持方式,由"大水漫灌"转向"精准滴灌"。以"亩产效益"评价结果运用为例,在完成 8779 家企业综合评价的基础上,在国内率先将非投资类财政资金与评价结果挂钩,对评价为 A 类、B 类的企业全额支持,C 类企业给予 80% 支持,D 类企业不予支持,激励倒逼企业向"效益好、贡献大、占地少、能耗低"的方向发展,加快扭转"效益好坏一个样"的资金配置局面,既保障了财政资金"好钢用在刀刃上",又放大了财政资金的"杠杆作用"。

### 3.突出政策设计生态化

响应企业"给资金不如给政策"的呼声,以生态思维优化政策环境,从研发端到生产端再到市场端,建立起供给侧与需求侧叠加互补的政策体系。以做强国家先进制造业集群为例,为支持智能家电、轨道交通装备产业集群补链强链,对新设立的关键零部件独立法人企业首次投资建设项目,单个项目固定资产总投资 1000 万元以上的,竣工投产后按照设备投资的 20% 给予最高 1000 万元的一次性奖补,加快产业建群强链,争创国家产业链供应链生态体系建设试点。

## (二)创新产业政策宣贯机制,实现由"人找政策"向"政策找人"转变,不断提升政策透明度和知晓度

### 1.线上线下全覆盖

响应新冠疫情防控要求,坚持"线上为主、线下为辅"的原则,采取"现场座谈"和"网络直播"相结合的方式,顶格举办"弘扬企业家精神促进制造业高质量发展"座谈会,发布了青岛市加快先进制造业高质量发展的若干政策措施,高规格推动"18 条政策"落地落实。创新开展"千企万员"政策大宣贯,"线上线下"全市 5000 家企业 1 万余人参会,在"稳增长"的关键节点,及时推介惠企政策,助力企业

复工复产。

### 2. 多级联动齐发力

聚焦"做企业贴心人",组织各级、各部门选派专业人员,主动下沉、靠前服务,围绕"企业需要什么,就宣讲什么",常态化开展惠企政策"进区市、进协会、进企业"行动,建立形成市区(市)协同、协会联动、企业受益的政策服务体系,打造"政策集中宣讲月"服务品牌。集成最新版 231 条先进制造业政策包,在青岛工信微信公众号公开政策"二维码",公布责任处室和联系电话,提供"一对一"精准咨询指导,确保政策解答"通俗易懂"、政策获取"一目了然"。

### 3. 搭建平台建生态

比如,依托青岛政策通平台,举办"2022 年制造业单项冠军申报说明会",吸引 8400 余人参会,解决企业诉求 50 余项。依托蓝睛平台,举办全市金融支持实体经济稳增长政策宣贯会议,及时为 5000 余家制造业单项冠军、专精特新"小巨人"等优质企业推送相关支持政策。依托企业之家微信直播平台,组织全市首期政策服务能力提升培训,面向 290 名政策专员和上千家企业代表解读先进制造业政策。

## (三)创新产业政策兑现机制,实现由"企业跑腿"向"一网通办"转变,全力打通政策落地"最后一公里"

### 1. "一网通办"实现政策落地

为切实增加惠企政策获取便利度,统筹申报流程,简化申报材料,减少申报环节,创新政策申报路径,依托"青岛政策通"平台,打造"网上发布、网上申报、网上受理、网上监管"的"一网通办"新模式,实现企业申报"零跑腿""零材料"、申报后可以实时查询进度、审批后可以网上集中兑现。通过政策全流程"上网",让数据"多跑路",让企业"少跑腿",极大提高了企业获得感。

### 2."免申即享"创新政策试点

为提高政策兑现效率,一次性将16项认定类奖励政策列入"免申即享"试点,占全市50%以上,推动符合条件的企业高效享受政策红利。以往企业需要经过报送申请材料、多轮审核、公示等多个环节才能得到政策兑现,现在直接依据名单实现"无感兑现",既省去企业准备材料时间,又取消申报流程,企业可快速获得奖励资金。目前,已完成国家级制造业单项冠军、服务型制造示范以及省级工业设计中心、制造业创新中心等认定类奖励政策项目搭建。2022年,青岛市34家企业通过"免申即享"模式获得财政专项资金近1亿元。

### 3."真金白银"释放政策红利

为提振企业发展信心,全力稳住工业"基本盘",2022年以来,累计为1600余家企业项目拨付资金超17亿元,惠企数量和奖补金额均创历史新高。其中,支持企业技术改进综合奖补资金6.43亿元,支持工业互联网发展资金1.46亿元,支持软件与信息产业专项资金1亿多元。以海尔生物医疗为例,目前已获得国家级制造业单项冠军等财政奖补资金近520万元,有效缓解了企业压力,激发了市场主体活力。

# 创新"最多报一次"改革
# 数据赋能推动企业减负和政府效能提升

青岛市统计局

2022 年以来,青岛市统计局深入推进"放管服"改革,强化数字化改革思维,围绕减轻基层企业负担、促进产业高质量发展、提升政府履职效能三大目标,率先打造企业统计报表"最多报一次"改革机制,充分发挥数据基础资源和创新引擎作用,实现统计数据全链条管理和统计需求各端口服务创新,为构建政府有为、市场有效、企业有利、百姓受益体制机制新格局、服务高质量发展发挥重要作用。

## 一、打造企业统计报表"最多报一次"改革实践"青岛样板",走在全国、全省前列

率先建立企业统计报表"最多报一次"改革机制,坚持创新融合共享理念,强化数字赋能和流程再造"双轮"驱动,依托政府数字化转型,利用数据中枢、智能报表、数据模型、大数据计算等信息技术手段,实现"数据共享替代人工填报、数据跑腿替代人工跑路、最多报一次替代重复报多头报、数字化(无纸化)替代纸质报表、系统化替代人工计算",推动企业数据平台获取、共建共享、统一规范,满足各级党委和政府、党政部门等对统计更加多元化、个性化的数据信息需求,实现为企业减负重塑,为持续优化营商环境、服务高质量发

展提供可复制的"青岛样板"。

"最多报一次"作为青岛市的数字化精品工程,被列入 2022 年青岛市重点推进的"双 12"政务服务"一件事",相关经验做法被《青岛改革》《市委"作风能力提升年"活动简报》推广,相关工作被国家、山东省统计局网站、青岛市机关党建网以及青岛电视台、《青岛日报》《青岛财经日报》、中国报道网、青岛新闻网、凤凰网等多家新闻媒体报道。目前,全市已有 6 个部门、1000 余家重点企业参与,年共享企业微观数据达 1.8 万余笔,近 1.2 万家规模以上企业实现统计报表自动转换,企业报表时间从 1 小时缩短至不到 3 分钟,提升企业统计报表效率 90％以上,以统计数字化赋能服务全市高质量发展。

## 二、聚力"四个创新",重塑统计工作流程、变革数据生产方式、延伸统计价值链

### (一)创新指标靶向共享模式

针对各部门日益多元化、个性化的统计数据需求,改变传统数据共享模式,以单个指标为基本采集单元,进行智能识别采集,实现了由"依赖报表"向"订制指标"转变。调研 4500 余家重点监测企业和 10 多个行业主管部门,梳理形成部门和企业对统计数据的"需求清单"和"共享清单",精准定位 44 项不同类型企业的共享指标,通过跨专业、跨制度、跨报表定点抓取、靶向推送,提升统计数据与服务需求的灵活适配度。

### (二)创建企业"一键直报"系统

突破传统的统计报表模式,以"简单、便捷、可复用,企业少操作,数据多跑路"为目标,创新利用企业基础数据,质量全过程智能

管控,探索企业数据标准化深度治理。通过推广自主研发的财务报表自动有序转换软件,利用 20 余个统一规范的财务报表模板,充分整合分散数据和复杂多样的基础数据格式,"一键"完成数据自动计算转换,自动生成可"一键报送"的统计台账,有效减少人工填报差错、减轻企业报表负担、提升源头数据质量。

## (三)创建数据交互安全保障体系

加强对企业向政府部门报送重要敏感指标数据的安全保护,全面构建企业微观统计数据全链条、有条件共享安全机制,创新建立数据共享应用、数据安全保护规则,制定《部门对企业数据使用保密承诺书》《企业统计数据共享授权书》,明确并压实数据提供和数据使用的双向责任,制定《企业统计数据共享授权事项变更告知书》,明确企业授权变更事项,强化数据共享安全保障,依法依规保障企业合法权益,为企业参与部门数据共享送上"定心丸",促进政企数据供需对接、有序流通,增进政企互信。

## (四)打造"全程网办"平台支撑

依托"智慧统计"平台,建设数据资源统采共载系统,创新数据流程再造,打通政府统计与部门之间的企业信息交互渠道。一方面,在"可用不可见"的数据安全保障下,构建"部门—统计—企业"协同共享体系,实现数据从生产到共享的"一体化"流转,打造步步留痕、定点抓取、靶向共享的企业统计数据共享"全程网办"新模式,突破了以往企业微观统计数据不共享的边界,从平台流转、数据加密、流程规范上,探索实现微观数据点对点共享;另一方面,丰富智慧化场景应用,集成对接"山东通"和行政审批系统,采用"刷码"模式实现用户身份认证、电子签署、电子印章、身份核验等"全套连贯",在线完成承诺书、授权书等文件签署,优化办事流程,规范操作手续,企业不用跑腿一次办妥,提升工作效率和服务效能。

# 三、"最多报一次"改革为城市高质量发展发挥"数治"效力,取得显著成效

## (一)"协同共享"助力企业轻装减负

"最多报一次"系统依托统计信息化建设,实现企业微观统计数据共建共享,切实减轻基层企业报表负担。截止到 2022 年 11 月底,线下完成 6 个部门、1000 余家企业、近 5 万笔数据共享,预计明年共享数据将达 10 万笔以上,每共享一笔数据,都代表企业少报一次,有效地解决了基层企业数据重复报送、多头报送、报表负担重等问题。

## (二)"一键直报"激发统计能效

通过高效集成、多跨协同的统计报表"一键直报"系统,实现统计报表的自动化取数和智能化校验,企业报送方式"一键化"更加智能、台账管理"统一化"更加规范、数据汇总"自动化"更加高效,源头统计数据更加真实准确,真正实现企业"数智减负"。近 1.2 万家联网直报企业实现报表自动转换,占全市"四上"企业 90% 以上,为高质量发展注入统计新动能。

## (三)"精准画像"赋能产业高质量发展

利用"部门点单＋企业授权＋靶向推送"的服务模式,为发改、工信、商务等 6 个行业主管部门及时掌握重点企业生产、经营、能耗等情况,提供第一手资料,为科学有效地预测预警工业、商贸流通等行业运行态势,为部门制定产业发展政策措施提供数据依据。

## (四)"流程再造"提升政府履职效能

统计服务关口前移、靠前定位,由被动服务变为主动服务,由共

性管理变为个性管理,由"部门来函—内部流转—提供数据"变为"企业报表—平台抓取—定向共享"高效服务,共享数据时间由以往的3天左右缩短至"实时"共享,极大地提升了各部门获取统计数据的便利性和时效性,有力推动政府履职效能的提升。

## 四、持续发挥数字统计改革能效, 更好激发市场主体活力

### (一)坚持改革引领,建立部门在线调查模式

依托"智慧统计"平台,通过增加多组织机构、多调查对象体系管理功能,支持自身没有采集平台的市直部门,利用平台的联网直报系统,按照经统计部门审批的部门统计调查制度,独立组织实施在线统计调查,高质高效获取所需要的调查数据。将进一步规范报表制度管理,畅通部门协作渠道,更大地限度挖掘和拓展统计数据的使用维度、共享广度和服务深度。

### (二)强化宣传引导,扩大统计服务效应

加强对部门和企业的宣传引导,提高企业对统计数据授权共用的知晓度和认同度,以及部门严肃守信的责任意识,增进各部门和企业对"最多报一次"改革新模式的了解和支持,进一步扩大统计微观数据共享服务效应。

### (三)注重改革实效,持续完善长效服务机制

深化提升优质服务工作,组织政治素质高、业务能力强的统计人员对企业进行常态化业务培训和政策指导,打造优化营商环境背景下的贴心服务,确保改革各项举措落地见效,积极为企业群众纾困解难,为经济社会平稳运行提供有力支撑。

# 开展多元化多层次法律服务活动
# 为打造法治化营商环境保驾护航

## 青岛市司法局

## 一、取得的成绩与进展

### (一)加强依法行政制度体系建设,奠定有力法治基础

#### 1. 加大对涉企重大行政决策的合法性审查力度

对营商环境相关上会议题、发文的审查开辟"绿色通道",第一时间完成相关决策的合法性审查,督促决策承办单位严格落实涉企重大行政决策公众参与、专家论证、风险评估、公平竞争审查等程序要求,畅通企业、行业商会等市场主体参与重大行政决策的渠道,确保涉企重大行政决策的制定合法依规。

#### 2. 细化涉及市场主体规范性文件管理措施

制定出台《青岛市行政规范性文件管理规定》(市政府令第292号),明确规范性文件禁止规定的内容,包括"违法设置市场准入和退出条件,违法设置排除或者限制公平竞争、干预或者影响市场主体正常生产经营活动的措施"等六项内容,对涉及市场主体的规范性文件的意见征求和公平竞争审查等程序进行了细化。

#### 3. 开展优化营商环境领域专项清理工作

重点对照国务院《优化营商环境条例》和《山东省优化营商环境

条例》《青岛市优化营商环境条例》，明确清理范围和工作要求，对不符合相关要求的内容进行梳理清理。推动出台《青岛市人民政府关于废止和修改部分市政府规章的决定》（市政府令第 289 号），废止 23 件、修改 3 件政府规章。

## （二）强化行政执法行为监督力度，不断优化行政执法环境

### 1. 做深证明事项清理工作

市司法局以"简证"促"简政"，推"免证"赢"民心"，加快政务服务业务流程再造，高质量建设"无证明城市"。2022 年 8 月，组织有关单位再次开展证明事项清理工作，经过"地毯式"清理，青岛市证明事项再减少 45 项，缩减至 666 项，同比减少 6.3%。

### 2. 做实"乱罚款"问题专项监督

印发《关于开展"乱罚款"问题专项监督的通知》，认真细致地做好国务院第九次大督查问题自查工作，深入查找、纠正行政执法领域企业和群众反映强烈的突出问题，全面规范行政处罚行为，优化营商环境。

### 3. 做好特邀行政执法监督员续聘工作

印发《关于聘请青岛市第二批特邀行政执法监督员的通知》，聘请 35 名青岛市特邀行政执法监督员，其中，商界、企业界人士 20 余人。商界、企业界人士的加入，让特邀行政执法监督员的代表性、广泛性得到进一步提升，推进构建既清又亲的政商关系。

## （三）推动法律服务提质增效，提供精准优质法律服务

### 1. 持续深化惠企法律服务工作，规范涉企政府合同合法性审查

召开青岛市直部门和区（市）惠企法律服务工作会议，编制印发《进一步规范惠企法律服务中介机构参与惠企政策制定工作的通知》《惠企法律服务制度与案例汇编》。制定出台《市政府合同合法

性审查工作指引》，严格做好涉企政府合同合法性审查工作。完善惠企法律平台信息录入、法治体检等功能，倾心打造具有青岛特色的"法惠企航"法律服务品牌。目前，共服务企业 31201 件次。惠企法律服务平台获评"全省政法系统提升全民数字素养与技能案例"。

### 2.推广"全域受理、全域指派"法律援助新模式

在全省率先实现法律援助案件"随机指派"，遴选 992 名专业知识扎实、业务能力突出的法律工作者组成全市共享法律服务团队，与市律师协会协商，推荐 20 名案件专家组成案件质量评审团队，参与定期开展的法律援助案件质量评估活动。研发完成法律援助案件"线上评审"系统模块，实现法律援助案件监督和评议的实时化、便捷化。2022 年上半年，全市累计受理法律援助案件 15060 件。

### 3.推动法律服务全面"进企""惠企"活动

向全市广大律师发出倡议书，召开服务企业主题经验交流会和企业法务工作会议，编印指导手册，让企业了解律师，让律师走进企业。目前，青岛律师进驻 2 万家企业担任法律顾问，开展"法律体检"，提供精准法律服务，助力企业法治建设。进一步深化青岛公证领域"放管服"改革，制定印发《公证共享平台管理办法》。组织法律服务行业三大协会成立市城市更新和城市建设法律服务团，已提供服务 2000 余次。

## (四)多措并举化解纠纷，弘扬公平正义社会风气

### 1.完善审理机制，助推企业营商环境优化

出台《青岛市涉企行政复议案件审理办法(试行)》，作为山东省首个系统完备地优化营商环境、提升涉企复议案件质量的工作办法。创新撤回处罚决定提示制度，以《提示函》督促行政机关撤回网上公开的被纠错处罚决定，避免对企业造成负面影响。创新"白皮书"制度，规定涉企复议案件的分类统计通报，通过案件总结规范全

市涉企行政行为的合法性和规范性。创新优化受理及送达流程,合理缩短受理审查期限,采取灵活便企的收取和送达文书方式。

### 2.优化调解和解模式,做好纠纷定纷止争

加速调解和解,明确相关行政机关配合调解和解义务,常态化邀请调解和解委员会委员参与涉企案件争议化解,力争涉企行政争议在复议阶段实质性化解。加大纠错力度,规定了"侵犯企业财产权或经营自主权"等4类重点纠错情形,从根本上防止违法或者不当地涉企行政行为。加强案件回访,制定《青岛市行政复议纠错决定履行情况回访办法》,重点考察企业在不当行政行为被纠错后恢复经营情况、不当行政行为对企业的影响是否消除等,有效维护企业的合法权益。

### 3.创新审理模式,促进办案质效提升

总结归纳涉企复议青岛审理模式,依法公正高效审理涉企行政复议案件。复议机关采取倾听企业陈述与补充,鼓励企业与执法机关展开辩论的审理方式,让市场主体真正以看得见、听得懂、说得出的方式参与复议;借助专家咨询委员会中各行各业专家的智慧,对疑难复杂涉企案件开展专家咨询,找准争议焦点症结。对涉企复议案件按照"当日受理、提速快办、限期办结"要求,合理压缩办案期限、加快办案节奏,确保不影响企业正常经营和声誉。目前,市本级共收到涉企行政复议案件69件,审结58件,其中撤销原行政行为6件,纠错率为10.34%,调解和解终止15件,调解和解率为25.86%。

## 二、典型经验、创新举措

### (一)创新涉企复议审理"3+"办法,为优化法治化营商环境保驾护航

2022年以来,青岛市在全省首个出台《涉企行政复议案件审理

办法(试行)》(以下简称《办法》),细化"壮大团队＋听证前置＋实地调查＋专家咨询＋集体讨论"流程,创新撤回网上公开处罚提示、涉企复议白皮书等制度,编印《青岛市涉企行政复议典型案例汇编》,有效解决了困扰涉企复议审理的查不清、审不透等难题,推进行政复议维护企业权益的渠道更畅通、履职更公正、监督更有力。《办法》试行以来,市政府共办理涉企行政复议案件 70 余件,办案平均提速 20％;1/3 的案件实现调解和解和纠错,为多家企业避免重大经济损失;办理的 1 起涉企复议案件被评为全省十佳复议案例。

## (二)创新建立政府购买法律服务督促惠企政策落实机制

"政府购买法律服务督促惠企政策落实机制"本质上由政府向法律服务中介机构购买服务,通过组建惠企法律服务团队,免费为企业提供政策咨询、权益保障等服务,并参与政策制定、监督政策实施,依法维护企业合法权益。帮助惠企政策直达企业,全方位、零距离、全生命周期服务企业发展,构建起政企联动新"栈桥",搭建起企业"出题"、政府"答题"、服务"下海"、需求"上岸"的双向沟通渠道,提升了政府为企业服务水平。

## (三)建设"青岛涉外法务中心",打造涉外法律服务业高能级聚集区

法治是最好的营商环境。积极推进涉外法务中心建设,提升涉外法治能力,优化国际化营商环境,为服务国家重大战略部署提供法治保障和法律服务。以青岛涉外法务中心新平台为引领,以聚集全方位、全链条、高能级的涉外法律服务业态为依托,以法治资源要素全聚集、涉外服务全链条、信息共享全流程、衍生配套全方位为路径,将涉外法务中心打造成立足青岛、连接"一带一路"、对接上合组织、面向全球的国际化法律服务业高能级聚集区。项目建成后将通过实现法律服务业态集聚与功能升级,打造便捷、高效、公正、经济

的优质法律服务生态圈,促进涉外法治服务机构在青岛加速聚集,促使法务个体产业、关联产业融合形成综合体,使法律服务衔接更加顺畅,实现公共平台、核心产业、关联服务的合理布局、融合发展,进一步提升青岛涉外法治保障整体能力水平,成为服务新发展格局、应对维护国家安全稳定新挑战的高规格服务平台,加速推进青岛新时代社会主义国际化大都市建设。

## 三、开展法律服务,打造法治化营商环境的措施

取得成绩的同时,我们也清醒地认识到存在惠企法律服务工作面不够广、为企业提供的服务还不够精准、法律援助经费保障不平衡等问题。下一步将重点做好以下几方面工作。

一是多元化开展惠企法律服务活动,加强与市工商联、市人社局等联席会议成员单位的对接,采取"线上线下"相结合方式,深入产业园区、创业孵化基地、商协会,重点为中小企业提供更加精准的法律和政策服务。落实《督促惠企政策落实法律服务差异化付费办法(试行)》。二是持续深化公司律师和企业法律顾问工作,推动企业完善合规管理体系,促进企业依法经营。抓好《关于进一步优化公证利企便民服务的实施方案》的落实,推动解决企业办理公证的急难愁盼问题。三是以构建"大法律援助"格局为主线,深化法律援助"全域受理、全域指派"一体化服务机制,推进法律援助由"审查制"转为"核查制",降低群众获得援助门槛。四是持续做好涉企规章、规范性文件、重大决策事项的审查工作,按程序推进相关清理工作。

# 实施"非现场执法全流程闭环"模式 打造"互联网＋监管""智慧执法"新篇章

**青岛市李沧区人民政府**

青岛市李沧区在"互联网＋监管""智慧执法"建设工作中积极探索、大胆创新,充分依托现代科技力量、运用智能管理手段,加大推进"非现场执法"试点工作,建立了远程立体式监管和实时无接触执法系统,探索出了"非现场执法全流程闭环"新模式,实现了精细管理、精准服务、人性化执法,"互联网＋监管""智慧执法"工作取得重大成果。

## 一、坚持边试边行,确保监管平台运行不断完善高效

工作初始便明确了"科研起步、边试边行"的思路,邀请知名科研团队加盟研发平台系统和"慧商助手""文书助手""飞行助手"等程序软件。工作过程中,坚持"6 个即时":根据需求即时研发、研发成果即时上线、上线后即时实践、实践问题即时再论证、即时再完善、完善结果即时应用,形成"实践—完善—再实践—再完善"的良性周期,推动监管平台不断成熟和稳定,系统运行日渐流畅高效。

## 二、坚持科技赋能，助力执法管理难题得到有效破解

### （一）加大科技设备投入

一是购置了具备远红外夜视功能的多旋翼巡航无人机，联合青岛知名大学自主研发飞控软件，实现信息采集的不落地实时回传和自动抓拍、即采即派、精准测量等功能。同时，执法人员考取无人机飞手证书，随时执行飞行任务，有效弥补了监控盲区、复杂区域的日常监管空白。二是配备了360度全景、支持深度学习算法的云台采集车，实施每日巡查、智能抓拍、实时回传，不仅起到协助基层中队管理重要路段的查漏补缺作用，也能对部分偏远路段进行有效监控。无人机指挥调度一并接入车载系统，实现移动应急指挥功能。三是在重要路段和重点区域特别是进出李沧辖区的主要路口，设置多路高清探头，24小时不间断抓拍，对渣土运输车辆撒漏扬尘及其他常发易发的违法行为进行有效监控和迅速处置。

通过定期巡航的"天上慧眼"无人机、定点定位抓拍的"空中智瞳"高清探头和实施机动巡查的"地上灵眸"信息采集车，形成"高、中、低"立体式远程监控，实现通过智能设备隔空取证，为李沧区"非现场执法"筑牢基础。

### （二）彰显为民执法温度

在无人机和信息采集车设置远程喊话功能，对沿街店铺出现的超范围经营现象以及重点路段和部位出现的流动摊贩，及时语音普法提醒纠正。这种"无接触执法"方式，不仅体现了对初次违法、轻微违法行为依法依规"免罚""轻罚"的人性化执法和"谁执法谁普法"原则，更减少了不必要的执法矛盾，彰显了执法的"温度"。

### (三)实现无纸化办案

通过"慧商助手"载体和"文书助手"的无缝衔接,执法工作中的违法行为告知、法律文书送达、当事人整改反馈及查询、陈述、罚款缴纳、结案公示、一键归档等全流程均可通过手机线上完成,全过程与当事人零接触,实现了行政执法全过程非现场闭环管理,开创了行业先例。

### (四)破解现场执法监管难题

一是通过智能设备采集违法证据,系统派件,减少人为因素,杜绝选择性执法情况的发生。二是全程线上办案后,可通过指挥平台监管案件每一个环节,未在法定期限结案的由系统自动转到督查部门实施督查,有效防止人情案、关系案。三是对复杂、重大案件的线上、线下执法无缝衔接,保证了执法办案的严谨规范。

## 三、坚持依法依规,保障线上办案合法规范严谨

依法行政是行政执法的生命线。通过"互联网＋监管"线上办案在提效、便民的同时,更是把"主体合法、依据合法、程序合法"放在首位,李沧区通过多项措施全力予以保障,实现"非现场执法"全过程合法闭环。

### (一)明确两项措施,保障主体合法

一是执法主体合法。在李沧区政务网公开"非现场执法"程序、每个固定探头设置点位以及巡查范围、裁量基准等,在巡航无人机、信息采集车的明显部位设置醒目标识,并通过语音提示,亮明执法主体身份。二是明确管理相对人主体。通过人脸识别注册登录"慧商助手",锁定管理相对人身份,并支持管理相对人通过"慧商助手"

授权委托人接受检查或处罚,确保实际操作中严谨规范而又不失灵活。

## (二)严格两项措施,保障依据合法

一是严格证据有效性审核。按照《行政处罚法》关于电子证据采纳使用的相关规定,固定审核岗位,对采集的电子证据进行二级审核,确保违法证据的真实、清晰、完整、准确。二是严格程序确保执法文书精准送达。管理相对人对法律文书的送达途径和方式充分知晓后,签订《电子送达确认书》,通过登录并阅读"慧商助手",双重保障执法文书的精准送达,破解了文书送达难困境,体现了送达的即时性、合法性,提高了非现场行政处罚的效率。

## (三)推行四项措施,保障程序合法

一是线上流程严密规范。自主研发了"文书助手"程序,使用手机终端全程线上执法办案,实现了法律文书制作、审批和送达全程电子化,经山东省大数据局认证的电子印章的使用,充分保障了电子文书的合法性。二是线上救济途径畅通。管理相对人可对违法事实进行线上、线下查询、反馈和陈述申辩。三是线上执行电子支付。缴纳处罚金时,管理相对人可通过"慧商助手"线上支付,罚款直接转入政府财政账户,实现"一键解决不跑腿"的便民目的。四是执法案卷一键归档并同步公示。自 2021 年 1 月 1 日起,李沧区综合执法局所有案件均实现"掌上办理",案由与裁量基准一键检索,办结案件由系统自动生成案卷目录,并在行政处罚和行政强制网上同步公示,确保行政执法三项制度落实到位。

## (四)实施四项措施,保障数据安全

一是数据传输安全。对数据上行下行过程进行加密,确保数据传送不泄露。二是数据存储安全。对采集的信息和相关数据在政务网上储存外，均另行拷贝进行备份，双重保障数据不灭失。三是设置查阅权限。按照管理岗位设置不同权限，确保涉及的当事人信息不改变、不外泄。四是数据使用安全。对相关人员加强培训和监管，确保数据在使用和管理当中严谨、规范。

# 四、取得的成效

## （一）高科技设备的使用，明显提高了日常管理的时效性

一是日常沿街秩序管理中的违法行为，可以随时发现、随时调度处置，通过现场喊话或系统发送信息提醒，督促当事人及时纠正整改。对道路撒漏等突发事件，可以迅速通过定位系统和车载监控，锁定违法车辆和违法证据。通过科技助力，提高管理时效，补齐了管理盲区短板。二是解决了一线执法力量不足的问题，从而可以合理调配执法资源用于集中解决重大执法行动和重大案件，改变了以往路段管理"跑断腿、事不决"的状况。

## （二）一机在手线上办案的实现，大幅提升了基层执法效率

通过以案件智能感知、流转办理、执法监督、自动公示于一体的智能化执法办案平台，以及其拥有的线上审批、电子签名、电子印章、电子送达、电子支付、超期提醒等 300 多项功能，实现了案件从立案到结案公示的全过程无纸化闭环运行，大大提高了办案效率，为"非现场执法"的实施提供了可靠的技术保障，李沧区"智慧执法"取得质的突破。

## （三）与管理相对人线上良性互动，有效缓解了执法管理矛盾

实行"非现场执法"模式后，李沧区大部分的路段常态化管理均

可采取远程监控,一方面,对发现的违法行为及时通过信息发送提示业户自行纠正,避免了执法人员与管理相对人面对面时易产生的语言冲突和对立情绪;另一方面,能够及时锁定违法证据,避免了以往执法过程中因当事人不配合取证而发生的矛盾冲突,少了抵触不满,多了和谐配合。

下一步,李沧区将坚持"为人民管理城市"的初心,着力于提高依法执法、智慧执法、文明执法水平,进一步强化综合调度、深化信息共享、转化技术应用、优化机制流程,实现工作广度深度"横向广覆盖、纵向再延伸",切实提升城市治理能力和治理体系,提高市民满意度,为推进"数字政府、智慧城市"建设作出新贡献。

# 创新金融服务政策供给
# 打造上市公司孵化聚集区

## 青岛市城阳区人民政府

习近平总书记指出:金融是实体经济的血脉,为实体经济服务是金融的天职,是金融的宗旨,也是防范金融风险的根本举措。近年来,城阳区坚持把更好服务实体经济、助推企业上市作为金融工作的主攻方向,在创新政策供给、健全服务机制、搭建产融平台等方面综合施策,加快构建金融有效支持实体经济新机制。成功入选山东省上市公司孵化聚集区试点,上市工作呈现全面提速的良好态势。近三年,城阳区新增上市公司 9 家,数量居青岛市首位;上市公司总数达到 15 家,进位青岛市前二。

## 一、创新政策供给,下好支持上市"先手棋"

坚持政策先行,充分发挥政策的导向和牵引作用,通过完善政策体系、拓宽扶持路径、创新兑现模式,以政策引力激发企业上市动力。

### (一)出台"组合式"政策举措

聚焦企业上市全过程,修订完善加快资本市场发展的意见,着力构建"力度最大、体系最全、服务最优"政策体系。一是加大政策奖补力度。将企业上市奖补资金提高至1500万元,政策吸引力显著增强。二是拓宽政策覆盖面。将获得投资、进行股改、发行债券等资本市场行为全方位纳入政策体系,鼓励企业拓宽直接融资渠道。三是提高政策实效性。按照签订券商、完成辅导、首发受理等节点,有步骤、分阶段地进行全过程扶持,切实减轻企业上市的财务费用压力。2022年以来,全区兑付上市挂牌资金1900余万元,成功助力2家企业实现过会待发、2家企业报会待审。

## (二)推行"自选式"政策扶持

锚定企业上市关键环节和重点需求,精准把脉、对症施策,打造企业"自选式"政策扶持新模式。一是变"锦上添花"为"雪中送炭"。境内上市在审企业可根据自身资金需要,自主选择上市前接受扶持或上市后享受奖补,真正将政策落实在企业最困难、最需要之时。二是变烦琐复杂为高效便捷。企业仅需提交承诺函等材料即可快速申请,加快奖补资金运转效率,为企业登陆资本市场增添动力。2022年,青岛三柏硕健康科技股份有限公司和青岛沃隆食品股份有限公司根据自身需求,各申请提前奖补资金550万元,及时助力企业克服时困并顺利推进上市进程。目前,三柏硕已成功首发,沃隆也进入在审关键时期。

## (三)实施"立享式"政策兑现

着眼提高政策资金使用效益,积极创新预算、申报、兑付模式,打造政策兑现"提前预算—完成立申—即时拨付"新模式。一是创新预算模式。改变政策资金预算管理惯性思维,加强对企业上市进度的跟踪与预判,变"事后预算"为"提前预算"。二是创新申报模式。改变以往年中和年末固定时间申报的做法,企业完成奖补事项后可立即申请,变"一年两申"为"完成立申"。三是创新兑付模式。改变奖补资金当年申报、来年拨付的兑付方式,企业申报后10个工作日即可拿到资金，变"次年拨付"为"即时拨付"。2021年7月，青岛海泰科模塑科技股份有限公司首发上市，当年即享受到1100万元上市奖励，助力企业在市场低迷的情况下实现上市后市值平稳回归。

## 二、创新服务机制，练好支持上市"基本功"

坚持服务为上，聚焦企业需求导向，创新建立精准转化、靠前协调、延伸服务三项机制，瞄准目标，凝聚合力，打造"近悦远来"的资本市场营商环境。

### （一）建立"梯队式"精准转化机制

持续推进资本市场培训和企业走访行动，深入挖掘培育上市后备资源，建立"分层、动态、精细"的重点拟上市企业后备库。一是坚持梯度分层。根据经营、科研、融资等维度，将企业划分为"精选层""优质层""培育层"三个梯度精准储备。二是坚持动态管理。根据企业各项指标和上市进程及时调层，有上有下，有进有出，保持"培育、股改、申报、上市"四个层次精准管理。三是坚持精细服务。根据企业所处层次和自身特点，坚持"一企一策"分层培育、精细服务。目前，城阳区上市后备资源库企业达到120家，形成高效稳定的"雁阵式"梯队。

### （二）打造"管家式"靠前服务机制

健全完善上市协调推进服务举措，为拟上市企业提供"管家式"靠前服务，打造企业上市全流程一体化服务模式。一是设立"专属管家"。为拟上市企业专门配备助企专员，及时掌握企业需求，帮助企业解决上市过程中遇到的困难问题。二是实施"定制服务"。前置服务关口，提前组织券商、律所等专业机构上门提供服务，为企业量身打造政策宣传、规范管理等"综合服务包"。三是形成"流程清单"。梳理合规证明出具流程,形成服务指南及时推送给企业,实现"管家多服务、企业少跑腿"。2022年,通过"管家式"服务,帮助青岛海力威新材料科技股份有限公司解决了长达10余年的历史遗留问题,成功助力海力威通过证监局辅导验收并被证监会受理。

### (三)形成"链条式"延伸服务机制

坚持存量与增量并重,将服务链条延伸至企业上市后,助力上市企业继续做大做强。一是设置上市"专策"。设立支持上市公司专项奖励资金,对上市公司并购、再融资等进行扶持。二是组建服务"专班"。一位区级领导包抓一家上市公司,并根据企业需求配备职能部门、专业机构组成"动态专班",提供融资、人才等全方位服务。如城阳区设立并购专策、提供"延链"服务,推动国恩股份收购骐骥光电,有效提振了企业通过并购发展壮大的信心,助力企业后期又收购了上市公司东宝生物,形成新发展格局。

## 三、创新平台建设,打好支持上市"组合拳"

坚持平台引领,积极搭建互联互通平台,着力在汇聚资源和要素、撮合资本和企业、融合产业和金融上做文章,推动形成产融交互赋能的优良资本生态。

### (一)搭建资本要素聚集平台

着眼支持优质企业上市,联合青岛证监局和青岛市地方金融监管局共同建设"青岛市资本市场高质量发展示范区",打造高端资本要素集聚地。一是发挥政策吸引力。机构落户奖励可达5000万元,投资奖励不设上限,基金管理人最高可获3%的管理奖励,打造国内创投风投发展的政策"洼地"。二是发挥头部机构吸引力。加强与知名创投机构合作，加快汇聚创投基金等创新资本，推动聚源芯星、盈科价值等国内头部机构基金落户。目前，全区备案基金达到 156 只，累计实缴到位资金 303.2 亿元，为企业利用资本市场营造浓厚氛围。

## (二)搭建直接融资对接平台

聚焦畅通直接融资渠道，建立常态化融资对接机制，持续组织开展"上市企业高管走进城阳""创投风投合作交流会"等系列活动，搭建资企"零距离"对接平台，为区域实体经济发展提供充足资本支持。近年来，城阳区通过活动平台成功为辖区天仁微纳、利和味道等重点拟上市企业引入深创投等知名机构进行战略投资合作，仅 2022 年上半年，辖区拟上市企业获得创投风投机构投资已超 3 亿元。

## (三)搭建产融培育交互平台

锚定资本赋能实体经济高质量发展，设立创新投资中心一站式专业服务平台，建立"金融部门＋审批部门＋落户街道"服务联合体，持续放大政府引导基金杠杆作用，积极搭平台、聚资本、引项目，推动产融深度融合、互促共赢。近年来，城阳区通过政府引导基金参股引入规模 100 亿元的海创千峰新旧动能转换母基金，撬动集聚海创天成基金管理公司、华控基金等创投风投机构，并成功引入了 100 亿元市值的上市公司盈康生命。

下一步，城阳区将持续优化营商环境，用好用足山东省上市公司孵化聚集区试点等资源，支持优质企业上市，提高上市公司质量，努力建设要素集聚的"磁场"、企业成长的"沃土"、上市公司发展的"茂林"，争取 2025 年上市公司数量突破 30 家，为全市上市公司"量""质"齐升贡献城阳力量。

# 智变融合强监管 创新提效优服务
## 打造智慧监管"三大平台"

青岛西海岸新区管理委员会

目前,青岛西海岸新区市场主体有 42.5 万户,其中食药生产经营单位 4.3 万家,电梯、叉车等特种设备 5.6 万台。面对数量庞大的监管对象和易发多发的监管风险,青岛西海岸新区坚持监管执法和制度建设并重,组建风险预警、"双随机"监管、信用信息公示"三大智慧监管平台",以集成化、信息化、智能化解决基层事多人少的"痛点",将服务放在监管前面,让监管跑在风险前面,将危害人民群众健康的"风险点"消灭在萌芽之中,有力推动市场监管由管制向治理转变、"多头"向综合转变,为新区经济社会发展、人民群众日益增长美好生活需求提供强力保障。

## 一、风险预警平台,让风险隐患"无所遁形"

风险预警平台采用"一站式"风险识别、预警、处置机制,归集涉及市场监管、民政、教育等部门的学校食堂、养老机构食堂"明厨亮灶"实时监控,产品抽检、媒体舆情、专项整治、稽查办案等发现的风险隐患。

### (一)"数据说话",扫清监管盲区

风险预警平台引入人工智能识别和大数据分析,对餐饮单位、农贸市场、诊所药店等实行不间断扫描抓取,累计收集风险数据36万条,研判风险18万条次,妥善处置群众投诉举报10万余件,做出信风险评级后,交由相应部门现场处置反馈,让风险隐患排查不留死角、不留盲区。

### (二)"条线预警",强化风险防控

根据收集的风险数据,定期发布预警分析报告,对风险隐患多发领域,追溯行业条线风险,及时向企业和社会发布预警提示,开展企业集中约谈活动,明规矩于前,指导企业守法经营,让人民群众吃得放心、用得安心。已累计发布《投诉举报与风险预警工作周报》45期,向特种设备使用单位、食品经营单位等发布预警提示5900余条次。

2022年以来,风险预警平台进一步优化"投诉举报""视频监控"等模块,升级综合数据模型,实现平台整体数据动态化和智能化,平台获国家计算机软件著作权登记,在全省率先推进婴幼儿配方乳粉生产企业可视化智慧监管,学校食堂、养老机构食堂、配餐单位"互联网＋明厨亮灶"实现100％覆盖,真正实现风险隐患"无所遁形"。

## 二、"双随机"平台,让监管执法"无事不扰"

"双随机、一公开"监管平台是对风险预警平台推送的风险隐患,随机抽取执法人员实行"派单式"执法监管,并对执法人员履职和作风情况进行评价,让公开、公正、公平贯穿行政执法的全过程。

## (一)"无事不扰",成为监管常态

制定出台全省首个县(区)级部门"双随机、一公开"监管工作规范标准,在全市率先推行集 25 个执法单位、93 个行业领域、175 个事项的部门联合"双随机"。2022 年,已对 35 个抽查事项、3959 户市场主体开展部门抽查,部门联合抽查比例达到 32.27%,"进一次门、查多项事",最大限度减少行政执法对企业的打扰,释放法治善意。

## (二)"有呼必应",提升服务温度

充分发挥市场监管覆盖优势,创新开展"服务型"双随机活动,领导带队组成专门服务团队,发放企业服务联系卡,将最新政策送到企业手中,对企业诉求限时办结,助力企业纾困解难、稳工稳产。活动开展以来,累计解决企业难题 300 余件,指导 47 家企业获评国家知识产权优势企业、省高端品牌培育企业和"好品山东"品牌。

2022 年以来,"双随机"平台对 13 个食品、特种设备等重点领域监管抽查事项建库立项,为精准开展自选双随机检查提供数据支撑,针对风险预警平台"风险关键词"模块分析推送的电梯故障风险点,平台随机选派执法人员现场协助,采取"专家＋执法人员"联合检查方式,对全区 21 家电梯使用、维保单位、检验检测机构开展"技术诊断",对 9 家违规单位现场责令改正,风险隐患实现精准管控,人民群众的出行安全得到有力保障。

## 三、信用公示平台,让精准监管"有章可循"

依托国内首个县(区)级商事主体信用信息公示平台,横向归集全区 34 个司法和执法单位的信用数据,拔除"数据烟囱"和"信息孤岛",纵向联通国家企业信用公示系统,形成涵盖行政处罚、纳税、司法、社保等信息的企业"信用画像"。目前,平台已归集公示近 40 万余户在营市场主体登记信息,访问量达到 1385 万余次,累计公示行政许可、行政处罚等信用信息 54 万余条。

### (一)"分级分类",实施差异监管

团队制定信用风险分级分类办法,把企业信用风险分为 A、B、C、D 四类,对不同风险等级企业实施差异化监管,A 类企业"无事不扰"、B 类企业"行政指导"、C 类企业"常规监管"、D 类企业"重点监管"。对重点监管对象再次实行风险预警重点监控和"双随机"重点检查,通过"回头看"确保整改到位,形成工作闭环。

### (二)"信用修复",彰显法治善意

发布青岛市首个信用修复工作流程图,包容审慎、惠企暖企助力企业重塑自身信用。利用"云约谈"工作模式,畅通企业信用修复渠道。累计助力 7000 余家失信企业完成信用修复,帮助企业重拾发展信心,助推企业高质量发展。

2022 年以来,商事主体信用信息平台完成重点领域企业信用功能模块页面改版和优化升级,对 326 家食品生产企业、102 家特种设备获证单位进行重点标注公示;利用失信企业分析系统,对于列入严重违法失信企业法定代表人信息进行大数据分析比对,开展失信关联企业延伸检查,6776 家"黑名单企业"法定代表人、股东关联的 1759 家企业已纳入风险预警监管范围重点检查。

## 四、推进监管创新升级迭代,经验可复制、能推广

在国家、省、市各级部门指导支持下,"三大平台"在实践中完善升级,风险预警"汇总成单"、双随机"统筹派单"、各单位"照单监管"、信用平台"录单公示","三大平台"数据流转互联互通,完整闭

环监管模式日趋成熟,形成了可复制、能推广、可借鉴的创新经验。新区依托"三大平台"推进质量工作获国务院办公厅表彰,成为全省在质量提升方面首个获此殊荣的地方;工作经验被国家市场监管总局主办的《中国质量报》《中国市场监管研究》《中国市场监管报》头版倒头条刊发报道、推广全国;市政府主要领导、工委主要领导、管委主要领导分别作出肯定性批示;"三大平台"入选2021年山东省新型智慧城市优秀案例、青岛市优化营商环境优秀案例。

# 加强制度创新 打造创新创业新高地

中国(山东)自由贸易试验区青岛片区管委课题组

中国(山东)自由贸易区青岛片区(以下简称青岛自贸片区)获批实施以来,青岛市积极调动各方力量,以深层次改革激发新活力,以高水平开放增创新优势,持续深入推进制度创新、人才服务、数智园区、建设与城市更新、综保区提档升级五大专项攻坚行动,实施国际贸易、港航物流、现代金融、集成电路、基因科技、智能制造六大产业促进提质行动,重点推进航运贸易、智能制造、集成电路、基因科技四个产业集群建设,加快提升传统产业,着力培育"四新"经济,加快打造现代产业体系;探索创新驱动模式,推进体制机制变革,激活市场主体活力;积极融入国家区域发展战略,增强开放发展能力;推进绿色发展和生态保护,优化政策环境,完善保障措施。经过两年不懈努力,青岛自贸片区初步形成动能加快转换、增长质量稳步提升的良好局面,对青岛市创新创业起到极其重要的带动和引领作用。

## 一、青岛自贸片区对青岛市优化创新创业环境带动作用分析

### (一)推进制度集成创新,高质量发展实现新突破

自贸试验区以制度创新为核心,能否形成复制推广的制度创新

成果和改革试点经验,是检验自贸试验区成功与否最重要的标准。因此,课题组将制度创新作为验证青岛自贸片区三周年建设成就的重要部分,通过两步骤、三归类的评估方法进行全面评估。评估结果显示,青岛自贸片区制度创新数量多、质量高、效果好,尤其是首创占比 35.0%,远高于全国自贸试验区的平均水平。

### 1. 首创性突出

首创首单全国领先,226 项制度创新举措中,79 项制度创新成果为全国首创,5 项制度创新落地全国首单业务,首创占比高于全国平均水平。创新成果实现三突破:一是先行探索突破管理规定,勇于突破现有的要求,如创新开展植物源性食品国际中转新模式、打造跨境电商海外仓出口退税新模式等;二是先行探索突破监管边界,在全国率先放开限制,如无仓储危化品经营资质审批监管、轮胎行业加工贸易单耗管理新模式等;三是先行探索突破管理模式,形成新的业务模式,如舱单状态下国际中转集拼业务监管创新、联合开展智慧云轨监管系统创新等。创新方式做到五个新:一是运用新技术,如打造"5G+智能制造"高端家电产业数智化发展样板,破解了制造业智能化转型升级的难点、堵点;二是重构新流程,如进口原油"先放后检"监管新模式,将通关相关环节后置;三是整合新事项,如企业集团加工贸易保税监管新模式,对监管对象进行整合;四是创造新体系,如自贸片区统计监测"青岛模式",打造功能区统计体系;五是拓展新领域,如保税原油混兑调和业务新模式,将保税燃料油混兑调和拓展至原油,实现制度突破。

### 2. 制度创新举措系统集成性强

创新举措内部"全景聚合"强。一是聚合不同监管手段,如入境交通工具"无接触式智能卫生检疫"新模式,在云登轮基础上,聚合"无接触核酸采样+远程信息采集+远程研判指挥"等;二是聚合不同监管内容,如进口大宗商品智慧鉴定监管模式,实现重量鉴定监管与检验鉴定机构日常监管有机融合和集成创新；三是聚合不同监管主体，如"陆海联动，海铁直运"监管新模式，实现海关、海港、内陆港、铁路共同推动实施。创新举措左右"空间关联"高。制度创新举措有着较强的关联度，服务同一个目标。例如，45 项制度创新举措与提升港口国际中转疏运能级相关；20 项制度创新与人才服务相关；18 项制度创新与做好企业设立运营注销等服务相关。创新举措前后"时间延续"好。一方面，旧的创新举措不断延续，例如，成立之初全国首创企业设立智能登记系统，2022 年又推出了企业登记"智能表单"改革新模式，补上了智能表单在企业变更和注销领域的空白。另一方面，新的创新举措不断拓展，例如，目前制度创新涉及的贸易新业态、新模式集中在跨境电商和海外仓，"揭榜挂帅"制度创新榜单提出要重点对市场采购贸易和离岸贸易进行探索。

### 3. 制度创新举措差异化探索明显

青岛片区围绕山东自贸试验区总体方案功能定位中要求的打造东北亚国际航运枢纽、海洋经济发展示范区，以及具体任务中的深化中日韩区域经济合作，推出了一系列差异化举措。例如，保税铁矿混矿"随卸随混"监管新模式、数字化贸易平台系统创新、船舶"套泊热接"作业新模式、"互联网＋"船舶扣押拍卖管理新模式、航运企业集成化审批服务新模式等，围绕大宗商品交易和航运服务能级，全方位强化东北亚航运枢纽建设；研发政策到产业化政策的"闭环设计"、海洋经济统计核算制度"填补空白"、海域使用金非税划转缴费模式的"破冰之举"，从政策、制度到模式的多角度，探索海洋经济发展；依托"一心一港一城"的空间格局，主动引进日韩商业模式、消费模式，带动"四新"经济集聚发展，以贸易、投资、消费等合作切入，深化中日韩区域经济合作；促进政务服务协同，构建物流信息互通互享机制，协同打造全程化物流模式，结合政务、港口、物流协作，主动牵头引领黄河流域生态保护和高质量发展。

## (二)国际贸易质量显著提升,青岛开放基础进一步夯实

### 1. 大宗贸易生态体系初步建立

中物联协会授予的全国首个大宗商品航运物流与采购基地运营,成为全国大宗商品保供稳价的重要平台,这是青岛自贸片区对全市外经外贸实现突破发展的重大支撑。搭建数字化大宗商品交易平台,率先上线全国大宗商品仓单登记系统,建成大宗商品资讯中心与航运可视化平台,直接促使有外贸实绩的企业数字化建设上了一个大台阶。山东国际大宗交易市场正式营业,成功上市黄油品种填补国内市场线上交易空白,贸易额突破 400 亿元,这是对青岛进出口额增量的直接贡献。大宗商品交易中心运营并上市橡胶品种,提供仓单挂牌、竞价交易、掉期交易、仓单管理、交收结算等服务,推出铁矿石橡胶、棉花、纸浆、原油等青岛指数,为大宗商品保供稳价提供重要支撑。

### 2. 高能级贸易物流企业加速集聚

青岛自贸片区成立的直接作用就是高能级贸易物流企业加速集聚,如中青大冷 15 万吨智能化冷库、巴龙冷链二期 30 万吨立体冷库、师帅冷链 4 万吨新升级冷库建成投用。另一个产生乘数作用的是,中国肉类协会授予中青大冷肉类进口及冷链物流"双基地"称号,揭牌运作中国北方肉类进口基地、北方展示交易冷链物流基地,引进中外运华中、贤能石化、班芙能源等总部型、头部型外贸项目 6家,山港国贸完成市级总部认定,鲨湾总部项目完成注册,引育贸易额 30 亿元以上国际贸易总部 31 个,集聚外贸进出口业绩企业2100 余家。

### 3. 打造新型贸易模式成效明显

青岛自贸片区在加工贸易高质量发展同时,探索贸易新模式,率先发起成立跨境易货贸易联盟,带动 600 余家企业会员参与新型

贸易模式实践,全国首家跨境易货贸易企业注册落户,市级跨境易货贸易协会成立,跨境易货贸易1.0平台试运行、0130首单试单。发布《支持新型离岸国际贸易发展的若干意见》,离岸贸易综合服务公司注册、企业服务中心成立。聚力发展保税维修,实现保税研发进出口额超过2亿元。突破发展跨境电商,跨境电商四种通关模式全部落地,率先在全省开展"9710""9810"业务,"1210进口企业"完成注册。电商产业园先后获批省级园区、跨境电商平台、公共海外仓,电商公共服务平台升级为市级平台,中日韩消费专区跨境电商中心投入运营,航空物流超级货站项目基本建成,百盛运通在全省率先开展跨境电商保税直播模式,单场直播销售突破1亿元。

获批以来,青岛自贸片区外贸进出口额实现两年翻一番,年均增速36.9%,是全国外贸进出口额平均增速的3倍以上,占全市比重由2019年的14%提高到2021年的22%(图1)。

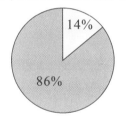 

**图1　2019和2021年青岛自贸片区进出口额占全市比重**

## (三)资本等要素市场持续完善,高质量发展新动力增强

### 1.金融服务全市实体经济机制不断健全

深化区税联动,在全国率先建立"区关税"三位一体信用合作机制,创新推出8项税费服务举措,实现政府端信用、海关AEO认证和税务纳税信用共认共联、数据互通共享,据对青岛民营企业协会

会员的调查显示,西海岸新区有 80% 相关企业受惠。深化片区联动,联合济南、烟台片区成立"自贸智税"算法模型建设实验室,实现企业"黑名单""白名单"自动识别,深化政银联动,联合建设银行设立自贸金融创新实验室,实现全国首笔基于数字仓库的仓单质押融资落地。

### 2. 政策红利惠及全市企业

全国首创出口退税"核实可视"+"信用赋能",企业首次退税压缩至 5 个工作日以内,较之前提速 75% 以上。创立 1 亿元"自贸贷"护航外贸产业发展,一期投放 2000 万元缓解中小微外贸企业资金压力。创新推出汇率避险政策,全市 16 家银行为 83 家区内企业办理套期保值业务 7.15 亿美元。创新推出涵盖"原告险""被告险""运营险"知识产权综合保险,累计开办专利权质押贷款保险 300 多笔、保险金额超过 11 亿元。

目前,已集聚 240 余家金融机构、金融企业和地方金融组织,其中,银行保险机构 35 家,私募股权、创业投资基金 54 只,基金规模374 亿元。

### (四)发展先进制造,经济实力持续增强

### 1. 转型升级智能制造

提升存量方面,上汽通用五菱加速技改升级,新能源车月销量、年销量均排名全国汽车销量第 1 位;青岛力神新建 PACK 线项目建设顺利推进;打造全球家电行业首个"5G+工业互联网"全连接示范园区,海尔中央空调、海尔洗涤电器分别荣获国家级智能制造示范工厂、智能制造优秀场景,全球首个"智能+5G 互联工厂"获工信部等 10 部委认可;松下电子完成全自动化技改升级,生产的超精密轻触开关全球占有量第一。拉动增量方面,分别总投资 30 亿元海尔热水器超级工厂项目奠基开工、潍柴动力全球未来科技研发中

心项目主体完工,进入装修施工阶段;朗进新能源设备、中德博佩发动机零部件、海奥斯高端制造项目等 10 余个高端制造项目竣工;富士康电子元器件产业生态基地储备项目 7 个。实施高新技术企业培育计划,培育蔚蓝生物、未来塑胶等市级以上"专精特新"中小企业 67 家。

### 2.延链展链集成电路

扩产扩资"链主"企业,电子信息产业园总投资 201 亿元的 10 个重点项目集中开工、8 英寸晶圆产能逐月稳定提升、12 英寸晶圆实现量产,项目纳入西海岸新区唯一市级新引进"百亿级"大项目。加快建设配套园区,规划占地 1330 亩的"配套产业片区"首批开发区域产业规划修编工作加快推进;总投资 30 亿元工业污水、道路管网、供电等 9 项专业基础设施工程加快建设,已完成基础设施配套投资 6 亿元。加速落地"链条"企业,高端智能功率模块(IPM)制造及功率芯片研发、传感器研发生产、德国代傲电控板等总投资约 14 亿元的产业项目落地,涵盖芯片研发制造、模组等领域。总投资 10 亿元的半导体先进装备研发制造中心签约,填补产业缺项。总投资超过 537 亿元的 15 个产业链项目落户,涵盖集成电路设计、材料、设备、制造、封测、模组、基金等领域。

### 3.蓄势聚能生命健康

加强顶层设计,规划总用地面积 1207 亩的青岛基因科技产业园(青岛时空基因谷)规划方案编制完成;组建由园区国有平台公司与产业龙头企业共同参股的青岛时空谷基因科技有限公司,集聚基因谷载体资源 12 个。做强链主企业,华大智造全球最大时空组技术平台投产,实现全球唯一原位捕获空间全转录组测序技术;首创国内全封闭式新冠病毒检测一体机获科技部致信感谢;国内首个、全国最大的测序酶研发生产基地,每分钟基因测序数据 6.95GB;率先组建国际海洋基因组学联盟,与国内外 166 家科研院所开展"万种鱼基因组"等科学合作项目 535 个。清原创新中心牵头主持的"十四五"国家重点研发计划、山东省重大科技创新工程顺利开展，粮食作物杂草抗药性治理技术荣获年度国家科学技术进步奖二等奖；金卓工业互联网平台上线，服务 153 个国家 150 余万用户，全球第二；青岛"火眼"实验室服务全市防疫、驰援上海，累计完成新冠核酸检测 1600 余万例。招引链条项目，新注册过 10 亿元项目 1 个、开工 3 个、储备项目 24 个，总投资 11 亿元的清原海洋生物基因编辑研发及应用项目以及合生生物项目落地，华大健康产业园、亿卫生物、今墨堂生物抗体等项目开工建设。

### (五)实施科创精进，推动高水平科技自立自强

党的二十大报告提出，坚持创新在我国现代化建设全局中的核心地位。完善党中央对科技工作统一领导的体制，健全新型举国体制，强化国家战略科技力量，优化配置创新资源，优化国家科研机构、高水平研究型大学、科技领军企业定位和布局，形成国家实验室体系，统筹推进国际科技创新中心、区域科技创新中心建设，加强科技基础能力建设，强化科技战略咨询，提升国家创新体系整体效能。青岛自贸片区认真贯彻落实党中央、国务院有关创新驱动发展的重要决策部署，助力建设创新型城市，着力构建具有地方特色的自主创新体系。在强化国家战略科技力量方面，青岛自贸片区通过与国外高校和科研院所共建实验室和科技创新联盟，支持国内外高水平大学和研究机构落户片区，实现科技资源优化整合。在提升企业技术创新能力方面，青岛自贸片区引进全省首家聚焦智能制造产业的中德智能制造技师学院，为企业提供更多创新要素。在激发人才创新活力方面，青岛自贸片区创新探索"按薪定才"评价机制，建设高水平人才队伍，实现高层次人才总数占山东省近三成、外籍人才占山东省近半数。在完善科技创新体制机制方面，青岛自贸片区设立山东省首个国家海外知识产权纠纷应对指导联络服务站和山东省

首家知识产权巡回法庭、仲裁院，知识产权保护氛围日益浓厚，实现青岛市发明专利授权量与拥有量居山东省首位。这些创新举措带动了青岛市、山东省创新链效能大幅提高，为国家科技实力跃上新台阶做出新贡献，为实现我国科技创新和体制机制创新双轮驱动提供新方案。

### （六）打造高品质营商环境示范区，提升城市竞争力

优化营商环境是党中央对青岛自贸片区建设提出的明确要求，《总体方案》明确提出，要"打造国际一流营商环境"。挂牌建设三年来，青岛自贸片区对标国际高水平营商环境规则和国内先进经验，成功实施了一批突破性、引领性的改革举措，创造了一系列可复制、可推广的青岛经验，持续推动贸易自由便利、投资开办便捷、企业经营有序、市场竞争公平、法治保障有力，推动青岛自贸片区营商环境向着国际一流水平稳步迈进。目前，青岛自贸片区营商环境相关指标排名居于全国领先位置，其中企业开办、获得电力等指标已居全球前沿水平。以获得电力为例，经过改革，青岛自贸片区电力获取仅需 2 个程序，时间仅需 3.5 天，优于中国平均水平 32 天，优于北京、上海、苏州等国内主要城市以及世界银行《2020 年营商环境报告》"获得电力"指标排名居前的阿联酋等国家和地区，获得电力便利度水平跃居全球前列。青岛自贸片区围绕优化营商环境做出的有益探索和积极贡献，为中国在"软环境"上实现突破提供新参考，为全面提升营商环境水平树立新标杆。

## 二、青岛自贸片区建设面临的问题和挑战

三年来，青岛自贸片区全面贯彻落实习近平总书记关于自贸试验区"大胆试、大胆闯、自主改"等系列重要指示精神，主动对标国际先进经贸规则，加快产业结构升级，着力培育发展新动能，加快打造

高质量发展新格局,已完成预期目标和各项任务。当前,国际国内发展环境正发生深刻变化,对标国内先进城市和同类功能区,青岛自贸片区建设面临诸多问题和挑战。与深圳、上海、江苏等地自贸试验区对标研究,还存在一些问题和不足。

## (一)国际视野和创新能力不足

对标深圳,在大项目建设、金融、法制等创新领域,大胆试、大胆闯、自主改的步子迈得不够大,高端装备制造、生物医药等大项目招商成效不明显,对此缺乏快速有效应对方法,创新性开展工作的能力还有待提升。

## (二)面向全球配置资源能力有待提升

片区链接国内国际双循环功能不够强,深度融入全球产业链供应链的优势还不明显。进出口货物产品附加值较低,服务贸易和数字贸易等新型贸易发展慢,总体处于全球价值链供应链中低端,实际利用外资水平有待提高,风险防控体系不够健全。利用外资方式仍以传统"绿地投资"模式为主,股权出资、参股合作、外资基金等新方式对利用外资的实际贡献相对不足,先进制造业项目产生的外资到账总量偏少。

## (三)"一锤定音"的产业尚未形成

以芯恩为主导的集成电路新兴产业和以华大、清原等为先导的基因科技产业尚处于起步和培育阶段,尚未达到产能释放周期。

## (四)国际化人才储备不足

对标上海深圳,在国际贸易、融资租赁等重点领域,通晓、运用国际规则,能够参与国际事务的复合型人才储备不足。

# 三、加强制度创新,打造创新创业新高地的对策建议

为更充分地发挥自贸试验区对青岛创新创业生态建设的带动作用,要支持青岛自贸片区全方位改革创新,积极对接国家区域协调发展和对外开放战略,以构建具有国际竞争力的现代产业体系为目标,以"四新"经济为突破,以先进制造业为重点,以"放管服"改革为保障,不断提升要素市场集聚能力和配置效率,助力青岛在新一轮城区竞争中进位争先,成为我国东部地区转型发展和东北亚地区的增长极。

## (一)明确制度创新目标,明晰打造制度创新高地路径

青岛肩负经略海洋、上合示范区建设、自贸试验区建设等国家战略使命,站在国家新一轮更高水平对内对外开放的最前沿,开放型经济发展具备广阔空间。青岛亟须主动放大坐标,在"双循环"格局和"双节点"价值中定位,实行更加积极主动的开放战略,加快构建全方位、宽领域、多层次的更高水平对外开放新格局,形成引领区域国际经济合作和竞争、培育带动区域发展的商务发展新高地,成为全省对外开放桥头堡和高质量发展先行区。

围绕青岛自贸片区制度创新核心任务,推进实施山东自贸试验区 2.0 升级版方案。加快从流程优化向深层次体制机制再造转变,从单一领域改革向集成性联动改革转变,每年形成一批含金量高、市场主体获得感强、在全国、全省有影响力的改革创新成果,建设成为灵活有序、高效引领的制度创新先行区。从长期来看,在条件成熟时,应学习中国香港和新加坡,对标建设开放度最高的自由贸易港区和国际高标准经贸规则,实现青岛自贸片区兼具外贸、金融、商业、旅游等多种功能,向多层次、多方面发展。

## （二）重点聚焦新兴产业领域，推动新经济跑出加速度

### 1. 推进建设集成电路产业集群

实施集成电路"三千"行动，推动芯恩8英寸晶圆、12英寸晶圆稳步生产，提高良品率。加快推动电子信息产业园厂房年内主体完工。重点推进思锐科技、威立雅等7个项目签约落地。推进规划1330亩的"配套产业片区"建设，加快总投资30亿元工业污水、道路管网、供电等9项专业基础设施工程建设。推进规划1000亩的"高端人才集聚中心（人才社区）"建设。建设千亩园区，新增千名专业人才，建设千亩人才社区。

### 2. 推进建设基因科技产业集群

实施基因科技"三千"行动，建设基因科技谷（科技园）。办好青欧生命科学高等研究院，筹建基因科学专家智库，出台基因科技人才招引政策，年内再引进1000人。提升基因测序生产基地产能，推动国际领先的3款自动化设备投产。推进建设综合性海洋基因库，完成千种海洋生物基因测序，建设全球时空组学平台；一类海洋抗肿瘤药物BG136（结肠癌）申请临床试验。推进建设21万平方米的华大产业园、15万平方米的清原生物基因编辑育种中心。建设千亩园区，新增千名专业人才，完成千种海洋生物测序。

### 3. 做强海洋经济特色

围绕海洋生物医药、海洋环保、海洋新材料、船舶与海工装备、海洋资源开发、海水综合利用、海洋可再生能源、海洋大数据、海洋现代服务业等应用领域，布局一批具有国际影响力的海洋科创平台，打造海洋科技创新策源地。突破提升海洋装备制造业，打造深海装备等领域研发服务平台，延伸海洋装备产业链，积极引进深远海养殖智能装备、海洋渔业装备、海上风电装备、海水淡化及综合利用装备的研发和生产项目，支持大型海工装备和船舶研发与制造。

发展壮大海洋新兴产业,加快培育海洋信息、海洋生物、海洋新材料、海洋可再生能源等产业,打造国家海洋大数据超算产业园,培育海洋领域软件设计、大数据应用产业。实施海洋制造产业升级工程,建设海洋工程装备研究院及重大研发、试验验证平台和智慧码头,发展涉海装备研发制造、维修、服务产业。探索建设国家基因库北方中心(国家海洋生物基因库),加快构建标准化基因组数据库。依托华大基因、正大制药等重点项目,推进国家海洋药物中试基地、蓝色药库研发生产基地建设。积极参与国家海洋资源保护、开发利用和生物资源安全等重大战略布局,深入开展海洋科技创新研究,打造基因测序、种业资源、海洋药物、海洋食品等海洋生物产业链条。

## (三)全力赋能传统产业转型,加快推进产业结构升级

### 1. 推动传统产业向产业链高端环节攀升

强化新兴产业与传统产业的技术关联,依托现有的"小巨人""独角兽""专精特新"企业,示范带动传统产业应用新的技术方式,实现技术革新。整合现有关于技术创新的产业政策和产业引导基金等资源,鼓励企业不断推出具有高科技含量、高增值效益的产品。强化新兴产业与传统产业的产业链关联,鼓励传统产业的优势企业向新能源、新一代信息技术、人工智能等新兴产业领域布局,实现产业链升级。强化新兴产业与传统产业的市场关联,支持传统产业依托市场网络优势,成为其产品供应商、市场销售商,借助新兴产业的成长活力,拓展自身市场空间,加速产业转型。

### 2. 推进建设航运贸易产业集群

夯实国际贸易生态体系,建设航运贸易金融融合创新基地,高质量组织好省政府确定的黄河流域跨境电商博览会。推出铁矿石、橡胶、棉花、纸浆、原油等青岛指数,持续优化以"货物集散→量价分

析、指数发布→交易→供应链金融→仓单信息→物流服务"为主体的大宗商品生态体系。

### 3. 推进建设智能制造产业集群

推进投资 30 亿元的潍柴研发中心项目年内投入运营,引入各类高端人才 800 人以上。推动投资 30 亿元的水联网智能制造项目开工建设,推动日日顺智慧物流一期项目竣工、二期开工建设,年内形成占地 1251 亩海尔智能家电产业园。推动德国倍世项目年内竣工,推动日本环境装备等项目年内开工建设。推动智能制造提质扩容,实施以智能家电为主体的"千万"行动,形成千亩园区,实现万人就业。

## (四)融入区域协调发展战略,拓展动能转换空间载体

积极对接上海自贸试验区、陆家嘴金融贸易区、张江综合性国家科学中心等国家级功能区,加强贸易、金融、航运、科创等高端服务领域深度合作。深化与长三角城市群在先进制造业、现代服务业领域的协同发展。扩大与苏北地区传统制造业、物流业的合作,共建省际合作园区,有序推动产业跨区域转移和生产要素双向流动。增强服务"黄河战略"的龙头作用。发挥山东港口群优势,加快内陆港建设,拓展开放腹地,全力打造沿黄流域出海大通道。推进胶东经济圈与沿黄流域各城市深度融合,构建跨省区的产业链,发展"飞地"经济。加强青岛与鲁西南沿黄地区的产业合作,疏解非核心产业,建立利益共享的财税分配机制,实现产能优化配置和互惠共赢。

## (五)把握开放发展新机遇,打造国际门户枢纽城市核心

### 1. 全面强化开放枢纽门户功能

打造国际性综合交通枢纽,统筹海陆空铁"四港联动",构建以青岛为核心节点的空中丝绸之路和国际陆海联运"双走廊"。优化

港口布局,推动港口加快向枢纽港、贸易港转型升级,提升整体能级,建设世界一流港口群。依托既有港口 EDI 中心或地方电子口岸平台,建立和完善包含海关、检验检疫、码头、货代企业、班列、货主等多方信息的电子数据交换共享平台,发展和壮大基于大数据的高品质多式联运增值信息服务新业态,整体提升开放大通道运输组织水平,优化多式联运价值链。

### 2. 全面提升链接全球的能力和水平

深化与日韩开展多领域交流合作,打造日韩高端产业聚集区。按照"一心一港一城"空间布局打造"中日韩消费专区",加快提升中日韩跨境电商体验中心、日韩服贸港和日韩商务城服务功能,打造日韩双向消费最佳体验区。加强青岛与日韩在养老、文化旅游、卫生医疗、信息化、先进制造、节能环保、跨境物流、电子商务、金融等领域的合作。建设中日韩合作发展示范区,在推动与日韩合作上大胆探索,加快推进中日、中韩海关间"经认证的经营者(AEO)"互认合作,开通生鲜农产品快速通关绿色通道等试点任务落地。发挥"国际客厅"机制作用,提供专业化高水平服务,为拟进入中国市场的日韩产品和技术寻找国内市场和对接方,同时,也为国内企业寻找日本产品和技术提供有力支持。

### 3. 全面拓展招商引资新渠道

推动贸易和投资自由化便利化,加快贸易和投资领域的规则、制度、管理和标准的国际化,建设更高水平的国际贸易"单一窗口",采用"一区一策"推动综合保税区转型升级。推进市场采购贸易方式试点,建设国家进口贸易促进创新示范区,深化国际产业链供应链合作,支持本地企业聚焦价值链中高端环节开展跨国经营。注重发挥头部企业"以企招企""以商招商"重要作用,引导园区企业发展成为市场化、专业化、社会化招商机构,给予政策支持奖励。注重行业协会商会资源利用,强化多边互动,在产业链招引、合作交流、组织会展等方面发挥作用。

## 4.打造国际贸易中心城市先行区

加快培育对外贸易竞争新优势,发挥自贸试验区、国家级进口贸易促进创新示范区引领作用,推动对外贸易从传统比较优势向以技术、品牌、质量、服务为核心的外贸竞争新优势转变,实现"大进大出"基础上的"优进优出",建立东西贸易大通道,推进对外贸易高质量创新发展,努力打造东北亚航运贸易金融中心、大宗商品集散中心。探索外国船舶在青岛港开展沿海捎带业务,争取确定青岛港为离境港。在郑州、西安等沿黄流域和"一带一路"沿线重要节点布局内陆港,畅通黄河流域最便捷出海通道。

课题组组长:郑　伟　中国(山东)自由贸易试验区青岛片区管
　　　　　　　　　　委综合部
课题组成员:郭鹏飞　中国(山东)自由贸易试验区青岛片区管
　　　　　　　　　　委综合部
　　　　　　王　凯　中共青岛西海岸新区工委党校科研部

# 汇聚创新创业力量
# 激发市场活力和社会创造力

青岛市即墨区人民政府

2022年以来,以习近平新时代中国特色社会主义思想为指导,全面贯彻落实国家、省、市各项决策部署,始终将打造一流营商环境作为推动经济社会高质量发展的重要抓手,印发实施《即墨区贯彻落实国务院深化"放管服"改革 着力培育和激发市场主体活力电视电话会议重点任务分工方案》《2022年即墨区持续深入优化营商环境和推进政府职能转变重点任务分工方案》,挖掘创树典型,持续激发市场活力和社会创造力,助推经济社会高质量发展。

## 一、取得的成绩与进展

### (一)优化营商环境,市场主体活力逐步提升

即墨区印发区优化营商环境2022年工作要点、区优化营商环境激发市场主体活力重点工作任务(2022版),聚焦市场主体关切和企业发展重点领域,找差距,补短板。搭建科技企业梯次培育体系,推荐374家企业申报高新技术企业、3家企业申报高企上市培育库,科技型中小企业达到485家。开展金融服务实体经济"春雨行动",组织金融机构开展"专精特新"企业对接等专项行动,解决融

资需求 15.5 亿元。

## (二)精简行政审批,政务服务效能持续优化

全面实行行政许可事项清单管理,编制公布 292 项行政许可事项清单。入选"青岛市 2022 年度审批服务提质增效改革试点单位",完成"我要开办洗车场"等 3 个试点服务主题关联事项,累计推出 207 项"一事全办"主题服务,2022 年以来,办理 700 余件。推行"非接触式"办税,实现企业办税缴费事项网上办理、个人办税缴费事项掌上办理,目前,"云办税"受理咨询业务量 1.7 万笔,业务办理 6424 笔。

## (三)加强市场监管,市场秩序更加规范有序

实施"互联网+监管",监管事项覆盖率和及时率均为 100%,汇聚监管行为 17.09 万条。推行信用监管,建立市场主体信用记录,列入各类市场主体信息 1.2 万条,信用修复 1.49 万条。推行服务型执法新模式,在市场主体登记、广告、食品等领域免予处罚案件 64 起,下达责令改正通知书 6260 余起,免予处罚金额达 384 万余元。开展特种设备领域安全排查整治行动,检查特种设备相关单位 1545 余家次,督促整改安全隐患 230 余项。

# 二、典型经验与创新举措

## (一)推动区镇政务服务一体化、规范化、智能化

结合"好差评"全覆盖要求和办事群众需求,创新完善区政服务大厅排队叫号及"好差评"系统,开发业务办结事项分类归集、统一预约平台、业务智能管理、数据推送和回流、数据统计分析等功能模块,通过微信小程序、PAD 应用、PC 端系统及配套硬件,延伸全区

17 处镇街便民服务中心,实现智能预约排队、办理进度随时可查、"好差评"线上评价、智能分析研判等功能,推动区、镇两级政务服务一体化、规范化、智能化,既为群众办事提供便利,又为政府决策提供重要参考。

## (二)项目审批实行挂图作战

将 221 个区级及以上重点项目和政府投资项目纳入重点项目高效审批服务库,作战图中的每个项目均设置了项目立项、用地批准手续、工程规划许可、招投标、施工图审查、施工许可等 6 个关键审批环节,每周更新重点项目办理进度,加强审批手续督促协调,开工率较 2021 年同期增长 10%。推出一张服务联系卡、一个微信服务群、一张倒排工期表、一张督促协调单、一张审批事项单的"五个一服务"方式,实现企业"有求必应""有需必供",此项工作先后被中央电视台《新闻联播》和《朝闻天下》栏目报道。

## (三)打造"无纸化"项目审批新模式

建设项目施工许可"零材料"申报,采用"告知承诺＋数据共享＋区块链"的方式,项目方在申报施工许可时,只需要在线提交申请,足不出户就可以获取电子施工许可证。启用工程建设项目审批管理平台,已实现 20 个部门、106 个事项线上审批,基本实现立项用地规划许可、工程建设许可、施工许可、竣工验收四个阶段网上办理,进一步提升好办易办度,目前已办理 4680 件。智慧审批服务平台上线"民办非企业单位审批""建筑垃圾处置核准"两个场景,通过数据共享实现身份信息"自动填"、历史信息"选择填"、共享信息"系统填",特别是"建筑垃圾处置核准",企业网上申请材料实现了 100%"免提交",申请表单实现了 100%"免填写"。

### (四)推行建设工程竣工联合验收

出台《青岛市即墨区建设工程竣工联合验收工作方案》,变"多头受理"为"一窗受理",在区政务服务大厅设立"建设项目竣工联合验收"窗口,统一负责验前咨询、平台受理、综合协调、全程服务等。变"分头验收"为"联合验收",成立由行政审批、住建、自然资源、水利等多个验收部门组成的工作专班,将各验收部门驻区政务服务大厅负责人作为第一联络员,统一组织开展联合验收。变"单一联合"为"分段联合",划分验收事项和验收时段,实行先期联合验收与后期联合验收两步走,建设单位可根据项目进度和实际需求,自主灵活选择"一站式"联合验收和"分段式"联合验收,实现了项目竣工验收的科学"联合"。竣工联合验收时限由原来的 2~3 个月压减为 12 个工作日以内,其中,社会投资简易低风险工程的验收时限压减为 5 个工作日以内。

### (五)推行模拟审批"拿地即开工"

印发《即墨区建设工程项目"拿地即开工"审批实施方案》,将实施范围扩大到除房地产开发项目以外的所有工程建设项目。同时,取消区领导签批环节,经联合现场踏勘合格后,直接纳入"拿地即开工",待土地成交后,立即转为正式审批,理论上 10 个工作日内即可将审批手续全部办理完毕,整个建设项目审批周期平均节省 2~3 个月。以联东 U 谷·青岛生命健康产业城项目为例,从 2021 年 12 月 20 日拿地到 2022 年 1 月 7 日核发施工许可证,仅用 18 天完成全部审批手续,创造了即墨新速度。

### (六)试行施工许可分阶段办理新模式

作为青岛市试点,即墨区积极探索推进施工许可分阶段办理,印发《青岛市即墨区建筑工程施工许可分阶段办理实施方案》,对于新建、改建、扩建房屋建筑工程,建设单位可依据项目进度需要,按照施工顺序,依次申请"基坑支护和土方开挖""地下室""±0.000以上"阶段施工手续办理。截至目前,已为2个项目办理了《土石方施工许可证》,开工时间提前了至少1个月,为项目建设赢得了宝贵的时间。

## (七)推行重点项目纳税"全生命周期"跟踪服务

围绕全区208个产业类区级以上重点建设项目、46个政府投资类重点项目信息,编纂《重点项目税收服务手册》,聚焦项目论证、取得土地、建设施工、投产运营四大环节,梳理各环节可产生的税收进行税收测算。组织实施"百名税务专员服务百个重点项目2.0"活动,选取100个典型项目开展对接服务,细化税收预测,提高服务质效,为全区重点项目落地保驾护航。

## (八)创新推出"云办税"服务模式

新增完税证明开具、个税申报密码重置、税费申报等多项业务,组建"云办税服务团队",云办税业务范围扩充至15项。依托税收大数据和企业基础信息形成"智慧画像",针对高新技术企业申报采取"全程跟进式服务",通过大数据art等系统,对于填报数据不符合高新技术企业认定标准的纳税人,及时进行申报提醒和政策辅导,进一步提升企业申报质量。已开展1期"非接触式"办税缴费直播培训课,推送1期"非接触式"办税缴费操作指引视频,累计线上答疑5427次、远程视频辅导571次、办件1762笔,办件量为2021年全年的3.8倍,实现了从"单向咨询"到"问办双向"的功能升级,办税缴费智慧化程度大幅提升。

## (九)入选首批"国家知识产权强县建设试点县"名单

2022年8月底,国家知识产权局印发《关于确定国家知识产权强县建设试点示范县和国家级知识产权强国建设试点示范园区的通知》(国知发运函字〔2022〕131 号),即墨区列入首批国家知识产权强县建设试点县名单。截至 10 月份,全区新增专利授权量 5486件,同比增长 14.7%。其中,新增发明专利授权量 516 件,同比增长103.9%;新增注册商标 4886 件,有效注册商标总量达到 49301 件,同比增长 18.55%,有效注册商标总量居全省第 7 位,"即墨黄酒"获批国家地理标志保护产品。

## (十)校外培训平台化运营获山东省教育厅推广

推动全国校外教育培训监管与服务综合平台在全域内实现推广应用全覆盖,推行"管理员+客服"模式,全天候全时段为培训机构管理人员提供技术服务,已将面向中小学生(含 3～6 岁幼儿)开展培训的 97 所校外培训机构全部纳入平台管理,实现应管尽管。"机构端 APP"上架运营率 100%,"场地"上架运营率 100%,"课程"上架运营率 99%,资金核验完成率 95.79%,开通线上支付 38家。在《山东省教育厅关于推广聊城市东昌府区等 5 县区校外培训治理典型案例的通知》获全省推广。

## (十一)开展 2022 年金融服务实体经济"春雨行动"

推行"金融辅导员"制度,将拟上市企业、"专精特新"企业纳入金融辅导,精准支持 350 余家企业,获评 2021 年度青岛市金融辅导工作"优秀"等次。开展"金融管家"试点,推动银行机构为汽车产业新城、科技创新园等重点园区企业提供综合化金融服务,扩大金融助企纾困覆盖面。其中,汽车产业新城金融管家试点获得省级试点备案,成为青岛市三个省级金融管家试点备案单位之一。开展工业企业、重大项目、重点领域、小微企业等专项对接活动,已征集融资需求 25.1 亿元,解决融资需求 16.3 亿元。

## (十二)深化海洋领域产学研合作

推进国家海洋技术转移中心建设,搭建线上、线下平台,建立400所家高校、科研院所、涉海企业的海洋及相关学科8500多名专家信息库,汇聚全国海洋科技成果3万余项,企业创新需求2900项。开展线上、线下产学研对接活动20余场。推进即墨蓝谷院企产学研合作,持续推进"揭榜挂帅"活动,新征集涉海创新需求65项,进一步深化院企合作,西北工业大学青岛研究院与中建八局就基于混杂纤维绿色耐高温混凝土的开发达成合作,山东大学张友明院士团队食药同源产品项目已与蓝谷国有平台公司——海科集团签约合作转化,四川大学青岛研究院海洋长效防污超滑涂层项目完成投资协议签订。

## (十三)推行企业开办全程网办

办事人通过一个网站就可以完成营业执照、税务登记、社保、医保、公积金开户、银行开户预约等全链条业务,目前即墨区企业开办电子化登记率达95%,企业开办实现"零费用""零跑腿""零见面"。建立商事主体住所信息核验机制,通过部门合作、系统升级、数据共享,依托不动产登记信息,实现住所登记信息在线核验。在青岛市率先开展农民专业合作社设立、变更业务"智能表单"改革,申请人仅需填报合作社名称等基本信息,系统自动校验业务逻辑,自动生成全套登记材料,大幅提升合作社登记一次性通过率。

## (十四)增设"智能化"办事场景

引入智能服务机器人,提供智慧办事新体验。智能服务机器人自动巡游,通过语音识别、触摸交互、人脸识别等方式,提供智能化、人性化的咨询、宣传、智能位置指引等服务,上线以来,日均引导办事群众100余人次,智能解答服务200余次。完善政务服务"好差评"线上、线下全面融合,逐步实现政务服务事项、评价对象、服务渠道全覆盖,办件总量全归集。目前,区政务服务大厅80余个窗口已实现"好差评"全覆盖,参与评价群众达10万余人次,满意率达99.99%。

### (十五)打造"无证明城市"即墨样板

印发《青岛市即墨区"无证明城市"建设2022年攻坚行动方案》,开展证照证明清理和电子证照"发证"清单梳理工作,已梳理"发证"清单40项,实际颁发证件6.7万件,汇聚数据3.8万条,发布第一批"用证"事项清单660项,支持使用省第一批(50项)常用电子证照证明29项,同时,以电子营业执照为载体,整合食品生产经营等涉企证件的电子化信息,实现涉企常用证照证明"一照汇集"。

## 三、即墨区创新创业服务方面存在的主要问题

### (一)孵化载体对企业创新能力和经济发展支撑不足

孵化模式还不够成熟,专业化、精细化尚不能满足创客的真正需求,仍局限于物理性模式服务,大多是提供办公室租赁服务或是简单培训,存在整体数量不多、质量不高、创新能力不强的问题。

### (二)融资需求与金融服务信息不对称

从金融机构看,对于市场上的新发明、新材料及未来市场的不确定性知之较少;从企业方面看,不了解金融机构提供何种金融融资产品、时限长短、申请难度等信息。

### (三)基层经办服务力量薄弱

镇(街道)一级社会救助经办服务队伍人数配备少,兼职多,专业水平不够,村居一级协办人员文化层次低,运用信息化手段实施

救助帮扶能力不足,制约着低收入人口救助帮扶工作成效的提升。

## 四、即墨区持续优化营商环境, 培育创新创业生态的措施

### (一)持续优化营商环境,激活发展新动能

发挥营商专班统筹协调作用,全面实施《青岛市营商环境优化提升三年行动规划(2022—2024 年)》《即墨区优化营商环境激发市主体活力重点工作任务(2022 版)》重点任务。开展营商环境"惠企"系列活动,通过网络宣讲、广场宣传、上门服务等方式,送政策进园区、进企业、进商家,帮助企业吃透、尽享政策,推动政策受益企业清晰了解、全面知晓营商环境政策。做好企业家满意度工作,以评促改,以评促优,全面营造公平透明的营商环境。

### (二)汇聚创新创业力量,激发创新创业活力

打造科技孵化培育体系,实施《青岛市即墨区科技创新孵化载体管理办法》,认定一批高质量孵化载体。促进金企对接,推动浦发银行即墨支行成立"人才金融中心",为优秀人才提供"人才贷"等金融扶持。营造创新创业良好环境。依托创新联盟,吸纳全区研发资源、企业资源、服务资源,搭建全区创新创业共同体,增进联盟成员之间交流互动、信息融通、资源共享、协同合作,实现区域创新内循环。实施企业家创新素养提升工程,通过政府购买服务的方式,对全部高新技术企业负责人、技术骨干进行培训,切实提升企业创新意识和重视程度,激励企业勇于创新。

### (三)创新主动服务方式,优化群众办事体验

根据区级行政许可事项清单编制办事指南,明确许可条件、申

请材料、审批程序等内容,持续推进行政许可标准化、规范化、便利化。实行企业开办、涉企不动产登记、员工录用、企业简易注销等"一件事一次办",推进企业开办注销、不动产登记、招工用工等常办事项由多环节办理变为集中办理。推动排队叫号及"好差评"系统向 17 个镇(街道)延伸,实现全区政务服务水平提升和"好差评"数据全覆盖,群众只需通过"手机端"一个入口,就能预约到区、镇两级业务,提升企业群众办事便利度。

### (四)完善事中事后监管,提高监管精准性

健全监管规则,创新监管方式,深入推进"双随机、一公开"监管、跨部门综合监管、"互联网＋监管"和信用风险分类监管。推进社会信用体系建设,全面落实上级公共信用信息基础目录、失信惩戒措施基础清单,根据失信行为的性质和严重程度,采取轻重适度的惩戒措施,确保过惩相当。落实跨部门综合监管制度,明确相关部门监管责任,完善监管机制和方式,打破部门界限,形成监管合力,明确行政处罚裁量权基准,推动严格规范公正文明执法。

### (五)精准实施扶持政策,提升公共服务水平

健全完善低收入人口动态监测和常态化救助帮扶机制,提高线下排查频次,强化部门间信息共享和数据比对工作力度,及时将低收入人口纳入省、市动态监测信息平台,进一步完善低保边缘政策和制度,为实施相关救助提供精准数据支撑。改造基层医疗机构的信息化系统,逐步实现青岛码在基层医疗机构挂号、就诊、结算功能运用,让群众就医更便捷。做好强镇筑基试点工作,在办学条件改善、课程教学改革、师资队伍建设、管理体制改革等方面进行重点帮扶,加快启用公办幼儿园,优化农村公办园办园条件和布局。

# 创新实施"一三三"工作机制
# 高效破解"放管服"改革衍生难题

青岛市崂山区人民政府

随着"放管服"改革的深入推进,市场主体与日俱增,化解传统监管手段与日益复杂的市场环境不相适应的矛盾,破解"证照分离"改革后准入不准营等问题成为监管工作的突破口与着力点。对此,青岛市崂山区创新实施"互联网＋监管＋服务"新模式,全国首创"一三三"智慧监管机制,依托开发的云商大数据综合监管平台,构建起以大数据信息汇集为支撑,以法治建设为基础,以信用监管为核心的综合监管体系。

## 一、深化流程再造,构建全生命周期监管新机制

为解决"证"与"照"监管服务的衔接问题,创新"一三三"科学监管模式,建立了从准入到准营、从新生到退出的全生命周期监管体系,构建起纵向协调、横向配合、快速反应的监管服务体系。

### (一)坚持问题导向,建立餐饮经营领域"审管一站式行政指导"工作机制

按照"一次办好、一次全办"原则,以个体经营为试点,聚焦"事前申请"环节,建立审批监管政策一站式告知工作机制。将事中监管、事后执法遇到的难题,与事前审批环节融合对接,充分发挥审批

监管联动效能,拧紧和规范"准入"阀门,降低事中监管、事后执法行政成本,解决"先照后证"改革后出现的餐饮行业准入不准营的问题,实现了"数据网上跑、企业不用跑"。

### (二)坚持事中监管"三三制"

事中监管"三三制"即"三告知、三反馈、三跟进"。在"照后证前"阶段,区云商大数据平台将审批部门登记生成的市场主体信息推送告知申请人、后置许可部门、行业监管部门。后置许可部门在认领、完成许可审批后进行双反馈,网格员反馈核查信息。行业监管部门跟进事后监管,考核部门、监察部门同步跟进督查考核,全面建立环环相扣的许可办理闭环工作机制。

### (三)坚持事后监管"三双法"

事后监管"三双法"即"双随机、双评估、双公示"。推动全区各行业主管部门建立完善"一单二库",即检查事项清单、市场主体库、执法人员库。云商平台通过汇集行业监管信息、许可信息、12345投诉信息、信用青岛信息、互联网采集信息等,对市场主体进行多维度的信用、风险双评估分析,根据评估等级建立任务单,通过随机匹配组合,实现部门对企业有序检查、协同检查、联合检查,实现对检查对象"一次抽查,全面体检",实现了部门之间的信息实时传递和无障碍交换,解决了随意执法、多头执法问题,实现了对企业"无事不扰"的精准监管和企业需要时"无处不在"的营商要求。

## 二、坚持多元共治,创新协同监管新机制

针对基层普遍存在的执法力量不足,难以在第一时间发现苗头性问题或安全隐患的难题,崂山区充分发挥"三建联动"网格化综合管理的优势,实现与云商大数据平台数据互联互通,构建智慧监管

新机制。

### （一）实行网格管理、任务量化、动态监管一条龙，破解基层社会治理信息采集难题

把云商平台的数据与"三建联动"网格化综合管理平台信息互联互通，将市场主体住所信息核查、开业情况、许可办理情况、无证无照线索等事项纳入网格员工作内容，全面归集网格内各类市场主体的信息，为监管部门实行精准监管打下坚实基础。通过这一举措，构建起"人在网格中、事在网格办、问题在网格化解、工作在网格落实"的工作格局，实现大数据时代下市场监管从静态到动态、从精细化到精准化、从被动应对到主动作为、从事后处置到事前预防"四大转变"。

### （二）坚持责任到人、精准落实、闭环管理全要素，破解基本执法力量不足难题

云商平台将登记信息精准推送至网格员，由网格员在规定时间内进行实地首检，并在规定的时间内完成市场主体信息核查，对违法行为现场指导整改。网格员完成核查后，涉及后置许可事项的检查信息，自动推送至许可部门、行业监管部门，责任部门检查审批后按照规定时间完成信息上传，形成任务闭环处理。目前，平台已在全区 5 个街道 162 个社区上线应用，向各街道、网格员推送信息 1.4 万余条，网格员已完成信息核查 1.2 万余条，收集无证无照信息 192 条，全面建立起横到边、纵到底，无死角、无缝隙，责任到人、监管到位的网格化智慧监管模式。

## 三、实行精准服务，打造信用监管新机制

针对跨部门事项难协调、跨层级办事来回跑等问题，在归集数

据、事前服务上做好文章，以系统思维解决难点、打通堵点。

## （一）突出资源共享，对各类涉企信息梳理整合实现共享

通过政企合作方式，与美团等互联网企业签订战略合作协议，将消费者在互联网上产生的餐饮、住宿、旅游等方面的评价数据归集到每个企业名下，构建起智能高效、多元一体、区域共享的市场监管综合数据库。目前，平台已归集包括互联网评价信息在内的数据共计 46 类、涉企数据 1400 余万条，重点对市场主体发展、资金流向等 12 个领域进行智能分析，已建立区高成长性企业培育库（已建 143 家）、区域 12345 热线投诉预警分析模型等，为重点工作推进提供数据支撑和决策参考。

## （二）突出问题导向，实施分级分类的差异化监管措施

平台对区内所有的市场主体进行信用等级和风险指数"双评估"，生成单个主体风险画像和立体信用画像。信用等级由高到低分为 A、B、C、D 四个等级，风险指数由高到低分为一、二、三级，对信用等级高、风险指数低的市场主体采取"无事不扰"的管理措施，大幅度降低抽查监管频次；对信用等级低、风险指数高的市场主体从严监管，提高监管频次。例如，随机对信用等级 C 类，风险指数一级的 60 家金融投资类企业进行抽检，有效助力崂山区金融企业健康稳定发展。

## （三）突出精准服务，助力提升"一次办好"工作水平

利用大数据分析功能，将复杂的工作流程从前端转移到后端，平台设立"一键办"链接通道，推行一键填年报、一键查信用、一键联合查等功能。例如，开发面向全区企业的"微服务"手机端，设有信用修复、年报直通车、智能咨询机器人、企业直通车、一键解忧、地图智能导航、企业全景画像等 12 个模块，企业用户绑定后，全程智能

导航,可及时获取证照办理告知、年报告知等提醒信息,真正实现了"指尖服务"。全省首创的信用修复微信端办理模式,模块上线以来累计释放注册资本78亿元。同时,平台还开发建设了面向执法监管人员的"微监管"手机端和移动执法APP,全省率先实现了"双随机"移动执法和"全程电子化",大大提高了执法水平和执法效率。

## 四、拓展平台功能,打造智慧监管新机制

以崂山区云商大数据监管服务平台为母平台,打通市场监管全领域数据渠道,实现"业务信息化、数据平台化",切实提高行政执法和群众办事效率,逐步实现"一个平台管全局、一个终端走天下"。

### (一)八大模块共同发力,智慧监管初见成效

平台建成了农贸市场智慧平台、电梯智慧监管平台、明厨亮灶、校园周边食品安全电子地图、知识产权运营平台、广告监测平台、小个专党建平台、预付费云监管平台等模块。例如,通过农贸市场智慧平台,打通与商务部门农批系统数据,实现了食用农产品"一码溯源";电梯智慧监管平台,为1200余台重要部位电梯安装智能监管模块,实现故障实时预警、被困及时救援。

### (二)监管数据互联互通,"互联网＋监管"水平再上台阶

为全区138座重点楼宇和26座"亿元楼宇"建立起"一楼一档",并为崂山楼宇经济信息服务平台提供数据支撑。与"城市云脑""青e办"互联互通,不断增加应用场景,提升城市智慧化管理服务水平。

下一步,崂山区将继续完善扩展平台功能,开发建设智慧执法、可视化数据中心、安全用药电子地图等模块。

# 实施城市管理领域非现场执法模式
# 打造包容审慎柔性和谐的执法环境

**青岛市城市管理局**

2021年8月,中共中央、国务院印发《法治政府建设实施纲要(2021—2025年)》,提出要"探索推行以远程监管、移动监管、预警防控为特征的非现场监管,解决人少事多难题"。非现场执法是适应时代发展的创新事中、事后监管方式的一项改革措施,是指行政执法部门运用电子技术监控设备、视音频记录设备等收集、固定违法事实,采用信息化等方式进行违法行为告知、调查取证、文书送达、罚款收缴,依法对当事人实施行政处罚的执法方式。2021年以来,市城市管理局针对执法过程中存在的取证难、处罚难、执行难等问题,扎实开展调查研究,认真分析原因,以实施非现场执法为突破口,建立了远程立体式监管和实时无接触执法系统,探索出了"非现场执法全流程闭环"模式,实现了精细管理、精准服务、人性化执法,试点工作在全国彰显特色、在省内保持领先。

## 一、实际成效

### (一)增强了监管时效性

通过加强远程监管,对于日常沿街秩序管理中的违法行为,实现随时发现随时调度处置,督促当事人及时整改。建设渣土车辆智能监管应用场景,对于建筑废弃物运输撒漏等问题,通过覆盖主要道口点位的视频监控和车载监控,迅速锁定违法车辆和违法证据,提高管理时效。

### (二)提升了一线执法效率

全面推行利用青岛城市运行管理服务平台开展网上执法办案,启用智慧城管执法系统,使用线上审批、电子印章、电子送达、电子支付等功能,通过线上、线下有机融合,实现了行政处罚从立案到结案公示的全过程无纸化闭环运行,大幅提高了办案效率,推动执法办案与信息技术高效衔接。

### (三)缓解了执法管理矛盾

通过信息技术设备,及时发现违法线索,收集、固定违法事实证据,避免了执法人员与当事人面对面接触易产生的语言冲突和对立情绪,以及现场执法过程中当事人不配合取证而发生的矛盾和冲突,营造了和谐的执法环境。

试点工作开展以来,《青岛日报》《青岛晚报》、凤凰网、海报新闻等多家新闻网络媒体对非现场执法试点工作进行广泛宣传推广,取得良好成效。

## 二、典型做法

### (一)坚持依法依规办案

一是健全执法工作机制,研究制定非现场执法工作规范,明晰适用领域和范围、执法程序、取证规范等要求。二是加强对"非现场执法"执法案件的法制审核,依法严格规范"非现场执法"的事前告知、调查取证、文书送达等流程，确保每一起案件都办成经得起检验的"铁案"。三是开启电子送达新模式。当事人在案件办理过程中明确表示同意电子送达的，相关法律文书将通过爱山东 APP、微信公众号、"文书助手"等应用程序推送至受送达人的接收账号，管理相对人可对违法事实进行线上、线下查询、反馈和陈述申辩，实现案件办理、案件送达全程无纸化、电子化、信息化。四是积极践行城市管理"721"工作法，注重保障相对人陈述权、申辩权、隐私权等权益，事先向社会公布电子监控设备设置地点，与监管对象先签订告知承诺书，明确告知相关违法行为纳入电子监管。对违法行为轻微并及时改正的实行"首违免罚"，拒不整改再实施行政处罚。

## （二）发挥科技赋能作用

抓住全省上下全力推进"打破数据孤岛、拔掉数据烟囱"的有利机遇，强化资源整合，实现与公安、住建、自然资源、市场监管等部门的数据对接和信息共享，积极探索视频监控、人工智能技术、物联网技术的深度应用，数据感知能力和数据质量得到全面提升。通过无人机、信息采集车和高清探头，形成"高、中、低"立体式远程监控，新增 115 路高（低）点固定视频和执法车载视频，对撒漏扬尘等常发易发的违法行为实行有效监控和迅速处置，自动抓拍处置各类城市管理问题 10 万余件。完成 2400 架次的无人机巡飞，实现对全市 400余个工地施工的定期监测。

## （三）探索实践线上办案

搭建城市管理运管服平台和执法监督平台，将传统行政执法与互联网应用结合，实现了行政执法全过程非现场闭环管理。一是通过智能设备采集违法证据，系统派件、减少人为因素，杜绝选择性执法情况的发生。二是通过指挥平台监管案件各个环节，未在法定期限结案的由系统自动转到督查部门实施督查，有效防止人情案、关系案。三是对复杂、重大案件的线上、线下执法无缝衔接,保证了执法办案严谨规范。

下一步,青岛市城市管理局将继续巩固深化执法办案线上全流程闭环管理模式,进一步优化工作流程,推进非现场执法向城市管理全领域拓展,为青岛市营商环境持续优化贡献城管力量。

民

生

福

祉

篇

# 聚焦群众需求　聚力改革创新
# 全力打造政务服务"青岛模式"

青岛市行政审批服务局

近年来,青岛市行政审批服务局深入贯彻习总书记视察青岛时的一系列批示精神,严格执行国家、省、市关于推进"放管服"改革、审批服务便民化、数字政府建设决策部署,聚焦"企业、自然人、项目建设、创新创业"四个生命周期,开展审批服务流程再造,积极谋求数字化转型,打造数字审批"青岛模式"品牌,树立"全流程电子化交易"全国样板,推动全市政务服务能力和水平大幅提升,多项工作走在全国、全省前列,群众办事便利度、获得感显著增强。一系列实践经验和相关做法被国务院办公厅、住建部以专刊形式刊发,国家发改委以及省、市主要领导给予了肯定性批示。最近的国家营商环境评价中,青岛市位列排名提升最快城市,招标投标指标进入全国前五。一体化政务服务能力评估(网评)指数在参评的全国 32 个重点城市中,连续 4 年位于第一梯队,处于"非常高"水平。

## 一、典型经验、创新举措

(一)坚持流程再造驱动,为城市发展提供坚实政务服务保障

牢记机构职责使命,将"改革创新"作为立身之本和永恒主题,

以方便企业和群众生产经营与办事创业为目标,优化再造审批服务流程,进一步减材料、减时限、减环节、优服务,推动政务服务"网上办、掌上办、就近办、一次办",提升政务服务标准化、规范化、便利化水平,实现企业和群众办事更加好办易办,更好地服务城市建设和高质量发展。

### 1. 建成青岛市民中心,打造办事服务"一站式"新地标

建成并投入使用青岛市民中心,集市级和市南区行政审批、公共服务、公共资源交易于一体,设置 305 个服务窗口,市民在中心可办理 2362 项政务服务事项。开辟企业开办、重点项目、远程踏勘等 19 个线上、线下服务专区,服务供给更加精准化。省内率先建立政务服务事项"负面清单"制度,除场地限制、涉密等特殊情况列入"负面清单"外,市本级其余事项全部实现"应进必进""网上可办""一次办好"。全国率先实施首席审批服务官制度,审批效率提升 50% 以上。开发"青岛市民中心""青岛审批"APP 等应用,推出"码上"办事,为市民提供全周期"链上"服务。充分融合数字技术,设立五大功能区,打造全域感知的第三代"智慧政务全场景体验中心",实现办事全过程服务体验的全面升级。

### 2. 打造"青 e 办"企业开办服务矩阵,高效服务市场主体准入准营

企业开办实现 1 个环节、0.5 个工作日办结。打造"青 e 办"平台,全国率先实现企业开办"掌上办、零材料、智能审"。全国首创"索引式"智能推送,承担国家"登记注册智能表单"改革试点。上线全国首个由政府提供应用支撑的电子签署中心,在北方地区率先实现无纸化开户。全省首创府院联动司法协助执行全流程"网上办",与青岛市中级人民法院合作实现股权查控线上高效办理。在全市范围内推行"分支机构"登记注册"集中办理"改革,4 万余家各类内资市场主体分支机构登记注册实现"全城通办"。创新"分段式"企业开办、注销"一键"预检、简易注销全程电子化等服务,开展"企业

除名"改革,进一步便利企业准入和退出。围绕企业和个人生命周期,打破部门和层级界限,推行主题集成服务。在全市推出 200 项"一事全办"标准化可办主题和 50 项"一业一证"行业指导目录,平均跑腿次数压减 71%、申请材料压缩 80%、审批时间压减 78%。选定 20 项高频主题实施"点菜单式"改革,全国首推"开办建筑企业""退役军人创办企业一件事"等主题,极大方便群众办事创业。

### 3. 优化建设项目"70"改革模式,服务项目建设和城市攻坚

重塑重构建设项目全流程,将审批时间压缩到 70 个工作日以内,做到省内最快。推行"清单制＋告知承诺制"、工许可分阶段办理、联合验收服务,创新"12＋N"市政公用服务模式,实现"一个项目、一个窗口、一张表单、一次办结"。建成青岛市工程建设项目审批管理平台,推出建设项目"掌上办",全市 21747 个建设项目实现在线申报运转。建立重点项目审批调度推进机制,对 533 个省、市两级重点项目和专项债项目实行"并联审批、挂图作战"。打造"建筑许可轻松办""建设资质不难办"两个建设领域的城市服务品牌,建立"项目直通车"服务机制,大力开展"进现场、送政策、解难题,促开工"活动。2022 年,全市共办理建筑工程施工许可项目 2230 个,其中,市政工程施工许可项目 567 个,同比增加 8%。

### 4. 探索多元主体良性互动,积极开辟效能提升新路径

广泛开展"政银合作",搭建"政银融合"综合自助服务平台,83 项便民业务、1000 余项审批申报业务可"一机通办"。依托 452 个银行网点以及商超、楼宇布设 1039 台综合自助终端,实现镇(街道)级自助服务终端全覆盖。与蓝海股权交易中心共建全省首个政企股权数据互联互通平台——"股易通",破解中小企业融资难题。助力"工赋青岛"战略,与海尔卡奥斯共建"青享云"服务模块,为工业互联网企业开通审批专属通道。承接落实 162 项"跨省通办"和 321 项"全省通办"事项,市、区两级设置"异地通办"窗口 96 个,全

国首推"跨域通办专窗平台",建立"云牵手"联盟,目前与 26 个省份、38 个地级市以及 16 个自贸区 31 个片区,共 546 家政务服务单位签署《政务服务"跨域通办"合作协议》。建立"专家委员会＋媒体观察员＋市场主体体验官"制度,组织开展全市 200 万户市场主体全覆盖走访,搭建起常态化政民企沟通平台,推动营商环境共建共享。

## (二)推动数字化转型升级,全力打造"数字审批"青岛模式

贯彻落实市委、市政府"数字政府"和智慧城市建设决策部署,聚焦体制创新,加强数字赋能,提升网办能力,创新应用场景,构建起政务服务数字变革的"四梁八柱",实现数字化转型在政务服务领域的率先突破。

### 1. 强化网上服务支撑

按照"六有一能"标准指导全市建成 127 个镇(街道)便民服务中心和 2014 个村(社区)标准化便民服务站,依托一体化政务服务平台构建四级政务服务网络体系。开展政务服务事项标准化梳理,持续拓展政务服务事项要素统一范围,推行事项名称、事项类型、申请材料、办理流程、办理时限、收费标准等关键要素省、市、区(市)三级,同标准管理。优化在线前置服务,制作视听办事指南 100 部,发布"零咨询"白话版办事指南 400 套,设置嵌入式填报指引,216 项事项实现智能提示和在线辅助填报,有效提升在线申报一次性通过率。

### 2. 创新智能审批服务模式

在全省率先推行全程无人工参与的"智能办"改革,打造"智能办"平台,实现手机端、PC 端、自助端的"智能办"。目前,22 个领域、425 个政务服务事项实现随时随地智能办理。全国首推"无感审批"服务,推出建筑类企业资质变更、社团登记证书换发等 343 项

业务,让群众在"无感"中办成事。全国率先实现"施工许可"零材料,在危险化学品安全生产领域推行"三零 e 办"改革,218 项事项需要提交材料缩减至零。开展医疗机构、医师和护士注册数智化改革试点,推动实现全市医疗机构审批和医师、护士执业注册平台、事项、标准"三统一"。

### 3. 打造智慧审批服务平台

创建"一站式"工作台,着眼于审批服务全生命周期,塑造"智审慧办"品牌。围绕安全生产、社会组织、工程建设、人力资源、资质资格等 10 个领域,整合 200 项线上、线下审批服务资源,打造 16 个全流程数字化审批服务场景,推进数据、技术、业务集成式数字化改革,变"写作题"为"填空题""选择题""判断题",通过改革实现场景内业务一次性申报通过率提升 70%,申报材料免提交率近 60%,要素"免填写"率近 70%,审批效率提升 64%。

### 4. 拓展电子证照应用场景

加强"电子两证""青岛码"在政务服务领域应用。市级 1100 个事项可使用电子营业执照,1200 余项事项可使用电子身份证,780 多个事项与电子许可证精准关联。争取国家市场监管总局授权,实施电子证照联展联用试点,将 67 种许可证信息归集到电子营业执照中,青岛市成为全国电子证照联展联用数量最多、场景最广的城市。全国率先开展政务服务综合自助终端应用居民身份证电子证照试点,支持市民通过电子证照二维码自助终端办理"劳务派遣经营许可"等 10 余项业务,打造"7×24"不打烊免证办理新模式。

### 5. 推进公共资源"交易数字化、服务标准化、操作智能化"

在全国率先建成统一的公共资源电子化交易平台,全面取消招标备案,推行跨市远程异地评标,实现招投标项目从发布招标公告到签订合同的全流程线上运行。开发建设"掌上交易"系统,加快数字证书(CA)在移动端的应用。建设投标保证金自动退付和电子保函系统,2022年已累计为企业释放流动资金64.1亿元,极大缓解了投标企业资金压力。在全国率先实现工程款支付信息网上查询,制定《招投标BIM技术应用导则》,引导青岛市传统建筑企业数字化转型。在全国率先实现政府采购项目全方式"双网双系统融合",政府采购活动可"一网操作,一次办好"。1—11月份,全市限额以上公共资源交易7800项,交易额同比增加31%。

### (三)强化体制机制建设,全面优化为民服务"软环境"

坚持以体制机制创新为主线,提升政务服务工作首位度,完善各项工作运行机制,进一步拓宽服务内涵,激发改革活力,打造全面规范、公开公平、便捷高效的政务服务环境。

#### 1.统筹开展集成改革,加快塑成先发优势

注重顶层设计与地方创新并重,坚持高能级推动政务服务改革创新,成立"改革创新工作领导小组",系统指导市、区两级行政审批服务系统开展集成化改革。聚焦体制协同、基础支撑、场景应用和服务优化,连续三年印发改革创新攻坚任务清单123项和区(市)审批服务提质增效改革试点清单58项。以"小切口"找准发力方向和改革之策,2022年,向国家有关部委和省级主管部门争取了企业除名、质量基础设施"一站式"服务等9项国家级、22项省级政务服务改革试点,通过先行先试、示范引领,带动整体服务水平提升。

#### 2.完善政务服务运行机制,规范审批服务行为

制定完善依法行政类制度规范12个,形成以"行政审批政策法规库"为基础、以行政执法"三项制度"为核心的"1+N"制度体系。完善评价、整改、反馈、监督全流程衔接的政务服务工作机制。全市设置"办不成事"反映窗口270余个,实现市、区(市)、功能区、镇(街道)政务服务场所全覆盖。建立"好差评"制度,实现政务服务事项、评价对象、服务渠道全覆盖,办件总量全归集,持续提升政务服务质

量。截至目前,全市评价总量1亿余条,主动评价率99%以上,差评整改率100%。健全公共资源交易监管体系,创新建成全国领先的青岛市公共资源交易信用信息平台,借助四码比对等技术手段严厉打击围标串标行为。推进信用框架体系建设,联合青岛市人民检察院等部门构建起信用体系总体框架和联合惩戒制度。建设"青岛产权交易所综合交易平台"系统,提升产权交易透明度。推进招标采购代理行业"双随机、一公开"检查,进一步规范招标采购代理行业秩序,强化行业自律。

**3. 健全服务保障,提升精准化、个性化服务水平**

打造"全时服务"体系,推行延时、预约服务,市、区两级大厅实现"7×24"全天候自助办理服务。建立四级帮代办体系,全市配备1505个专职和1794个兼职代办员,2022年累计提供帮办代办服务10万余件,服务双招双引项目3858次。组建青年政务服务团,创新实施"政务服务进园区"行动,设置"青年政务服务驿站",为园区企业和入园意向企业提供个性化服务,强化政企良性交互。打造"政务服务地图",集成3300余个服务场所,"一图"为群众提供就近办理地点精准化导航。开通老年人服务绿色通道,打造"助老专区",实施自助终端适老化改造,为特殊群体提供办事便利。

# 二、存在问题、下步打算

## (一)存在问题

### 1. 数据交互仍存在堵点

部分数据返还不及时或未实现返还,对数据共享需求申请周期长,影响到审批服务效率。政务数据信息共享存在缺口,数据共享时效性和数据质量有待提升,存在无法共享、共享数据不全、共享数据不符合法定形式等情况,影响全程网办水平。

### 2. 网办水平发展不均

个别事项业务与数字技术的融合程度不高,网上咨询和办事服务便利度有待提高。电子证照应用水平较低,证照数据质量有待提高,存量证照电子化存在难度,"免证办"场景不够丰富。

### 3. 创新举措的宣传力度还不够

智能办、无感审批、一事全办等新型数字化审批服务的社会知晓度还不高,影响了推广使用效果。

## (二)下步打算

### 1. 构建"一二三四"工作体系,持续建设一流政务服务环境

围绕改革创新主线,聚焦优化营商环境和审批提速增效两个关键环节,打好数字审批"青岛模式"、营商环境建设、服务全市重点项目攻坚战。建立市、区两级统一的集成化 V4 智慧审批服务平台。全面落实《青岛市营商环境优化提升三年行动规划(2022—2024年)》,实施"政务服务环境提升行动",加强营商环境政务服务、招标投标指标日常建设。擦亮"建筑许可轻松办""建设资质不难办"城市品牌,建立联动工作机制,第一时间动态更新重点项目库和项目进度,全力保障重点项目快审批、快落地、快开工。坚持标准化、法治化、集成化、专业化四轮驱动,研究制定《青岛市政务服务管理办法》,持续完善青岛特色政务服务制度体系,加强基层便民服务场所达标建设,推进政务服务向基层延伸。拓展网上办事深度和广度,进一步提升全程网办比例至 95% 以上,推动实现"一网好办"。

### 2. 持续提升公共资源交易服务质量,提高公共资源配置效率和公平性

持续完善公共资源交易平台功能,探索建立数字见证系统,持

续优化评审环境。全面推进全市公共资源交易制度体系建设,积极推进公共资源交易远程异地评标市域内常态化开展,完善地铁类项目电子化招投标功能。

### 3. 加强市民中心管理,提升市民中心管理服务水平

围绕规范化、数字化、精细化,不断完善市民中心管理体系,细化管理委员会工作流程,加快市民中心数字大脑建设,深入优化服务模式,将市民中心打造成为更加智能、便捷、温馨的市民之家。

# 关于湛山创客工厂创业生态环境分析与优化建议

青岛市人力资源和社会保障局课题组

党的二十大报告指出,"要实施就业优先战略。完善促进创业带动就业的保障制度,支持和规范发展新就业形态"。随着经济社会的发展,创业已成为当代年轻人选择的道路之一,其中创业孵化基地显得尤为重要。在"经济发展新常态"背景下,"众创空间""孵化器"被各级政府当作创新驱动发展的重要抓手。不同类型和规模的创客空间在政府与产业界、教育界的密切配合下稳健推动,极大激活了社会资源,带动了全民创新创业的步伐。

为更好地促进青岛市大学生创业就业,青岛市积极探索建立大学生创业加速孵化发展模式,助力大学生创新创业和经济社会协同发展。其中,青岛市人力资源和社会保障局于 2013 年重点打造了青岛市首家由政府主导运营的大学生创业孵化加速器,命名为"湛山创意工厂",加速促进如"黑晶"等一批文化创意企业的发展成熟。在此基础上,2015 年 7 月,湛山创意工厂进行了二期拓建,占地面积 1.8 万平方米,将所扶持企业类型由原有的文化创意类企业拓展到大学生就业创业较为集中的"互联网+"相关新兴产业,并将园区重新命名为"湛山创客工厂"。运行 9 年以来,已累计孵化企业 201 家,营业额累计达近 8 亿元,创造税收 3700 余万元,带动就业 4000 余人,先后培育"新三板"上市企业 2 家,蓝海股权交易中心挂牌企业2家,经济效益与社会效益双丰收。但与此同时,湛山创客工厂也存在着后续发展力量不足、创业生态环境亟待提升等现实问题。

# 一、我国创业园区创业生态环境状况

## (一)我国创业园区创业生态环境的特点

自20世纪90年代起,学者们开始借助生态学中的生态环境理论分析社会和经济环境、政府政策、社会组织活动等因素对创业行为的影响,将创业生态环境定义成由直接或间接影响创业行为的要素构成的有机整体。作为集中承载文化与创意的城市空间,创业园区备受瞩目,在我国,北京、上海、杭州、西安、深圳等城市的各类文化创意产业园区纷纷兴起,各大城市均出现了"文化创意产业园区"热。园区整体呈现以下几个特点:第一,整体呈现加速度发展。早在2015年之前,在北京、深圳、武汉、杭州、西安、成都、苏州等创新创业氛围较为活跃的地区,就涌现出创新工场、车库咖啡、创客空间、天使汇等近100家创新创业服务机构。这些机构各具特色,集聚融合各种创新创业要素,产生了不少创新创业的新模式、新机制、新服务、新文化,营造了良好的创新创业氛围。第二,创客空间在空间上发展不够平衡。上海市众创空间分布密度最高,每万平方千米有将近470家,在全国所有省市中遥遥领先。此外,江苏、山东、浙江、广东、福建等沿海经济发达省份众创空间面积密度也位居前列。第三,运营模式、经营方式日益多元化。随着近年来众创空间的不断完善与发展,创新创业服务作为创业园区的核心价值开始逐步凸显。主要有产业服务型、联合办公型、综合创业生态体系型三大类型。

## （二）我国创业园区创业生态环境存在的问题

随着创业园区的兴起，功能定位不清、各园区同质同构严重、人才缺乏、产业链不完整、政策扶持范围狭隘、孵化场地使用未达到优化分配等问题层出不穷。曾经的创意经典园区"798"作为北京市政府认定的文化创意产业聚集区，在历经10余年的蜕变与转型后，成为国内文化创意产业园的成熟代表之一，也是首屈一指的成熟园区，被国内外学者广泛关注。这样一个成熟的典范，因为光环笼罩，吸引了众多游客，在商业化程度越来越高、管理越来越完善的同时，房租也一路飙升，导致因低房租而聚集的画家、艺术工作者无力承担房租而纷纷离去。目前，"798"游客越来越多，商业、餐厅越来越多，小商贩汇集，但是画廊越来越少，变成了游客观光旅游的景点。因此，对于每个创业园区来说，为创业者提供良好的创业生态环境，寻求符合自身发展定位，走差异化路线，树立良好的品牌形象，不断提升园区生态环境建设势在必行。湛山创客工厂正是在这样的发展趋势和国内发展环境下产生的具有一定代表意义的创客空间。

# 二、湛山创客工厂创业生态环境问题分析

## （一）孵化政策老生常谈，创新变革能力不强

### 1. 政策扶持范围狭隘

湛山创客工厂作为青岛市唯一一家衔接大学生创业孵化器的加速器，应该根据新时代的变化对创业政策及时调整。湛山创客工厂运营以来，一直存在需要加速的、正常经营两年以上的成熟型企业入驻率不高的问题。虽然进行了大量宣传，现有房租减免政策也

能落实到位,但是由于成熟型企业的需求与初创企业或未注册企业需求有很大差别,特别是带有附加性(如融资、咨询等)的创业扶持不能满足企业的需求,从而降低了成熟型企业的申请欲望。目前,申请到加速器的企业以初创或未注册居多,出现了由加速器向孵化器退化的迹象。

### 2.政策扶持单一,落实不统一

随着社会形势的变化发展,当前大学生的创业扶持政策一直没有再创新。如创业补贴、创业担保贷款等,虽然补贴范围和条件已经统一确定,但是各个地区、各个环节及窗口要求又不太一致,申请条件要求繁杂,让大学生创业者有不知所措的感觉。目前,创业政策虽然"多而全",但政策之间相互"不包含""不统一",导致大学生创业企业获得有效扶持较少,没有从根本上提供给大学生更有效的扶持政策。

## (二)中介服务机构缺乏,专业化市场化服务供给不足

### 1.中介服务功能发挥作用严重不足

现有的引入中介机构的方式缺乏筛选和考核机制,运用的灵活性也较差,园区内的中介服务机构只有 3 家:法律、会计代记账及人事代理。中介机构入驻后没有发挥自身作用,未将创客工厂作为服务的基地,没有将园区内的企业作为重点服务对象。究其根源,在于没有将自身定位找准。

### 2.运营模式单一,专业化服务较欠缺

作为地方政府主导的孵化园区,园区的管理以管理服务办公室的工作人员为主,管理人员多为编制内工作人员,对于初创企业的融资、行业资源对接、品牌推广等方面的专业化帮助,微乎其微,难以满足企业多元化和专业化的服务需求。

### (三)逆向淘汰机制缺乏,激励约束作用发挥不到位

#### 1."贪多求大",缺少主攻方向

从全国来看,我国创业类孵化器产业的发展起步较晚,但目前创新创业类孵化器数量已经达到世界第一,许多是在政府的支持下一哄而上的,造成孵化器数量多,但孵化质量不高,而且缺少相应的退出机制。湛山创客工厂目前既有创客企业也有成长型企业,且初创期企业占绝对比例,造成孵化对象区分性不强,与最初定位的加速孵化相悖,提供的服务也就难以同时满足初创企业需求和成长型企业需求。

#### 2.缺少竞争淘汰机制,导致一些创业项目缺少动力

在孵化过程中,如果缺乏竞争淘汰机制,就会导致企业入驻后自行经营,到期退出,或者在入驻期间因经营不善自动退出。管理人员很少主动去审视、关注企业的经营情况,特别是针对某时间段、某时间点的扶持需要,只是按部就班地执行原有的创业扶持政策,甚至在没有必要再扶持的情况下,还继续扶持,占用了过多资源。由于缺少第三方企业运营评估助推机构的参与,使得大学生创业企业提报的经营数据仅仅躺在纸面上,不能很好地通过其经营数据,了解企业的现实运营情况,也就无法获知大学生创业企业当前需要什么样的扶持政策,更无法去引导大学生创业企业发展。引入第三方企业运营评估扶持机构可以使政府更灵活地给出一些包括金融等方面的扶持政策,第三方企业运营评估助推机构的入驻有待于进一步的探索研究。

### (四)产业孵化链条不完善,成果转化不够理想

#### 1.缺乏有效的孵化器和加速器间的政策互补衔接机制

湛山创客工厂作为青岛市大学生创业孵化器之一,相对独立,

与其他孵化器之间无交叉，且信息不对称。孵化器的扶持政策大同小异，分不出层次，只是在实时操作时，扶持的大学生创业企业在人员年龄和企业经营时间上有个别差别，其他没有差别。目前来看，孵化器的政策支持已基本建立，而加速器在政策扶持的建立和完善上还任重道远，在孵化器和加速器之间的政策互补衔接机制上缺乏行之有效的探索与研究。

**2. 缺乏有效的退出衔接机制**

由于投资初创期企业的风险本身较高，再加上创业工厂管理团队缺乏专业的投资眼光和经验，专业能力欠缺。因此，创业工厂管理团队对于入驻企业，有时只执行按照规定政策孵化期满后退出的要求，没有后续退出衔接机制来保障刚刚起步的企业获得渐进式的扶持措施，这样很可能使得大学生创业企业在退出园区后，得不到扶持，导致企业发展倒退，甚至被淘汰。

# 三、优化湛山创客工厂创业生态环境的对策与建议

## (一)致力于园区"创业精神"的培育，潜心打造创业生态环境品牌优势

突出打造具有地方特色、强感召力的创业精神。创业精神是一个创业园区打造创业生态环境的支撑点和灵魂所在。对于创业者而言，创业精神意味着创业者在自身起步阶段的艰苦创业、诚信经营和不断创新的精神；对于园区服务者而言，创业精神意味着牢固树立为入驻企业服务的理念，将企业成功孵化作为事业成功的座右铭；对于一个园区而言，创业精神就是一种"鼓励创业、宽容失败"的精神。通过培育"创业精神"，使入驻园区的创业者对园区有一种归属感，迅速融入创业氛围中，在企业孵化的过程中逐渐形成园区自有的一种创业精神，打造园区自有的创业生态环境。

## （二）坚持"文化管人"，营造温馨、舒适、协调、可持续的创业生态环境

### 1. 营造浓厚的创业氛围

要建立人性化和制度化相结合的管理制度，通过营造浓厚的创业氛围和文化氛围实现对园区的动态管理。通过建立创客训练营、创客导师团、组织就业创业政策宣讲等活动，把最前沿的创业知识和经验传递给每个创业者，提升创业者干事创业的技能。通过组织园区新春联谊会、创客运动交流会，成立创客联盟等活动，在一定程度上增进创业者之间、园区管理者和创业者的相互交流、相互沟通，助推在孵企业组团发展。

### 2. 进一步从硬件上升级改造

协调相关部门，对园区的各项基础设施进一步修缮，为企业办公提供更加便利完善的基础条件。加强公共服务平台设备维护升级，湛山创客工厂现有的公共服务平台设施是2013年建设之初采购的，部分设备已经需要更新或增容，以满足企业当前的使用需求。另外，要进一步加强园区外观建设，突出文创特色，体现创意产业的创新和活力。

## （三）开展特色增值服务，助推企业发展壮大

### 1. 打造有特色的创客学院

建设创客学院是培养创业人才的有效途径，有利于提升大学生创业技能和创业成功率，降低创业企业人员培训成本。创客学院的培养，不仅能使一大批入职大学生及已经创业者尽快适应创业工作环境，而且能够造就大批潜在大学生创业者，使其在大学生创业扶持模式中起到示范引领作用。

## 2. 引导园区的新兴产业创新和新产品开发

加强与院校合作,以项目和技术为载体,进一步深化"政产学研金"合作,加快公共信息数据服务平台、科技成果转化平台、大型仪器设备共享平台、知识产权信息服务平台等创新载体建设,重点培育一批产学研示范基地和项目,建设以企业为主体、市场为导向、产学研结合的创新体系。

## (四)培养和提高创业园区专业人员素养

### 1. 打造专业化管理运营团队

创业园区最重要的功能是为创业者提供创业知识、技能和经验,而这些要靠专业人员。因此,建立一支专业管理团队就成为创业园区成功的关键。专业管理团队由内部和外部专业人士构成,内部的专业人士要与创业园区有正式的就业关系,需要相应的人事安排,外部的专业人士主要通过聘用顾问的形式解决。对公益性孵化器来讲,经费主要依靠政府出资或资助,在专业人士的配置和待遇上以及聘请外部专家上要有专门的经费列支,同时,要对这些人员做专业培训以提高其素养。如果只注重场地的建设而忽略专业队伍的建设,这样的孵化器就是空心的孵化器,无法真正发展壮大。

### 2. 开展全员全覆盖专业培训

通过线上线下相结合、专题讲座和互动交流的方式,定期对园区内企业管理团队、企业工作人员开展培训,培训内容涉及市场运行、电子商务、创新创业等专业,旨在提升园区企业科技创新能力,加强企业对科技创新政策的领悟和应用能力,提高协同创新平台资源的有效利用率,增强企业应用创新方法解决生产难题的意识和水平,进而推动创新工厂全面、协调、可持续发展。

## (五)建立创业园区监督评估标准

科学开展评价考核。建立公益性创业园区的目的一般来说有两个,直接目标是帮助初创企业成功走向市场,间接目标是营造创业氛围促进产业和经济发展,增加就业机会。而实现这两个目标,需要建立适合湛山创客工厂实际的监督评估标准,包括定量和定性标准。定量标准包括进入孵园区的人数、孵化的企业数、孵化企业存活率、孵化企业带动就业的人数等,定性指标包括受孵企业的满意度、孵化园区在当地的知晓度等,只有建立了这些监督评估的标准,才能衡量一个创业孵化园区的效果、效率和影响,并督促湛山创客工厂不断改进,为创业者提供真正的、有质量的孵化。

课题组组长:董海波　青岛市人力资源和社会保障局
课题组成员:董　艳　青岛市人力资源和社会保障局
　　　　　　杜昕雨　青岛市人力资源和社会保障局
　　　　　　王　松　青岛市人力资源和社会保障局
执　笔　人:杜昕雨

# 秉持"惠民安商"理念
# 持续深化"放管服"改革和优化营商环境

青岛市商务局

近年来,青岛市商务局认真贯彻落实国家和省、市关于深化"放管服"改革、优化营商环境的部署,坚持助企纾困与激发活力并举,统筹做好疫情防控和商务运行各项工作,擦亮"惠民安商"品牌,为推进依法治市和全市经济社会发展贡献力量。

## 一、取得的成绩与进展

### (一)大力推进简政放权

一是全面落实各项清单制度。严格按照《山东省政府部门权责清单管理办法》规范管理青岛市商务局清单,101 项事项全部纳入山东省政府部门权责清单管理系统实行动态调整,调整情况及时报中共青岛市委机构编制委员会办公室和青岛市司法局备案。落实省、市、县"三级四同"要求,通过排查整改不断完善清单要素,提高清单规范化水平。依法实施行政许可,非行政许可审批事项全部取消,不存在以备案、登记、行政确认、征求意见等方式设置的变相许可事项。二是精简审批事项。持续放宽市场准入,做好《外商投资法》及其条例实施工作,全面取消商务领域外资审批、备案,实行外商投资信息报告制度。落实国务院办公厅《关于服务"六稳""六保"进一步做好"放管服"改革有关工作的意见》，取消二手车经销企业设立规划审核，进一步放宽二手车经营条件。三是衔接落实上级下放权力。落实山东省政府《关于调整实施部分省级行政权力事项的决定》等文件要求，认真做好"拍卖业务许可"等16项事项的承接工作，并做好运行评估，根据实际情况及时向上级反馈调整意见。落实山东省《关于向中国（山东）自由贸易试验区和中国—上海合作组织地方经贸合作示范区下放部分行政权力事项的决定》《关于向中国（山东）自由贸易试验区和中国—上海合作组织地方经贸合作示范区下放部分省级行政权力事项的通知》和青岛市政府要求，研究提出向"两区"赋权负面清单意见。按照《青岛市人民政府关于赋予中国（山东）自由贸易试验区青岛片区和中国—上海合作组织地方经贸合作示范区部分行政权力事项的决定》要求，将"国内企业在境外投资开办企业（金融企业除外）备案（市本级管理事项）"等事项以委托方式下放至中国—上海合作组织地方经贸合作示范区（以下简称"上合示范区"）、中国（山东）自由贸易试验区青岛片区（以下简称"青岛自贸片区"）实施。

## （二）持续优化审批服务

一是推进政务服务"集中办"。落实国务院办公厅《进一步深化"互联网＋政务服务"推进政务服务"一网、一门、一次"改革实施方案》等文件要求，除"经批准不纳入"事项外，其余依申请政务服务事项全部纳入青岛市民中心办理。积极参与全市相对集中行政许可权改革，落实《青岛市人民政府关于深化相对集中行政许可权改革规范行政审批服务工作的通知》（青政字〔2020〕21号）等要求，共向青岛市行政审批服务局划转"对外劳务合作经营资格核准"等5项行政权力。二是推进政务服务"网上办"。依申请政务服务事项均纳入山东政务服务网办理，"零跑腿""网上可办""一次办好"比例达到 100%。政务服务事项在法定时限内完成并不断压缩办理时限，按照省、市要求，对标深圳、宁波等城市，逐项梳理对比办理时限，确保承诺办结时限不高于对标城市且达到省内最优。落实"全省通办"要求，"进出口许可证签发""拍卖业务许可"2 项可通过"全程网办"方式实现异地办理。三是推进政务服务"精简办"。推动"减证便民"，实施证明事项清单管理，对各类证明事项，凡没有法律法规或者国务院决定依据的一律取消。推进"容缺受理"，26 份申请材料可以做到先承诺、后补齐，"拍卖业务许可"关联的 5 项申请材料实行告知承诺。

### （三）创新加强事中事后监管

一是开展"双随机、一公开"监管。每年制定"双随机、一公开"《抽查清单》《抽查计划》，明确依据、主体、内容、方式，通过相关政务网站向社会公开。印发单用途商业预付卡、成品油经营资格等事项监管工作方案，明确随机抽查的规范要求。按照商务部、省、市统一部署，开展对外投资合作、对外劳务合作、对外承包工程、机电产品国际招投标、汽车市场、单用途商业预付卡、成品油和外商投资信息报告领域随机抽查，对检查过程中发现的问题当场予以指出，抽查结果全部录入系统并向社会公开。二是持续推进商务系统信用体系建设。制定下发《关于做好商务领域诚信体系建设工作的通知》，围绕进一步做好商务领域信用体系建设工作，明确责任和要求。进一步归集整合青岛市商务信用信息，推动跨地区、跨部门协同监管和联合奖惩。加强信用公示，通过"信用青岛"网站、局政务门户网站"商务诚信"专栏等渠道，依法依规向社会公开在行政许可、资质认定、监督检查以及联合奖惩等方面信用信息。推进消费领域信用建设，推进家政服务、住宿餐饮、批发零售、成品油、直销、单用途商业预付卡和电子商务等领域信用建设，建立健全信用管理制度、信用档案，鼓励引导企业开展诚信经营承诺，自觉接受社会监督。三是落实"证照分离"改革任务。认领《中央层面设定的涉企经营许可事项改革清单(2021年全国版)》事项8项、自贸区版事项2项。分类推进商务领域改革任务,落实直接取消事项4项、实行告知承诺1项、优化审批服务3项,逐项制定公布审批监管措施,纳入审批监管一体化平台加强审管联动。对于直接取消审批的石油成品油批发经营资格审批等事项,企业不再需要向商务部门提出有关经营许可申请,青岛市商务局继续做好职责范围内的监管工作。对从事拍卖业务许可,已按山东省商务厅通知要求实行告知承诺。对成品油零售经营资格审批等事项,按照商务部要求,精简了"成品油供应渠道法律文件"等申请材料,压缩了审批时限,提高了审批服务效率。

## (四)优化法治化营商环境

一是全面落实并严格执行全国统一的负面清单制度。严格执行国家发展改革委、商务部印发的《市场准入负面清单》,对由市场主体提出的申请,与清单进行对照,对禁止准入事项,不予审批、核准,不得办理有关手续;对许可准入事项,依法依规作出是否予以准入的决定;对负面清单以外的行业、领域、业务等,各类市场主体皆可依法平等进入。全面清理清单之外违规设立的准入许可、全面清理准入环节违规设置的隐形门槛、全面清理清单之外违规制定的其他形式的负面清单,推动"非禁即入"普遍落实。建立隐形壁垒问题反馈和处理回应机制,青岛市商务局在门户网站转载最新版清单,并公布市场准入隐形壁垒投诉方式。二是建立完善公平竞争审查制度。严格执行国务院五部委新修订的《公平竞争审查制度实施细则》规定,印发《关于建立公平竞争审查内部工作制度的通知》,进一步明确青岛市商务局拟出台法规规章、规范性文件和其他政策措施的公平竞争审查标准,规范审查机制和流程。三是落实政策标准化梳理。落实山东省政府办公厅《关于开展全省政策标准化梳理工作的通知》和青岛市政府办公厅《关于做好全市政策标准化梳理工作的通知》要求,对 2016 年以来印发的政策文件进行标准化梳理,将政策类文件和条目式政策录入"山东省政策中央厨房管理平台",目前已分解形成 18 项政策。

## 二、典型经验、创新举措

### (一)创新打造"国际客厅"

探索建设中日、中韩、中德、中以、上合"国际客厅"和"山东会客厅",对外连接国际资源、对内输出国际资源。印发实施《青岛市"国际客厅"建设总体方案》《全面提升"国际客厅"建设工作方案》,从实体平台、数字平台、配套服务平台、业务服务领域、市场化运营模式、立体化宣传矩阵等 6 个方面推动"国际客厅"实现更高质量运营发展。联合市场监管部门印发实施《在"国际客厅"开展外商投资企业登记注册服务的工作方案》,延伸"国际客厅"作为外商投资企业跨境或境内登记注册的窗口,汇聚全球优质资源。已建成配备展厅、展馆、推介路演区域、洽谈交易区域、办公区域的多功能实体平台共计 8.97 万平方米,653 名服务人员入驻办公,与 197 家第三方服务机构签约,累计提供政策衔接咨询、签证代理、贸易、海关和法务等专业化服务 1 万余人次。举办重点项目路演、招商推介、商贸洽谈活动 400 余次,韩、德、以、俄等 181 家官方机构、商协会入驻客厅或建立合作关系,促成韩国生态城、日本阿童木一带一路商城等 88 个项目签约,总投资 731.1 亿元。"国际客厅"品牌培育列入中共山东省委第十一届全委会通过的《关于深化改革创新　打造对外开放新高地的意见》,中央电视台《新闻联播》节目两次给予报道宣传。

### (二)开展招商引资精准服务

开发运营招商资源信息化社交平台、"双招双引"重点项目调度平台,对外打通招商对接渠道,对内建立起重点项目调度决策平台,满足投资者从了解青岛、投资青岛到落户发展的全过程需求。组建外资服务队,全市为辖区内外商投资企业配置 602 名服务大使,搭建"一对一"服务架构,精准破解企业难题。开发"青岛外企帮手"微信小程序,在青外资企业及投资者可享受平台提供的政策咨询、企业投诉和意见建议等个性化服务。会同市场监管部门在全国率先建立跨国境企业登记注册机制,通过境外工商中心帮办服务和"国际客厅"平台,使外商不出国门便可快捷办理登记注册。

## (三)提升贸易便利化水平

联合海关、税务、外管等口岸部门,贯彻落实优化口岸营商环境创新突破攻坚年各项措施,为企业协调解决防疫通关时间过长、欧亚班列排期等问题。优化申报流程,实现货物自动进口许可证和出口许可证无纸化作业。推行进口货物"先期机检,码头直提"、优化进口棉花等大宗商品通关监管和鉴重计税、试点"进口信用验放"监管等新模式。会同人民银行等金融监管机构,开展汇率避险宣讲,帮助企业多渠道解决资金问题,制定出台进口环节税保证保险保费支持政策,扩大小微企业出口信用保险覆盖面,降低企业开拓国际市场风险。

## (四)增强外贸企业抗风险能力

起草青岛市贸易调整援助试点方案,新确定 4 家企业和协会为青岛市贸易摩擦预警工作站,建立信息服务平台。建立区、市联动服务工作机制,动态掌握外贸企业停工停产、需要协调解决的问题等情况,发现苗头性、趋势性问题及时采取措施并上报,努力将疫情影响降至最低。

# 三、存在问题、下步打算

随着"互联网＋"政务服务工作推向深入,数据开放和共享水平不高已成为推进"证照分离""全省通办""跨省通办""告知承诺"等项改革任务的一大障碍。建议加快建立健全政务数据共享协调机制,打破部门间、地区间数据壁垒,推动数据共享对接更加精准顺畅。下一步,青岛市商务局将重点做好以下工作。

## (一)规范部门权力运行

严格按照《山东省政府部门权责清单管理办法》的规定,对权责清单实施动态调整,推动依单履职,规范权力运行。按照山东省、青岛市部署,编制公布行政许可事项清单。落实好上级取消下放事项承接落实工作,进一步放宽市场准入。

## (二)持续优化审批服务

推进"互联网＋政务服务",对标先进省市,优化审批流程,压缩审批时限,提升依申请政务服务事项办理效率。继续做好"进出口许可证签发"等事项的全省通办工作,根据山东省商务厅试点要求,推进青岛市二手车交易跨省通办工作。按照山东省、青岛市部署推进电子印章、电子证照统一认定使用,拓展应用场景和互通互认。

## (三)创新和加强事中事后监管

完善"双随机、一公开"监管工作机制,落实"一单两库一细则"制度,做好跨部门联合监管工作。落实"证照分离"改革任务,规范运用审批监管一体化平台,完善审批监管信息双向推送机制。在行政管理和服务全过程中,突出信用使用,实行分类监管,开展信用承诺,实施失信联合惩戒,打造以信用为核心的行业治理新秩序。

# 创新政务数据共享模式
# 为中小微企业增信融资赋能

青岛市大数据发展管理局

2020 年 4 月，中共中央、国务院印发《关于构建更加完善的要素市场化配置体制机制的意见》，将数据与传统的土地、劳动力、资本、技术等要素并列，进一步明确了完善要素市场化配置的具体措施。为强化数据要素市场化配置机制，落实习近平总书记对青岛工作重要指示精神，破解市场长期难以共享政务数据问题，市大数据局积极探索政务数据向社会共享新模式，创新推出"政务数据中台"，通过构建安全可信的数据执行环境，实现向社会直接有序共享相关政务数据。该模式有效拓展了市场配置数据要素的范围，为青岛市利用社会智力，助力构建以信用为基础的新型监管机制提供了支持，有效消除了银企信息不对称导致的金融机构"不敢贷、不愿贷"问题，提高了中小微企业贷款可及性和便利度。相关经验做法先后被国务院办公厅政府职能转变和"放管服"改革简报、中央政府网、《青岛改革》刊发，得到时任省、市政府主要领导批示肯定。

## 一、典型经验、创新举措

### （一）创新数据共享方式，通过"数据中台"实现数据安全直供

向社会共享政务数据，其前提是要确保政务数据的安全性。市

大数据局在广泛调研的基础上,进行多轮技术论证,通过技术和制度建设创新,形成了"可用不可见的"的"政务数据中台"模式。

### 1. 搭建分区隔离的系统架构

在政务云系统用户前台、管理后台之间设置安全可信的数据处理区,即"数据中台"。数据中台与后台之间既物理联通又逻辑隔离,既是共享数据的集中存放区,也是社会第三方进行算法模型测试和部署的物理空间。进驻机构在数据中台建模区利用脱敏原始数据完成建模后,经安全监测,通过中台有关标准接口实现与后台目标数据对接,在实现目标数据共享的同时,避免后台核心数据库被直接访问。

### 2. 合理设置数据访问权限

在数据访问环节设置堡垒机,将社会第三方机构的访问权限限定于指定服务器;在数据输出环节设置前置机,对输出数据进行核验,确保输出信息为描述性的分析结果,而非原始数据本身。

### 3. 探索建立中台应用管理制度

制定政务数据中台应用全流程规范管理办法,建立健全数据建模、数据运维、数据使用授权协议等制度,以制度建设确保数据使用流程安全可靠。

## (二)创新数据共享理念,坚持有效市场与有为政府相结合

政务数据具有较高的权威性和客观性,具有重要的应用价值,但是出于安全保密考虑,各级政府在政务数据利用方面,仍以政府内部共享应用为主。个别地方在向社会提供政务数据服务时,多采取指定一家国有企业或事业单位垄断管理数据的模式。为正确发挥政府职能,尊重市场在资源配置中的决定性作用,青岛市在筹划数据向社会开放之初,树立了力求通过技术和理念创新,破除为保安全而选择的垄断经营方式,努力营造百花竞放的政务数据共享新

业态。最终打造了"平等准入、公正监管、规范有序、公平竞争"的开放平台新模式,即中台面向所有企业法人、政府机构和中介组织平等开放,在确保数据安全的基础上,打破了独家垄断格局。

### (三)加强信息服务,为入驻机构进行信用评价营造环境

#### 1. 全面归集相关涉企数据,推动政务数据整合应用

通过全市统一的政务数据资源共享交换系统,累计向"数据中台"提供近 100 类、790 多个字段、3000 余万条涉企数据,涵盖市场监管、人社、财政、公积金、不动产、税收、招投标等多领域,涉及企业的基本信息、经营信息、信用信息等多维度信息。

#### 2. 提供运行环境,为入驻机构开发算法模型提供便利

让利于民,在政务云平台提供免费的计算资源和存储资源,有效降低了市场进入门槛。符合基本要求的社会第三方与"数据中台"对接后,可以结合自身业务需要自行开发、测试、上传算法模型。以企业信用评价为例,银行利用政务数据中台测试环境提供的脱敏数据完成算法测试和训练,经安全检测,将算法模型上传部署于政务数据中台工作环境,便可实现对目标数据直接进行分析,之后,按照规定流程将生成的结论性数据传到银行端,与自有数据融合后,可以形成更加全面、客观的企业信用评级结果。

## 二、主要创新成效

"数据中台"建设应用模式,厘清了政府与市场的关系,实现了让专业的人干专业的事的运作模式,避免了政府向市场伸手过长甚至替市场做主等问题,产生了明显的社会效益和经济效益。

### (一)助力中小微企业增信融资

"数据中台"对社会第三方免费开放,金融信贷机构积极响应入

驻,为中小微企业提供优质普惠高效的金融服务。截至 2022 年第三季度末,青岛市通过政务数据中台直接或间接支持的企业或机构已达 50 多家,入驻机构已开展数据模型调用累计近 1000 万次,支持贷前审查、贷中放款和贷后跟踪涉及金额共 1900 余亿元,放贷总额 1200 余亿元,惠及企业超 10 万家。例如,山东中兴炜烨建筑工程有限公司向青岛农商银行提出贷款申请后,经公共信用信息中的红名单核对,银行将其授信额度由 80 万元提高至 100 万元,提升 25%。日照银行根据政务数据分析结果,设计企业风险标签和优质企业标签,对目标企业按标签分类决策,将风控审批时间缩短至 3 分钟,提高了企业贷款速度。青岛银行利用政务数据分别设立"风评等级评定""企业隐形财务实力"模型,将企业风险水平和财务实力按等级细分,辅助放贷 1.01 亿元,惠及企业 92 家。

### (二)助力银行信贷提质增效

农行青岛分行通过将科技型中小企业名单、科技型企业培育"百千万"工程名单等数据与行内企业数据匹配,精准锁定符合本行贷款需求的科技型中小企业。通过利用企业工商注册登记等数据建立"法人客户外部风险监测预警"模型,农行对已放贷企业进行风险筛查,已发布信用风险提示函 6 期,涉及风险信贷客户 14 家,金额约 1.31 亿元,实际收回贷款 202 万元。招商银行利用企业社保、公积金数据与企业用工人数等数据对比,按行业预判企业规模及发展趋势,提升了营销效率。

### (三)推动信用信息在更大领域应用

在"数据中台"的使用过程中,坚持以开放的平台思维服务市场,相继培育或支持了青岛征信服务公司、青岛金企通公司、青岛蓝海股权交易中心等本地金融信贷服务公司,同时吸引了北京数字万融、上海斐波那契、深圳瀚德等外地企业到青岛开办企业。分别与

"数据中台"建立了合作机制,试点隐私计算、区块链等技术,开发金融或征信产品,一方面,为政府机构根据行业监管需要提供数据挖掘加工服务,加快构建以信用为基础的新型监管机制。另一方面,向社会提供数字化智能风控、银企智能撮合等定制服务,共同解决信息不对称导致的金融机构"不敢贷、不愿贷"和中小微企业"贷款难、贷款贵、贷款慢"的矛盾。

## 三、存在问题、下步打算

一是数据服务质量还不够高。部分政务数据由于只提供接口查询服务,在数据传输时极易因接口不稳定导致数据传输中断等问题,影响银行等用户正常信贷申请,数源部门、进驻机构及"政务数据中台"均需长期投入人力运维。二是数据种类不够全面。目前,对反映企业实际生产经营状况的用电、发明专利、海关等有关数据,因分属不同的事权单位,管理体制不顺,数据全量归集仍比较困难。三是政务数据可挖掘的潜力仍然巨大。在可信的执行环境下,"政务数据中台"虽通过物理隔绝方式保证数据安全,但当前因数据分散存储不能集中落地而权宜采取的共享方式,无法满足开展机器学习对海量的政企数据的需求,难以支撑进驻机构对涉企数据的深度挖掘使用。

下一步,青岛市大数据局将会同有关部门,结合政务数据运营新理念,继续深化"数据可用不可见"的安全应用模式,以原始数据不出域为安全底线,以服务社会便捷对接为导向,统筹整合青岛市涉企信用平台资源,为中小微企业融资、社会智力参与政府监管提供一体化平台、一站式服务,不断优化提升营商环境。

# 关于扶持青岛市法人保险公司创新发展的建议

青岛市社会科学院课题组

中路财产保险股份有限公司(以下简称中路保险)是唯一一家总部设在青岛的全国法人保险机构。中路保险积极探索保险助力经济社会高质量发展路径,对于健全青岛市金融机构体系、促进区域经济发展、改善民生保障、创新社会治理有着重要意义。近期,青岛市社会科学院组成课题组,对中路保险进行了重点调研,发现存在制约其发展的突出问题,提出促进中路保险创新发展的建议。

## 一、中路保险对于青岛市经济社会稳定发展起着积极作用

2015 年 3 月 30 日,中路保险经中国保监会批准开业,历经 6 年的稳定快速发展,2021 年首次实现年度赢利 324 万元,相较于行业内公认的"七亏八盈"规律,提前一年完成"打平盈利"的目标。在全国 88 家财险行业中,综合竞争力排名第 53 位,比 2020 年提升 14 个位次。在省内 3 家法人保险机构中,服务质量排名、综合竞争力排名均为第一位。2022 年第一季度,公司保费收入实现 6.51 亿元,同比增长 192%。

## (一)主动服务重大战略取得显著成效

中路保险融入青岛发展大局,匹配城市发展战略,积极参与自贸试验区、上合示范区、国际航运贸易金融创新中心等青岛重大发展战略建设,为胶东国际机场、胶州湾隧道、青岛地铁、海天中心等大型工程项目提供保险服务。作为"2018年上合青岛峰会""2019年海军节多国海军活动"唯一保险服务商,完成重大保障任务。到2022年3月,已累计为全社会提供超过10万亿元保险保障,全辖纳税5.88亿元,其中,青岛地方税收贡献为2.04亿元。

## (二)业务创新实现新突破

中路保险坚持"国有体制＋市场机制＋中路特色"定位,车险、非车险均衡发展布局,推进战略落地、创新驱动、成本领先、价值创造发展,积极应对阈值监管、车险综改等影响,实施一系列制度规范和改革举措,整体管理运行水平和质量效益发展显著提高。2021年,完成首次增资扩股,增资5.38亿元,注册资本提升至14.4亿元,综合偿付能力提高至330%,业务规模增长96倍,年均复合增长率114%,年均投资收益率超过行业平均水平。

## (三)突出地域特色,增进人民福祉

长期护理保险是青岛在全球产生影响的政府创新项目,中路保险作为唯一财险公司参与经办全市长期护理保险,为296万名市民提供保险服务,累计赔付5700多万元,独立承担全市道路交通救援基金项目保险服务,累计为1255名事故受害人垫付救助金额5369万元,成为青岛"我为群众办实事"的典型案例。2022年,莱西突发新冠肺炎疫情后,中路保险第一时间向莱西当地5000名医务人员和2000名外地支援医务人员无偿赠送"中路疫情保"保险,总保额35亿元。与青岛团市委合作,定制开发专门面向抗疫志愿者的"疫情意外伤害保险"，为岛城近 800 名抗疫志愿者提供保险保障服务。

## 二、中路保险发展面临的主要问题

### (一)股权结构不合理,存在合规风险

中路保险成立以来,大股东国信集团"一股独大",青岛市财政局履行出资人职责但未直接出资,虽然首轮增资后引入了青岛地铁金融控股有限公司和青岛金胶州资产经营有限公司两家新的股东,但两家也仅有 19.8% 的股份占比,大股东国信集团与国信金控(国信集团子公司)合计持有公司 35% 股份,这与保监会单一股东持股比例不得超过总股份 1/3 的监管要求不符,合规风险一直未得到根本解决。在公司重要人事任免、经营目标随行业形势调整等重大事项与大股东的沟通方面存在不确定性。

### (二)注册资本金规模较小,制约业务开展

中路保险目前的注册资本 14.4 亿元,与全国财险公司平均实际资本 83 亿元相比,资本实力处于较低水平。从市场情况和监管要求看,大型保险项目招标选取保险供应商时,对保险公司资本金要求的门槛基本为 20 亿元,导致公司经常失去参与投标的资格。此外,目前仍不具备开展保险、特殊风险保障等扩展类业务资格,即使成功承保了一些较大的保险项目,但保费自留额有限,只能将大部分保费分给再保险公司,赚取少量手续费,严重影响公司经营效益。从目前情况看,受行业整体增速、利润双双大幅降低的影响,通过市场化运作的二轮增资扩股难度很大。

### (三)全国性布局受内外部因素影响较大

2018 年银保监会组建后,对各保险公司设分公司的审批更加

严格,2021年出台的《保险公司分支机构市场准入管理办法》强调,审批保险公司分支机构设立申请时,应审慎评估相关保险公司分支机构设立申请是否与其自身经营战略、资本实力、管控能力、人员储备情况及当地经济社会发展状况、市场环境、市场容量、商业需求、竞争程度相适应。受此影响,中路保险全国性布局进展缓慢,拟设浙江分公司先后四次提交筹建申请,受到内外部因素影响均已撤回,其确定的到2023年新设2～3家省级分公司、实现20亿元保费规模并持续赢利的目标实现难度较大,需要给予更多支持。

## 三、支持中路保险创新发展的建议

### (一)支持中路保险推进二轮增资扩股

一是使注册资本金达到20亿元,达到大型保险项目招标选取保险供应商对保险公司资本金基本要求。二是优化股权结构,引进优质战略合作伙伴,国信集团与国信金控持有公司股份控制在30％～33％之间,既保证控股大股东地位,又符合保监会监管要求。为此,建议青岛市委、市政府及相关职能部门为中路保险引介更多的优质合作伙伴,促成设立浙江省分公司;崂山区委、区政府出台优惠政策支持中路股份的投资者。

### (二)依法依规支持中路保险参与政策性保险

从同业公司发展情况来看,政策性保险是压舱石业务,建议政府部门采购的项目向中路保险倾斜。一是2022年青岛市政府将在航运险、农业险等方面加大投入,并出台了相关政策,建议在此基础上给予中路保险相应扶持。二是推进首台(套)重大技术装备保险发展,鼓励中路保险开展重点技术装备产品首批次应用保险补偿机制试点,降低此类创新型产品投放市场后潜在的质量风险、责任风险等,为"四新"经济发展提供支撑。三是大力扩展食品安全责任险服务范围,鼓励中路保险研究设计多种费率计算方式的产品,以满足投保企业不同的需求,以此实现保障消费者权益、提升企业信誉和维护政府形象的和谐共建。

## (三)支持中路保险创新保险产品

一是放大地方创新成果,贯彻落实银保监会关于大病保险、长期护理保险、城市定制型医疗保险的监管制度,推动大病保险规范运作,持续深化青岛市长期照护保险试点,进一步引导城市定制型医疗保险可持续发展,发挥市场机制作用,服务民生保障。二是突出地域特色,根据全市台风、暴雨等实际情况和市民、企业、政府部门的需求,探索完善巨灾保险制度,调研设计具有区域特征、符合市场需求的包含台风、暴雨、森林火灾多灾因的保险产品方案。三是服务新业态发展,在预付卡发行中引入第三方保险赔偿制度,通过市场化运作,变事后监管为事前"尽职调查"以防范预付卡的"跑路风险",为企业赋予增信功能,为消费者增添一份保障,也为青岛市贡献保险力量。

课题组组长:毕监武　青岛市社会科学院经济研究所所长、研究员
课题组成员:王发栋　青岛市社会科学院编辑部副主任
　　　　　　王正巍　青岛市社会科学院经济研究所助理研究员
执　笔　人:毕监武　王正巍

# 以法治化营商环境为统领
# 着力深化医保领域"放管服"改革

**青岛市医疗保障局**


深化"放管服"改革、优化营商环境，是法治政府建设的重要内容。《法治政府建设实施纲要（2021—2025 年）》提出，健全政府机构职能体系，推动更好发挥政府作用，强调坚持法定职责必须为、法无授权不可为，着力实现政府职能深刻转变，把该管的事务管好、管到位，基本形成边界清晰、分工合理、权责一致、运行高效、法制保障的政府机构职能体系。近年来，青岛市医疗保障局认真贯彻落实国家、省、市"放管服"改革有关工作的决策部署，以优化法治化营商环境为统领，统筹推进制度、政策、执法、宣传等方面工作，"放管服"改革有关工作取得较好成效。

## 一、取得的成绩与进展

### （一）职能履行更加规范

一是全面落实政务服务事项"马上办、网上办、就近办、一次办、自助办"，公示的 21 个政务服务事项，按照"六统一"要求不断进行规范，全程网办率 100％。二是全面推行"证照分离""多证合一"，通过青岛市行政审批局官网"企业开办智能一体化平台"注册的企业,可通过平台直接办理医保参保登记。三是全面落实并严格执行全国统一的负面清单制度。依法保障各类市场主体公平竞争,没有另行制定带有市场准入性质的负面清单。四是全面推进政务诚信建设。积极落实各项惠企惠民政策,如降低医保费率等政策,一方面加大宣传力度,提高企业职工的知晓度,另一方面简化经办流程,实行"免申即享",严格兑现向行政管理相对人依法作出的政策承诺,各类合同按约履行,不存在违约毁约情况。五是全面清理涉企收费、摊派事项和各类评比达标活动。经排查,不存在涉企收费、摊派事项和评比达标活动,依法保障企业自主加入和退出行业协会商会的权利。不存在干预企业依法自主经营活动的行为。六是医保领域政务服务高频事项实现"一网、一门、一次"。公示的 21 个政务服务事项全部实现全程网办,政务服务事项进驻医保经办大厅,实现"应进必进";各大厅医保征缴和待遇窗口均实现"一窗受理、业务通办"。七是全面提升政务服务水平。制发《青岛市医疗保险经办机构服务场所设置与政务服务标准化实施方案》,全面提升政务服务标准化和规范化水平,制定完善首问负责制、容缺受理制、限时办结制、否定报备制、延时服务制等服务制度;大力推进政务服务跨域通办,13 个服务事项实现全省通办,9 个服务事项跨省通办,县级以上政务服务大厅均设置"跨域通办"窗口。八是对 12345 政务服务便民热线受理的政务咨询投诉举报及时处置、限时办结。做好各渠道政务咨询、投诉信访件转办处置,受理率、按期办结率均达到100%。

## (二)制度体系更加健全

印发《青岛市医疗保障局行政规范性文件管理办法》(青医保办字〔2019〕23 号),要求制定文件必须认真履行调研论证、征求意见、公平竞争审查、合法性审核、集体审议、登记备案、发布解读等程序。印发《青岛市医疗保障局公平竞争审查工作规则》(青医保办字

〔2020〕8 号），要求文件起草时应当对照审查标准，如市场准入和退出、商品和要素自由流动、生产经营成本、生产经营行为规范等逐一进行审查。印发《青岛市医疗保障局法律顾问管理办法》（青医保办字〔2019〕25 号），发挥法律顾问专业力量，不断提高依法行政水平。

### （三）政策制定更加科学

按照青岛市统一部署，结合国家、山东省政策变化，及时组织政策梳理工作，废止了《青岛市城镇职工生育保险办法》（市政府令第258 号），对《青岛市社会医疗保险办法》（市政府令第 235 号）进行修订；按照规定程序制定《关于进一步完善困难居民医疗救助制度有关事宜的通知》（青政办发〔2020〕24 号）和《关于印发青岛市长期护理保险办法的通知》（青政办发〔2021〕6 号）等市政府规范性文件，对医疗救助和长期护理保险工作予以规范；印发《关于印发〈青岛市社会医疗保险意外伤害保障管理办法〉的通知》（青医保规〔2019〕9 号）、《关于印发〈青岛市社会医疗保险异地医疗管理办法〉的通知》（青医保规〔2019〕8 号）和《关于基本医疗保险基金先行支付有关问题的通知》（青医保规〔2019〕11 号）等部门规范性文件，对意外伤害保障、异地就医、先行支付等工作作出规定，进一步增强了政策的针对性、适用性、可操作性。

### （四）行政执法更加严谨

印发《青岛市医疗保障局行政执法公示制度》（青医保办字〔2019〕35 号），明确行政执法信息公示的范围、内容、主体、渠道以及信息变更维护等内容，严格落实事前、事中、事后公示要求。印发《青岛市医疗保障局行政执法全过程记录制度》（青医保办字〔2019〕36 号），明确行政执法记录的范围、形式、要求及记录使用等内容，做到执法全过程留痕可回溯。印发《青岛市医疗保障局重大行政执法决定法制审核制度》（青医保办字〔2019〕37 号），明确审核程序、审核内容、审核意见、异议处理等,重大行政执法决定未经法制审核的,不得作出决定。制定《青岛市医疗保障局重大行政执法决定法制审核目录清单》(青医保办字〔2019〕41 号),将涉及国家和重大社会公共利益,可能造成重大社会影响或引发社会风险等行政执法决定,纳入重大行政执法决定法治审核范畴,确保重大执法决定的合法性。印发《青岛市医疗保障轻微违法行为不予行政处罚事项清单》(青医保字〔2021〕19 号),明确"用人单位不办理医疗保险和生育保险登记、未按规定变更登记或注销登记以及伪造、变造登记证明的处罚",符合"首次被发现且违法情节轻微、自行纠正或者在限期内改正、未造成危害后果"条件的,不予行政处罚,进一步规范涉企轻微违法的执法行为,强化包容、审慎监管,在保证"执法力度"的同时,努力让市场主体感受到"执法温度"。

### (五)法治意识更加牢固

建立领导班子专题学法制度,抓住关键少数,发挥领导班子的模范带头作用,在决策层上强化法治思维,把牢依法行政底线。建立医保干部全员学法制度,通过专家授课、交流研讨等形式加强法治学习;利用办公网络、微信工作群推送有关的法律知识点,丰富法律知识,营造学习氛围,不断提升工作人员依法行政能力。建立执法人员专项学法制度,落实资格考试制度,提升执法人员法治理论水平;开展行政执法案卷评查活动,以评查为契机,进一步规范执法程序、执法文书和执法案卷管理,通过评查问题专题讨论学习等方式,不断提升行政执法规范化水平。

### (六)宣传引导更加精准

持续开展集中宣传宣讲,以"青岛医保　守护一生"为主题,持续开展医保政策宣讲"进企业、进社区、进医院、进学校、进机关"活动,以现场讲座、上门服务、海报宣传、线上宣传等形式,推动更多人知晓、掌握、使用医保政策。加大媒体宣传力度,以宣传贯彻《医疗保障基金使用监督管理条例》为重点,组织开展"医保基金监管集中宣传月"活动,加大社会监督和舆论监督力度,提高参保群众对医保骗保行为的认知度和辨别力。曝光欺诈骗保典型案例,通过各级各类媒体实名曝光欺诈骗保典型案例,对全市定点医药机构分期分批或点对点进行普法宣讲培训,以案说法,进一步统一思想,凝聚共识,引导定点医药机构规范医疗行为、依法守法经营。

## 二、典型经验、创新举措

### (一)主动担当,全力保障疫情防控和经济发展

充分发挥多层次医疗保障功能,为新冠肺炎患者开通医保绿色通道,相关诊疗费用全部纳入医保基金支付范围,全面取消医保支付限额,确保患者不因费用问题影响就医。对定点医疗机构实行特殊结算管理,据实审核拨付,不纳入医院总额预算管理,对定点救治医院提前预付专项救治资金,最大限度地缓解定点医院的资金压力,确保定点医疗机构不因支付政策影响救治。对困难中小微企业实施医疗保险费缓缴政策,累计缓缴期限不超过3个月的免收滞纳金,职工医保待遇不受影响,8万户中小微企业缓缴医保费1.8亿元,帮助中小微企业渡过难关。建立疫苗及接种费用保障协调机制,保障全民免费接种疫苗,助力快速建立免疫屏障。

### (二)主动作为,阶段性降低职工基本医疗保险缴费费率

围绕全市经济社会发展中心任务,市医疗保障局先后5次降低职工医保单位缴费费率,减轻各类用人单位负担,进一步优化营商环境,助力经济稳定运行。2020年1月1日起,降低医保单位缴费和灵活就业人员缴费费率0.8个百分点;受疫情影响,为支持各类

企业复工复产,连续两次降低医保缴费费率,2020 年 3 月 1 日至 12 月 31 日降低 1 个百分点,2020 年 2—6 月进一步降低企业单位缴费费率 2.25 个百分点,企业单位全年加权平均费率为 7.73%,共为各类用人单位减负约 39 亿元。2021 年 5 月 1 日至 2022 年 12 月 31 日,第四次主动下调职工医保单位缴费费率 1 个百分点,当年度减轻单位缴费负担 29 亿元。2022 年 1 月 1 日至 12 月 31 日,第五次主动实施阶段性降低职工医保缴费费率 0.5 个百分点,叠加第四次降费政策后,全年预计可为各类市场主体减负 47 亿元。通过五次降费,2020—2022 年,预计总计减负额达到 115 亿元。

### (三)主动试点,大力支持民营护理机构发展

青岛市作为国家第一批长期护理保险试点城市,坚持市场准入平等,促进民营护理机构在公平竞争环境中快速发展。通过简化申办流程,搭建服务平台,引入连锁化、集团化发展理念,升级实施农村长期护理保险提升计划,全市民营护理机构发展环境持续优化,形成了以民营护理机构为主体的服务平台,全市现有民营护理机构 900 余家,提供机构护理型床位 2 万余张,解决就业岗位 2 万余个。目前,全市每年服务约 5 万名重度失能失智人员,民营护理机构承担了其中 95% 以上的服务量,民营护理机构的快速发展促进了青岛长护险服务的可及性。

### (四)主动提速,积极推进智慧医保建设

建设"互联网＋医保"智慧大厅,网办、掌办等服务措施让群众动动手指即可办理医保 21 项业务。积极推进医疗费用报销"一件事一次办",与民政、退役军人等职能部门及商业保险公司跨部门、跨领域共享信息数据,累计联网结算 181.5 万人次。推广全国医保电子凭证,并与"青岛一码通"小程序实现互通,全市激活率达到 92%,6000 多家医院、药店支持手机扫码支付。扩大异地就医联网

结算范围,全市开通住院省内和跨省联网结算医疗机构 376 家,实现住院定点医疗机构全覆盖;开通普通门诊省内和跨省联网结算医疗机构 898 家(其中社区定点医疗机构 405 家);开通门诊慢特病省内联网结算医疗机构 898 家。2022 年,青岛市积极开展门诊慢特病跨省联网结算试点及扩面工作,作为参保地和就医地双向实现高血压、糖尿病、恶性肿瘤门诊治疗、尿毒症透析、器官移植术后抗排异治疗等 5 个门诊慢特病相关治疗费用跨省联网直接结算。作为就医地,青岛市开通门诊慢特病跨省联网结算医疗机构 15 家,实现县域全覆盖,群众就医更便捷。利用信息化平台,积极开展医保基金与医药企业直接结算工作,全市 219 家公立医院和 216 家配送企业按月在平台上直接结算 303 种药品和 93 种医用耗材,将回款期从平均 180 天缩短到 30 天以内,运行 17 个月以来,直接结算金额 10.7 亿元,大大节约了企业财务成本,有效激发了药械生产企业活力。

## (五)主动上门,全面提升医保经办服务能力和水平

推进医保服务下沉,在家门口帮助群众解决就医报销中的操心事,把医保临柜服务从医保服务大厅延伸到 257 个社区医保工作站、150 家银行网点,实现门诊慢特病申报等 9 项高频服务事项一站办理,累计服务 4 万人次。探索实施门诊慢特病办理模式从"患者个人申办"向"医院主动帮办"转变,办理时间从"出院办"向"提前办"转变,将"精神病"门诊慢特病病种下沉到 20 家精神专科医院"零材料办理"院端即时办理,累计 2800 余笔;将"心脑大动脉血管疾病术后综合治疗"病种在 28 家定点医院"零材料"院端即时办理,累计 3400 余笔。探索医保宣传新途径,拍摄短视频《儿童节的礼物》,介绍新生儿参加居民医保政策,在 2021 年"六一"儿童节期间,通过全市各大医院妇产科推送给新生儿父母,将政策送到产科病房,第一时间做好参保政策宣传,促进新生儿群体及时参加医疗

保险。

　　服务无止境,深化"放管服"改革永远在路上。下一步,青岛市医疗保障局将继续坚持以习近平法治思想为指导,落实好国家、省、市法治建设各项部署要求,加大法治化建设力度,完善法治建设制度体系,不断提升运用法治思维和法治方式推动发展、化解矛盾、维护稳定等依法行政能力。持续深化"放管服"改革,强化依法依规推进"放管服"改革意识,创新工作方式方法,不断营造更优的法治化营商环境,不断提升医保治理能力和水平,助力青岛市经济社会高质量发展。

# 实施金融服务提升工程
# 全力保障青岛市经济社会发展

中国银行保险监督管理委员会青岛监管局

## 一、取得的成绩与进展

### （一）做实做优新市民金融服务，实施助力新市民"创业就业"金融提升工程

**1. 加大对吸纳新市民就业较多的小微企业金融支持力度**

督促银行机构积极向总行争取信贷额度倾斜，加大对青岛市小微企业投放力度。截止到 2022 年 8 月末，青岛市小微企业贷款余额为 5999.75 亿元，普惠型小微企业贷款余额为 2092.79 亿元，较年初增长 18.57％，高于各项贷款增速 10.06 个百分点。在确保"量"的提升的基础上，同时注重"价"的压降，2022 年前 8 个月，青岛市银行业金融机构新发放普惠型小微企业贷款利率为 4.55％，较 2021 年度下降 0.44 个百分点，有效降低了小微企业财务成本支出。

**2. 加强对新市民创业信贷支持**

优化创业担保贷款政策，将符合条件的新市民纳入扶持范围，落实担保、贴息等政策，简化业务办理流程，按规定免除反担保相关要求。截止到 2022 年 8 月 31 日，辖区创业担保贷款余额为 8.65

亿元,为 4961 户创业者提供了资金支持。

### 3.提高对新市民创业就业的保险保障水平

鼓励保险机构积极推广以雇主责任险、安全生产责任险等为代表的新市民创业就业保险保障解决方案,灵活确定保障范围、保费金额、缴纳方式,简化理赔流程。

## (二)全力推进小微企业金融服务,推动构建金融惠企助企体系

### 1.完善考评机制,加大监管督导推动

印发《关于做好 2022 年辖区小微企业金融服务工作的通知》,不定期组织小微企业金融服务督导座谈和现场走访督导,持续加大督导力度,督导银行机构继续落实好普惠小微企业贷款延期还本付息政策。召开普惠金融重点领域考核指标半年调度会,督促银行机构持续加大普惠型小微企业贷款投放力度,确保完成全年投放目标。

### 2.做实专项工作,补齐金融服务短板

组织开展"金融助实体,益企进园区——我与企业共成长"融资服务活动,加大对重点产业园区中小微企业金融支持力度。目前,已成功举办高新区、即墨蓝谷、李沧中艺 1688 创意产业园专场活动。会同青岛市市场监管局等相关部门开展全市个体工商户服务月,推动加大对个体工商户信贷投放力度。

### 3.聚焦金企对接,推动涉企信息归集

会同青岛市发展和改革委员会、青岛市工程咨询院开发应用全国"信易贷"平台青岛站——青岛市信用综合服务平台。目前,平台已归集全市 70 多家单位的 100 余类超过 3000 万条信用数据,授权调用数据超过 30 亿条,接入辖区 49 家银行机构,444 个网点,为

1494 名客户经理开通了服务权限。各银行机构主动发布金融产品,打造"金融超市",为企业提供多样化金融产品,目前,辖区 49 家银行机构在"信易贷"平台共发布 142 款金融产品,平台累计提供信用报告 16257 份,共帮助中小微企业获得银行融资 800 余亿元。

### 4.加强部门协同,加大双创金融扶持

配合青岛市委人才工作领导小组办公室做好市委人才工作会议精神,贯彻落实责任分工,督促银行机构持续推进"人才贷"业务开展。截止到 2022 年 9 月底,辖区银行机构"人才贷"业务贷款余额为 4.46 亿元,惠及 150 家人才企业。引导金融机构加大对科技型中小企业支持力度,持续推进专利权质押保险贷款业务开展,截止到 2022 年 8 月 31 日,已服务企业 63 家,保费收入 481 万元,助力贷款 23050 万元。

## (三)推动加强乡村振兴金融服务,全力提升"三农"产业经营环境

### 1.强化部署推动,督导加大信贷投放

印发《2022 年辖区银行业保险业服务乡村振兴工作通知》,引导辖区银行保险业金融机构加大"三农"领域金融资源投入。截止到 2022 年 9 月底,辖区银行业涉农贷款余额为 4043.30 亿元,较年初增加 604.81 亿元,增幅为 17.59%,实现持续增长目标;辖区银行业普惠型涉农贷款余额为 476.92 亿元,较年初增加 62.65 亿元,增幅为 15.12%,高于辖区各项贷款平均增速 4.80 个百分点。

### 2.加强横向合力,提高涉农服务质效

会同中国人民银行青岛中心支行等六部门印发《关于青岛市金融支持全面推进乡村振兴的意见》,围绕青岛市巩固拓展脱贫攻坚成果同乡村振兴有效衔接重点领域,加强金融支持助企纾困,聚焦创新金融产品和服务,健全金融组织体系。协同中国人民银行青岛

市中心支行完成 2021 年度青岛市金融机构服务乡村振兴考核评估。

### 3.加强组织调度,突出重点领域支持

印发《关于印发新型农业经营主体信用建档评级实施方案的通知》,深化新型农业经营主体信用体系建设,加大金融支持力度,助力青岛辖区新型农业经营主体加快发展壮大,力争到 2023 年末实现新型农业经营主体建档评级全覆盖,实现对新型农业经营主体授信"能授尽授"。

## 二、典型经验、创新举措

### (一)强化宣传,做到金融服务应知尽知、应享尽享

印发《青岛辖区银行业保险业新市民金融服务宣传月活动方案》,鼓励引导辖区各金融机构通过营业网点宣传、新闻媒体宣传、线下集中宣传等多种方式构建新市民金融服务长效宣传机制,宣传和推广监管部门、地方政府、银行业保险业推进新市民金融服务的各项政策措施和成效,营造各界特别是金融支持新市民的浓厚氛围,增进新市民群体对相关支持政策、特色产品服务的了解,让符合条件的新市民应知尽知、应享尽享。以宣传月活动为契机,推动银行业保险业进一步加大金融服务力度,采取更加有力的措施提高新市民金融服务可得性和便利性,打造新市民金融服务青岛模式。

会同各大重点产业园区开展"金融助实体,益企进园区——我与企业共成长"融资服务活动,针对性开展金企对接,推动银行保险机构与企业面对面交流沟通,实现产品服务精准推送,提升企业的信贷可获得性。配合相关部门开展金融服务实体经济"春雨行动",开展"工业企业全面对接""重大投资项目精准对接""重点领域专项对接""民营中小微企业常态对接"四项银企对接行动。

## (二)搭建平台,做好涉企信息信用体系建设

与青岛市发展和改革委员会联合印发《关于加快推进"信易贷"工作支持中小微企业融资的通知》,青岛市信用综合服务平台建设扎实推进,督导辖区银行机构加大"信易贷"平台对接及应用力度,先后召开辖区大型银行、股份制银行、城商行分行、法人银行板块"信易贷"工作督导推进会议,交流平台应用情况,听取平台功能优化意见建议,督促银行机构加大金融产品在信用信息平台发布及推介力度,积极对接入驻"信易贷"平台。平台现已实现银行产品发布、企业融资需求发布、融资名单推送等功能,在银企对接、授信审批、贷后管理等工作环节中发挥了积极作用。

会同青岛市发展和改革委员会、青岛市农业农村局共同推动新型农业经营主体信用体系建设,依托"信易贷"青岛市信用综合服务平台,建设"金农通"金融服务乡村振兴信息平台,实现信用建档评级、融资提报、政策及产品查询、金融服务等一站式汇聚,搭建金融机构与农业主体之间的信息桥梁。督导各中资银行与青岛"金农通"乡村振兴信息平台对接,充分运用建档信用评级信息,通过主动授信、送贷上门等多种形式,实现信息向信用、信贷的转换。

# 建设数智融合的公积金服务体系
# 打造"互联网＋"全能型网办平台

青岛市住房公积金管理中心

充分发挥数据赋能优势,建设数智融合的"智慧型"公积金服务体系,打造"互联网＋公积金"全能型网办平台,既是深化简政放权、放管结合、优化服务改革的关键之举,又是推进业务流程再造,提升政务服务效能,实现"群众跑腿"到"数据跑腿"转变的必然选择。

近年来,按照国家"十四五"规划有关"提高数字化政务效能"和"推动数据开放共享"的具体部署,青岛市住房公积金管理中心充分利用大数据、云计算等数字技术,纵深推进公积金数字化转型变革,推动政银、政企合作以及"互联网＋公积金"网办服务模式的持续创新,提高"网上办""掌上办"服务深度,以数字化转型赋能公积金业务"大提速",以深化流程再造实现公积金业务"全网办"。

## 一、取得的成绩与进展

### (一)强化数据直联,推动公积金政务服务实现"全网办""零跑腿"

通过打造"互联网＋公积金"全能型网办平台,已与 18 家政务部门、26 家金融机构实现数据联网共享,年均共享数据量 4000 余万条,住房公积金现有47项公共服务事项全部网上可办,在风险可控的前提下实现了公积金业务网办全覆盖,"网上办""掌上办"的服务渠道、"零跑腿"的办事模式为广大缴存单位和职工提供全面便捷的保姆式、下沉式办事服务。

### (二)推动模式创新,办事体验更加系统集成、协同高效

在公积金行业内首创推出"商贷网厅自助提取"业务并持续推动合作银行商贷数据向全国扩容,创新推出住房公积金提取"网上帮办"服务模式,接入青岛市企业开办智能一体化平台,上线运行职工"退休一件事"联办平台,不断完善"一事全办"以及全生命周期"一站式"服务模式,越来越多的缴存单位和职工享受到营商环境优化提升带来的系统集成、协同高效的服务体验。

### (三)线上线下协同,风险防范手段更加有力

依托"数据赋能",在推进数字化转型、实现服务优化提速的同时,有效提升了住房公积金风险防范水平,通过加强与公安、税务、不动产及异地公积金中心的信息联动与业务协查,以及作为最高频提取事项的商贷自提业务持续扩容,进一步防范了虚假材料、虚假行为骗提骗贷违规行为的发生,风险防范手段更加有力。

## 二、典型经验、创新举措

### (一)强化数据直联,实现全国范围内多部门数据共享

充分借助大数据、云计算等数字技术,不断增强住房公积金与经济社会发展和治理现代化的匹配性,加大数据共享开放力度,推动政银、政企合作,加快"数字公积金"建设,构建了公积金业务一体化数据服务管理中心。

目前,已先后接入全国和省级住房公积金数据共享平台、省公积金主题库,实现国家、省、市三级数据共享联动,已与 18 家政务部门、26 家金融机构实现数据联网共享,申请了普通发票信息、社保信息、医保信息等 50 余项数据,通过共享数据大幅减免纸质证明材料,增加互联网渠道线上核验,全面提升智慧化数据服务体系。

## (二)应用数字证照新技术,促进服务智能化水平提升

### 1.推广电子印章使用

实现缴存明细使用证明、异地贷款使用证明等重要业务场景的应用,节省了柜员受理盖章时间,强化了业务公章的保密性和安全性。

### 2.实现电子营业执照开户

单位法人办理单位业务时,使用支付宝、微信电子营业执照小程序扫码核验,即可开设单位公积金账户及单位网上营业厅账户,并支持扫码登录网厅。

### 3.加快推进电子身份证应用

客户办理个人资料查询、可贷额度计算等查询类业务时,出示身份证电子证照等同于出示身份证,为广大客户带来方便。

### 4.运用数字证书身份认证特色

查询个人征信报告可在线授权,避免现场查询不符合要求而白跑腿,公积金贷款业务实现"最多跑一次腿",在效率性、便捷性上大大优于青岛市商业银行住房贷款受理模式。

## (三)善用平台思维,网办业务"数据赋能"

### 1.依托银行数据平台,拓展商贷自助提取公积金业务范围

目前,青岛市商贷自提签约银行已涵盖工、农、中、建、交等各大

银行 26 家,职工可以足不出户每月线上自助提取公积金偿还商业贷款;2021 年起,联合青岛银保监局出台文件,在推动本市银行扩容的基础上,充分挖掘银行系统全国联网优势,积极推动商贷自提业务数据全国覆盖,努力实现异地商贷自提扩容,目前已与 18 家银行签约。

### 2. 依托青岛市企业开办及注销一体化平台,实现企业开户注销公积金联动

通过此平台,企业可办理工商、税务注册,同时还可联动办理住房公积金缴存登记、职工开户,以及企业注销手续,并享受到平台提供的"一站集成、分时分段、证照联办、共享共用、跨域通办"等服务。

### 3. 依托住房公积金政企服务平台,增强服务企业精准度

与大型企业集团对接协调,推广政企直联服务模式,与卡奥斯海企通平台合作开发程序,将直联服务拓展至小微企业群体,增强服务企业精准度。政企服务平台采用"数据共享、业务直联"的方式,将住房公积金业务与企业的人力资源系统打通,实现业务一键操作、数据一键直联,为企业提供精准化住房公积金服务。

### 4. 依托"退休一件事"联办平台,提供职工退休一站式服务

对标上海,与市人社局、医保局、卫健委联合开发了职工"退休一件事"联办平台,将企、事业单位职工退休涉及的公积金相关业务纳入平台中,可实现职工退休时,退休审批、社保医保提取、住房公积金提取、独生子女费结算等事项一网提交、全程联办、进度可查、办理结果推送等一站式服务。

## (四)创新推出"网上帮办"服务模式

加大"互联网＋"开发应用力度,依托公积金网厅平台,分别于电脑端、移动端新开辟"网上帮办"柜面延伸办事渠道,对于当前未

实现在线核查、信息共享的事项,允许职工通过帮办渠道申办,无须临柜办理,实现业务"全网办"和办事"零跑腿",解决因信息共享范围限制等造成的办事"堵点""痛点"问题,提升住房公积金办理效率与服务体验。

### 1. 拓展提取业务类型

新增的"帮办专区"在秒批秒办、预申请业务的基础上,拓展了60余项网办提取业务,支持职工通过网厅办理购买住房、偿还贷款、租赁住房、大病、离退休、经济适用住房取得完全产权等类型的业务,将联网数据无法核验、需要跨区域跑腿办理的各类情形一并纳入"网上帮办"服务范畴,进一步推进了网办提取类型扩容。

### 2. 打通全程网办通道

"网上帮办"服务具有虚拟柜台功能,职工通过"帮办专区"上传并提交申请材料,工作人员后台审核,办理结果及时推送,办理进度一键可查,免去职工跑腿的烦恼。"网上帮办"服务支持职工异地商贷自助提取签约,签约成功后即可自助提取,打破每年提取次数限制,进一步简化了提取流程,提升了职工的体验感和满足感。

### 3. 优化网厅操作体验

"帮办专区"采用分类引导模式提示客户操作,简洁明了、通俗易懂。系统通过申请人身份、房屋地区、提取材料等选项进行分类,逐项引导职工选择需要办理的提取事项,选择和操作更加方便。对于关键材料,系统提供参考样例,界面中新增操作手册链接,职工可随时点击查看,进一步降低了操作难度。

### 4. 线上、线下协同审核

"网上帮办"服务实行联网数据与后台人工协同审核方式,通过大数据在线校验婚姻、房产、税票等信息无误的,职工无须上传证明材料;无法在线校验的,职工上传材料,后台审核通过即可提取。线上、线下协同审核模式在风险可控的范围内，有效提升了政务服务标准化、智能化、便利化水平。

## (五)健全住房公积金提取专项工作机制

依托数据共享、流程再造，同步建立起"全程覆盖、双向赋能、多级监督"的住房公积金提取专项工作机制。实时在线校验包括身份、户籍、婚姻、就业、发票、不动产、偿贷信息以及异地公积金归集使用数据在内的主要提取要件信息，多项提取业务实现"秒批秒办"；同时，通过实行跨地协查、三级稽查、联合惩戒等事中、事后监督制约措施，在确保提取工作效率的基础上，全链条、全方位完善提取风险防控及监督体系，织密提取风险"防护网"。

党的二十大报告已将数字中国建设确立为国家战略，数字化转型蓬勃发展势头正劲。下一步，青岛市住房公积金管理中心将进一步发挥数据赋能优势，积极对标借鉴公积金业内及关联行业领域的新发展、新举措、新经验，努力在打造"互联网＋公积金"全能型网办平台、推动住房公积金事业数字化转型升级方面取得突破性进展，全面建设好数智融合的"智慧型"公积金服务体系，不断增强人民群众的幸福感、获得感。

# 靠前一步　疏淤解难
# 打通投资者保护"最后一公里"

中国证券监督管理委员会青岛证监局

青岛证监局作为青岛市优化营商环境"保护中小投资者"指标牵头单位,坚守监管的人民性,紧扣"民心",积极构建监管、自律、市场和投资者共建共享的"大投保"格局,青岛市一直被评为该项指标评价全国标杆城市,其中 2019 年度并列全国第一、2020 年度名列全国第 9 位。

## 一、取得的成绩与进展

### (一)"放管服"改革不断深化

#### 1.辅导验收规范、透明、高效

坚持标准、程序、过程、结果"四公开",注重服务便民化,辅导监管提质增效。一是制定"一项规程"。落实中国证监会辅导监管规定,制定规程明确工作程序、签批流程、办理时限,健全内部约束机制。二是发布"一份指南"。编制并对外发布辅导监管事项服务指南,明确市场主体办事流程和注意事项,主动接受外部监督,合理引导市场预期。三是完善"一张表格"。辅导备案企业信息表新增验收申请、验收通过等节点日期,每月末通过局官网对外公示,优化政务信息公开。四是用好"一个系统"。通过证监会公开发行辅导监管系统,实现材料报送"电子化"、辅导备案"网上办"、企业券商"零跑腿"。截止到 2022 年 10 月底,本年度青岛市首发上市及过会企业中,除 1 家企业因涉诉涉举报存在未决事项外,其他企业在证监局辅导平均用时已由 417 天缩减至 191 天,6 家企业 IPO 申请获受理,青岛雷神科技从报会到过会仅用 121 天,跑出"青岛速度"。

### 2. 简政放权落地、落细、落实

一是全面落实中国证监会行政许可事项清单管理和告知承诺制,公示行政许可事项和进展,坚决做到"清单之外无审批"。二是完善行政许可审核和备案事项审阅工作制度,进一步提高许可和备案工作规范性和透明度。三是坚持许可证办理"即来即办",备案报告"零跑腿",2022 年上半年,累计换发许可证 30 份,网上接收办理备案事项 46 件。

## (二)服务实体经济发展成效不断显现

### 1. 上市公司家数迅速增加

2022 年以来,青岛市新增上市及过会企业 10 家,其中,5 家已上市,5 家已过会待注册或核准。目前,青岛市境内上市公司共计 62 家,居全省第 1 位、北方城市第 3 位,仅次于北京、天津。

### 2. 直接融资规模稳步扩大

2022 年 1—9 月,青岛市新增直接融资 507.03 亿元,其中股权融资 63.23 亿元、交易所债券融资 443.8 亿元,创新创业债券首获突破。截止到 2022 年 9 月底,青岛市私募股权创投基金管理资产规模达 1403 亿元,同比增长 17.75%。

### 3. 行业机构服务能力持续提升

青岛设有法人证券公司 2 家,公募基金、期货公司、证券投资咨询公司各 1 家,独立基金销售机构 3 家,业态较为完备;全牌照证券公司完成增资扩股,资本实力明显增强;法人券商探索差异化、特色化转型发展,不断提高与地方实体经济适配性;期货机构累计开展"保险＋期货"项目 9 个,聚焦助力乡村振兴,发挥期货保供稳价功能。

## (三)中小投资者保护不断突破

### 1. 投资者维权便利度全面提高

一是全国第三家地方法人证券期货调解机构正式设立。"青岛尚和证券期货纠纷调解中心"运营至今完成调解案件 6 起,平均调解时长 2 日,调解协议履行率达 100%。二是证券期货纠纷诉调、仲调对接机制顺畅。青岛证监局与青岛市中级人民法院签署诉调对接合作备忘录,青岛两家调解组织可接受青岛中院委托、委派调解;青岛证券期货调解中心协助当事人向青岛仲裁委提交仲裁,最快 1 日可以取得仲裁结果。三是纠纷调解方式灵活便捷。青岛两家调解组织均已入驻"中国投资者网"和"人民法院调解平台",可线上接受调解申请,开展远程调解,大大降低了投资者路途成本。四是小额诉调机制落地。青岛 5 家法人证券基金期货经营机构全部签署小额速调协议,参与"12386"投资者服务热线直转,尽可能缩短纠纷解决周期。

### 2. 投资者教育走近百姓身边

一是打造"百日讲坛"品牌,投教进景区、进社区、进地铁、进商圈、进校园全面推开。联合市金融局开展"投资者教育和保护百日讲坛",统筹调度市场资源优化投教活动,组织投资者走进 4A 级景区青岛啤酒博物馆,4 家证券机构与 4 个社区"结对子"开展投教活动,在核酸检测点"一米线"印制防非宣传标语,设计防非"标点符号"系列公益海报并在青岛地铁最长、客流最密集线路展示,在全市黄金地段购物中心巨型户外屏播放投教产品,在青岛三所重点高校开展知识竞赛,在老年大学课前滚动播放投教微视频,面向中小学生组织金融知识游园会,投教覆盖面和影响力持续提高。二是推出"投保代言人",提高投教产品趣味性和辨识度。创新推出青岛投资者保护IP形象"海小宝",创立"海小宝的投保日记"漫画集和"海小宝投资避雷指南"动画集,分别投放4期和2期作品,投教趣味性和辨识度明显提高,获得市场主体和投资者好评。三是做好"互联网投保",惠及更多投资者。组织上市公司集体业绩说明会和投资者网上集体接待日,提高投资者对上市公司的了解和认可;开设"金融知识微讲堂",法官、公安民警、上市公司高管、资深证券专家对投资者适当性民事纠纷处理、常见证券期货犯罪、读懂上市公司报告等内容进行系统讲解,既有5分钟"精华讲",又有1小时"深度讲",尽可能满足各层次投资者需求。

## 二、典型经验与创新举措

### (一)"谋"字着眼,统一认识,明确目标和路径

用足用实有限资源,深入思考投资者保护工作应当"做什么"和"怎么做"。

#### 1. 明确定位和目标

青岛证监局作为中国证监会派出机构,一线执法、一线服务,贴近市场主体、贴近投资者,应当求真、求实、求新,全力当好投保政策"传声筒",做好投保资源"调度员",甘当投保难题"排雷兵"。

#### 2. 加强组织领导

召开投保领导小组会议,统筹资源培育、辅导验收、公司监管、机构监管、稽查处罚、教育宣传全流程,督促各条线从投保角度吃透

法规政策,切实将投保举措嵌入每个监管环节。

### 3.强化沟通协作

充分发挥市金融局、青岛中院、市民营经济局等单位合力,用好用足系统单位、行业协会和市场主体优势资源,小处着手,以点带面,做出青岛投保体系、规模和特色。

## (二)"干"字为要,聚焦问题,解决难点和重点

投保制度机制落地见效,必须坚决避免"面子工程",真正解决投资者急难愁盼问题,让投资者"敢于投""愿意投",并能"专业投"。

### 1.做好"监管深度融合投保"的文章,让投资者"敢于投"

监管和引导同向发力,督促公司机构提高质量、合规诚信经营、防范资本无序扩张等,为市场提供优质投资标的和可信赖的专业财富管理机构。一是狠抓"头部公司"。建立监管档案,实地走访调研,了解困难瓶颈,支持海尔智家、青岛啤酒等作为链主企业发挥头雁引领和生态主导优势,引导其发挥稳市值和示范引领双重作用。二是紧盯"关键少数"。深入推进公司治理专项行动,组织新上市、过会公司"董监高"开展"一课两书",推动思想理念"同步上市",夯实高质量发展基础。三是聚焦"风险稳控"。强化风险预研预判,将发行环节关注问题纳入2022年上市公司持续监管重点,加强宏观和行业分析,盯牢涉房、涉系上市公司,风险公司贴身监管。四是震慑"证券违法"。建立青岛资本市场重大违法案件内部通报机制,与全国证券期货犯罪侦查基地、检察基地、审判基地同城立体追责,联合查办场外配资、伪私募、非法投资咨询等涉众恶劣案件,严厉打击信披违规、内幕交易、短线交易、违规炒股等侵害投资者合法权益的违法犯罪行为,共促金融司法立体执法质效。2022年以来,青岛证监局已作出行政处罚决定1个,采取行政监管措施19件。

### 2. 突出注册制下投保的"精准有效"，让投资者"愿意投"

一是主动对接青岛经济发展需求。向市主要领导专题汇报，与金融、工信、民营经济等部门座谈交流，凝聚各方共识，杜绝"急功近利"和"带病闯关"，为市场提供高质量"源头活水"；推动市政府首次将"直接融资"写入青岛市《政府工作报告》，出台《关于支持青岛市基础设施领域不动产投资信托基金（REITs）产业发展的若干支持措施》；围绕智慧家电、啤酒饮料、港口物流、橡胶轮胎等青岛市优势行业开展研究，向市政府提出支持龙头上市公司发展、发挥示范带动作用的建议，促进产业链、供应链贯通融合和经济转型升级。二是推动上市挂牌资源有序扩容。抓统筹，结合青岛市重点产业链，围绕制造业单项冠军企业、独角兽企业、瞪羚企业、专精特新"小巨人"企业等开展深度摸排，完善上市后备资源库，深化梯队建设。抓重点，联合市民营经济局、市金融局出台《青岛市"专精特新"中小企业上市培育工作三年行动方案（2022—2024 年）》，支持优质中小企业在北交所早上市、快上市，鼓励更多符合条件的企业到新三板挂牌。抓基础，发挥蓝海股交"塔基"作用，支持其实施分类分层改革，争取相关试点。抓服务，通过会议传导、走访调研、约见谈话等方式，推动中介机构归位尽责，强化专业协作制衡，切实提高服务青岛上市挂牌企业的意识和能力。三是辅导验收"往严里抓"。严把辅导验收关，深入了解辅导对象口碑声誉，对不符合国家战略、产业政策或板块定位的项目坚决说"不"，抓实辅导考试，面向公司、中介、投资者，普及注册制理念，明晰板块定位，释明监管标准，揭示投资风险。

### 3. 形成"严肃活泼"的青岛特色，让投资者"专业投"

一是用好评价指挥棒。指导行业协会深化投保年度评价，对评价较差公司机构提高现场检查频率、实施审慎监管措施，督促公司机构提高投保主动性。二是树典型，补短板。引导鼓励行业协会、市场主体集中力量共同打造投保代言人"海小宝",克服资源禀赋不足的困难;通报表扬 ESG 报告披露质量高、每月设立"投资者接待日"等特色做法,组织经验介绍,带动形成重视投资者关系管理的良好氛围。三是构建媒体宣传矩阵。一方面,地方媒体全面开花。《青岛新闻》和《青岛日报》对资本市场重要举措和会议跟踪报道,广泛普及投保理念;生活纸媒、电视台财经频道及新媒体渠道发挥贴近老百姓优势,宣传推广投教活动、刊发警示案例,推动投教走近中小投资者。另一方面,专业媒体点面结合。全国性财经媒体对青岛市上市公司、持牌机构、私募机构、挂牌公司监管工作和投资者保护政策进行专业解读,统一行业认识,稳定政策预期。

### (三)"情"字为怀,换位思考,增强信任和信心

"盖虑于民也深,则谋其始也精",从满足投资者实际需要和合理期待出发,最大限度地兼顾"法理情"。

#### 1. 服务"金企对接",促进机构投资者投早、投小、投长、投科技、投本地

召开机构投资者座谈会,走访调研股权创投基金,联合市工信局、市金融局等多部门,区分四大板块有针对性组织金企对接会议,邀请交易所专家授课,深化资本对本地企业的了解,打消资本顾虑,引导资本赋能"青岛制造"。

#### 2. 提升投资者专业能力和行权意识,保障"用脚投票"

针对普通投资者、社会公众、高龄投资者、在校学生等分层教育,综合运用"一小时深度讲"与"五分钟精华讲"、"专业教材"与"基础普及"、"线上培训"与"线下交流"等多种形式,努力让投资者在投教中真正学懂弄通投资知识。开展上市公司投资者关系管理专项行动,督促公司将《上市公司投资者关系管理工作指引》学习到位、制度修订到位、部门和人员配置到位、制度机制落实到位,保障中小

股东参与治理、表达诉求的各类渠道畅通。

### 3. 完善多元纠纷化解，善于从投资者角度看问题

耐心倾听投资者诉求，暖心引导合理渠道反映问题，2022 年 1—9 月，收到各类诉求 511 件，息访息诉率超过 90％；对维权较难获取证据材料的个人投资者提供贴心合法帮助，全局"集中时间、集中人力、集中智慧"办理举报。建立监管与专业调解间诉求转办机制，兼顾举报和投诉处理效率。

广东、上海等省市已将证券期货教育列入地方课程，四川、福建等地系统编纂覆盖中小学的证券期货知识教材，青岛市金融教育纳入国民教育体系尚未覆盖全阶段，校本课程设置系统性有待提高。下一步，青岛证监局将组织青岛市证券期货市场主体编写适用于小学、中学的教案和课件，力争内容翔实、有趣、实用，提前开展师资选拔和培训，为更多学校授课做好准备。积极探索让投资者教育走进职业院校的路径，进一步深化与在青高校的合作，逐步形成覆盖基础教育、高等教育和职业教育的投教体系。

# 创建"云端自贸"审批服务跨域协作新模式

中国(山东)自由贸易试验区青岛片区管理委员会

为切实加强全国 21 个自由贸易试验区间审批服务跨域协作办理,有效提升审批服务异地办理的标准、效能和满意度,促进自贸试验区间审批服务融合发展,中国(山东)自由贸易试验区青岛片区(以下简称青岛自贸片区)在全国率先发起创建"云端自贸审批服务联盟",推行审批服务跨域协作新模式,依托"跨域通办专窗平台",建立高效便捷的线下跨域通办专窗"云见面"沟通协调机制,有效提升企业、群众异地办事便捷度和获得感,实现政府效率再提高、营商环境再优化、政务服务满意度再提升。

## 一、主要做法

### (一)基于云端自贸联盟,构建跨域业务办理沟通渠道

#### 1. 创建云端自贸审批服务联盟,充分扩展审批资源

青岛自贸片区探索通过互签跨域通办合作协议的形式建立有效联通 21 个自由贸易试验区(66 个片区)的"云端自贸审批服务联盟",开启"云端自贸"审批服务跨域协作新模式。合作协议签署后即可成为联盟成员,同时自动享受全部成员单位审批资源,充分拓展可实施跨区域业务办理的覆盖省份范围及业务和事项类型。

### 2. 搭建线上专区, 精准锁定跨域业务审批人员

研发"跨域通办专窗平台", 增设全国自贸试验区专区。预设21个自贸试验账号及片区账号, 将联盟成员审批服务责任部门全面覆盖, 通过云端自贸线上专区可实现异地业务办理人员的精准对焦, 一键直达异地业务窗口, 为异地申请人提供精准咨询导办服务和高效办理。

### 3. 构建线上沟通平台, 实现异地业务"云见面"直办

依托"跨域通办专窗平台", 搭建全国首个线下专窗"云见面"通道, 实现自贸试验区间线上"面对面"业务直办。平台通过配有语音、摄像、高拍仪功能的电脑设备, 进行文字、文档、图片等传输, 实现自贸试验区间"在线收发资料、实时视频通话、远程指引填报、多地携手联办"。

## (二)运用"云见面"模式, 实现跨域业务流程再造

### 1. 从远程代收代办到异地"面对面"直办

将异地业务办理窗口同步至本地"通办专窗", 进行现场线上答疑, 实现办事企业、群众与异地业务窗口审批人员的实时沟通交流, 便于申请人第一时间获知办事指南、材料规范、填报要求和业务办理流程等精准信息。

### 2. 实现审批材料线上实时修改与审核

通过"云见面"直办通道, 申请人可将申请材料提交给异地窗口的审批人员进行实时审核和修改确认, 整个过程公开、透明、可预期。

### 3. 实现多区域多部门同步、联合办理

基于平台"一对多"沟通功能, 对涉及多地多部门的较为复杂的审批服务事项, 审批人员可根据需要增加对接区域、部门或人员, 线上沟通审批意见, 实施联合办理。

### 4.完成审批意见的当场反馈

审批人员对材料审核无误后,可由本地窗口人员上传材料至一体化平台或将材料发送至对方审批人员直接录入审批系统,审核无误的当场反馈,意见书可直接反馈至申请人,业务现场办结。

### (三)推动自贸区间政务服务多领域创新经验共享

#### 1.定期召开政务服务领域线上沟通交流会

召集联盟成员针对"证照分离"改革、审批业务创新、服务效能提升、营商环境优化等定期开展线上交流研讨,共享创新经验。

#### 2.建立业务审批人员的互派轮训和挂职交流机制

建立长效机制,实施联盟成员间审批业务人员互换岗位、交流轮训,促进各自贸区间的紧密交流和学习借鉴。

#### 3.探索自贸区间在更多领域开展交流协作

以审批服务为切入点,探索更大范围、更多领域的交流协作。

## 二、实践效果

### (一)实现自贸区跨域审批服务资源的有效整合

#### 1.审批服务跨域直办业务覆盖面得到极大提升

目前,"云端自贸审批服务联盟"成员涵盖北京、天津、河南、陕西、四川、安徽、江苏、云南、海南等 14 个自贸区 24 个片区,实现了黄河流域自贸试验区全覆盖。目前正在对接中的有湖南、湖北、浙江、福建等多个自贸区,后续将持续拓展扩容,实现全国自贸试验区审批服务一体化。

#### 2.审批服务跨域可办业务类型和事项得到有效丰富

"云端自贸审批服务联盟"跨域协作新模式有效丰富了自贸区

间跨省直办业务类型。目前,通过"云端自贸"审批服务跨域通办新模式,已实现438项跨省和全省事项全覆盖,联盟成员在落实好国务院公布的"跨省通办"清单基础上,持续加强信息沟通和数据共享,探索业务精准推送办理,实现政务服务供给与企业、群众需求有效对接。

## (二)提升跨域审批服务效能,改善异地办事体验

### 1. 有效提高了异地业务办理时效性,实现"零退件"

"云见面"直办模式可实现实时交流,使申请人快速锁定审批人员,精准获取业务办理信息,有效压缩审批事项受理、审核时限,提升了异地办事业务办理的时效性和精准性。同时,在线实时审核提升了沟通效率,申请人可及时明确办理要求,并根据线上审核情况进行修改确认,解决了异地申报反复退件的问题。

### 2. 大大提升了异地办事体验感和获得感

基于"云见面"模式,联盟成员实现了即时、可视、精准的"面对面"互动交流,为跨域业务办理打造了"云端见面,远程受理,异地直办,邮寄送达"的线上、线下融合服务全新模式,解决了信息沟通、数据共享、线下机制协调难、沟通不畅等问题。

### 3. 基于"云见面"模式,探索更多事项即办模式

探索借助"跨域通办专窗平台"实现电子扫描档案传输文件的跨域互认,将企业跨省迁移的办理时限从7天压缩至即时办结,提升了服务效能,优化了营商环境。

## (三)增强创新共享、融合协作,提升跨域协同水平

### 1. 提升审批服务跨域协同水平

打破自贸试验区间行政审批服务的地域限制,推进审批业务互

联互通,有效增强了审批服务跨域协同水平。

### 2.增强联动创新能力

通过跨域协作进一步加强了区域间创新成果资源共享和借鉴推广,促进片区间审批服务形成良性联动,推进自贸区经济高质量发展。

# 三、下一步工作思路

## (一)进一步拓展"云端自贸审批服务联盟"成员单位

积极拓展联盟成员,持续推广使用"跨域通办专窗平台"。通过联盟成员"朋友圈"的联动效应,通过"一带一"方式,逐步将所有自贸试验区及各片区均纳入联盟成员队伍。

## (二)逐步扩大联盟成员跨域通办事项覆盖范围

探索将通办事项扩展至"清单+X",即不限于国务院和各省份制定的跨省通办和省通办清单范围,实现只要群众有需求,具备跨域通办条件的,逐步纳入联盟成员跨域通办事项 X 清单,进一步提升企业群众异地办事的便利度和获得感。

# 深化融合　互联共享
# 打造青岛不动产登记"一零零"满分服务体系

## 青岛市自然资源和规划局

　　青岛市不动产登记部门坚持以习近平新时代中国特色社会主义思想为指导,秉承以人民为中心的发展思想,深入推进不动产登记服务"一网、一门、一次"改革,以企业和群众办事视角,通过流程优化、系统整合和数据共享,加强跨地域、跨系统、跨部门、跨业务协同联动,加大办事环节精简和流程再造力度,整合与不动产登记相关的交易、纳税、信贷、公证等办理事项,打造不动产交易、登记、纳税、金融、水电气暖等"一件事"主题服务场景,推进不动产登记全流程电子化、无纸化"零材料"办理,实现高频业务全程网办"零跑腿",形成可拓展、可延伸、可复制的青岛特色不动产登记"一零零"满分服务体系。

　　近年来,青岛市不动产登记服务水平大幅提升,实现 70％业务"一小时办结",98％业务"当日办结"。2020 年国家营商环境评价中,青岛市登记财产指标位列"优异"等次,为全国标杆城市,登记财产耗时获得满分,为全国最佳表现。

# 一、打造可拓展、可延伸、可复制的青岛特色不动产登记"一零零"满分服务体系

## （一）"一件事"——多门走向一窗，"一件事一次办"为群众减负

聚焦社会关注的办证热点、难点、堵点，青岛市不动产登记部门以企业和群众办事视角，将与不动产登记相关的交易、纳税、信贷、公证等"一堆事"进行整合，打造不动产交易、登记、纳税、金融、水电气暖等"一件事"主题服务场景。

### 1. 房屋交易登记"一件事"

联合房屋交易部门，全面实行房屋买卖合同电子化。不动产登记申请书、询问记录等电子文书与买卖合同一并签署、同步推送，不动产登记部门调取推送信息直接办理不动产登记。

### 2. 纳税登记"一件事"

联合税务部门，推行不动产登记和纳税线上、线下"一窗办理"，集成不动产登记和税务受理系统，整合规范办事材料，实现一次收取、共享使用，企业和群众在同一窗口（现场或网上）即可完成不动产登记申请、涉税申报、缴税缴费及领取不动产权证书全部业务。

### 3. 贷款抵押登记"一件事"

联合人民银行等金融监管部门，扩展青岛市不动产登记远程服务平台，基本实现青岛贷款机构全接入。企业和群众在入网机构办理贷款业务时，可同步申办不动产登记。优化组合贷款与抵押登记办理流程，公积金可委托商业银行一并申请。

### 4. 水电气暖"一件事"

联合水务、供电等 114 家过户单位，推出存量房转移登记与水

电气暖有线"免填编号"协同过户服务。群众在办理二手房转移登记时,可一并提出水、电、气、暖、有线电视、有线宽带、公用事业收费便民卡等 7 项业务的过户申请,无须分别到各业务服务大厅来回跑腿。

### 5. 交房交证"一件事"

联合住房建设、税务等部门,实现新建商品房开发项目"交房即可办证"便民服务常态化、全覆盖,购房人在交房现场同步领取不动产权证书,保障住权、产权同步,源头防范新增历史遗留问题产生。目前,已服务 84 个项目、4.2 万余户居民。

### 6. 公证登记联办"一件事"

联合司法部门,推进公证与不动产登记业务联办,在公证机构办理与不动产登记相关业务时,可直接通过远程服务平台提请不动产登记,满足了企业、群众在涉及公证和不动产登记业务方面的多样化需求。

### 7. 验收登记"一件事"

在"多测合一"基础上,同步完成竣工规划核实、土地复核验收和房屋实测绘成果审核,实现建设工程验收即办理不动产首次登记。

## (二)"零材料"——纸质走向数字,塑造发展新优势

借力"互联网＋政务服务"改革大潮,青岛不动产登记快步进入移动互联时代,不动产登记加快从纸质模式向数字模式变革,实现新建商品房转移登记等高频登记事项零纸质材料办理。

### 1. 完善信息共享

对接数据管理及提供部门,实现户籍人口、营业执照、婚姻登记、司法判决等 88 项不动产登记常用信息共享。登记部门可以通

过数据共享方式获取的信息,申请人无须再提供相应纸质材料。

### 2. 应用电子材料

推进电子证照互认,完成279万存量不动产登记电子证照生成核发,同步建立查验互认机制,让申请人可通过"爱山东"APP"亮证"办理相关业务。推广电子材料登记,应用电子签章在线生成的合同协议、批准文件及不动产登记申请书、询问记录等电子材料,与纸质材料具有同等法律效力。

### 3. 加强智能服务

建立智能审核系统,辅助人工审核,不动产登记由"当日办结"提速至"即时办结"。线上通过远程服务平台申请的全部登记业务,不动产登记系统正式受理后,自动对比有关信息,实现"秒批"办结。线下申请办理预告登记、补换发登记、抵押注销登记、新建商品房转移登记等业务时,也由登记系统智能审核,实现即收即办。

### 4. 便利信息查询

全面开展不动产登记档案数字化管理利用,上线不动产登记"网上查询"系统,企业和群众可登录青岛市不动产登记"一网通办"平台,按规定查询、获取所需的不动产登记信息和登记资料,开具不动产查询证明。查询证明加盖不动产登记部门电子印章,查询结果可作为办理依据直接为银行、公证等相关部门使用。

### 5. 深化"一码关联"

以不动产单元代码作为数据关联互认的关键字段,纵向连通建设项目用地、规划、建设、销售、交易各阶段,横向关联签约、贷款、核税、缴费、司法、公证、水电气热过户等事项。以"码"为链,实现各环节所需业务材料共享、办理结果线上反馈等功能。

## (三)"零跑腿"——线下走向线上,时空间再无障碍

顺应企业和群众新要求、新期盼,青岛市不动产登记部门依托

不动产统一登记信息平台,发挥移动互联技术创新力优势,全面构建"互联网＋不动产登记"服务新格局,推动不动产登记全流程"不见面"办理。

### 1. 数据驱动"一网通办"

积极推动不动产登记服务向网页端、移动端延伸,开发建设了青岛市不动产登记"一网通办"平台,全方位整合网上预约、网上申请、网上缴费、网上缴税、网上查询、电子证照等网办服务资源。在抗击新冠肺炎疫情时期,持续发挥"一网通办"平台支撑作用,优化服务体验,推动登记事项从"线上可办"向"线上好办"转变。

### 2. 联合联动"跨域通办"

为提升跨区域不动产登记服务水平,有效服务人口流动、生产要素自由流动和产业链高效协同,青岛登记部门紧扣不动产登记"跨省通办"全环节,创新工作理念和制度机制,采取异地申请、线上受理、线下核验、网上支付、后台审核、EMS 寄送等方式,打破地域阻隔,促进条块联通,实现预告登记、抵押登记、不动产登记资料查询全过程"不见面"办理。

### 3. 机制创新"政企协办"

2018 年,青岛登记部门与人民银行合作,在全国首先创建了不动产登记远程服务平台,实现了登记系统与金融、公证及房地产交易业务系统的对接。企业和群众在入网机构办理涉不动产业务时,可一并申请不动产登记,无须到登记大厅现场办理。借助银行等机构网点面广量大、业务规范的优势,不动产登记实现由点到面的广泛布局,延伸网点 640 余处,覆盖青岛全域。

### 4. 便民利民"自主可办"

为有效提升登记服务供给能力,青岛各不动产登记服务大厅均设置了自助服务专区,提供 24 小时"一站式""不打烊"自助服务。

同时,依托街道社区便民服务中心的"青岛市政务服务综合自助平台",企业和群众还可就近自助查询不动产登记信息。

## 二、青岛市优化不动产登记的措施

目前,青岛市个人或企业电子签名、电子印章的制作、发放、使用服务体系尚不完善,对登记申请材料电子化的支撑能力不足,一定程度上制约了线上、线下不动产登记服务便利度。根据国家、省、市关于优化登记财产营商环境工作部署,对标先进城市经验做法,结合青岛市工作实际,提出如下措施。

### (一)持续完善登记服务规范,提升不动产登记数据质量

结合不动产登记出现的新要求,持续修订完善已有的不动产登记业务各项标准制度文件,适用不动产登记新要求。加强对新增数据质量控制,为推进不动产登记规范化、信息化建设和提高服务能力、提升共享应用水平等做好数据支撑和保障。

### (二)推进数字化与不动产深度融合,创新不动产登记服务举措

深化涉企不动产登记高频事项"全程网办",扩展不动产登记办理渠道。提升不动产登记信息查询便利度,拓展提供不动产登记信息在线可视化检索和查询服务。探索建立不动产登记律师查询平台,优化律师远程信息查询服务。加强内外部不动产登记信息共享应用,强化电子证照、电子合同、电子票据应用,实现不动产登记全程无纸化。

# 聚焦服务市场主体
# 全面推动工程建设项目审批提质增效

莱西市人民政府

莱西市认真贯彻落实国务院、省"放管服"改革会议精神和青岛市部署要求,把深化"放管服"改革作为转变政府职能、优化营商环境的关键支点,大力推进流程再造,深入推进简政放权、放管结合、优化服务,全市营商环境持续优化。

## 一、减环节,企业开办更加便利

### (一)线上、线下融合办理

以企业需求为出发点和着力点,将企业开办中"政府侧"的多个事项整合为"企业侧"的"一件事",优化事项链条,重构业务流程,简化内部环节。线上打破部门间数据孤岛,推动各个环节系统互通、数据共享,将企业开办涉及的营业执照办理、印章刻制、发票申领、社保登记、医保登记、公积金开户、银行预约开户等要素全部整合到"青岛市企业开办及注销一体化平台",开辟"不见面审批"新渠道。线下开设企业开办专窗,登记注册、税务、印章刻制等部门同步入驻。过去申请人要跑工商、税务、人社等7个部门,整套流程办完需10～15个工作日,现在只需"取一个号、到一个窗口、交一套材料、采一次信息",申请材料、审批时间分别减少94％、80％,最快0.5个工作日即可办完。

## (二)推行"政务服务＋帮办代办"改革

组建"莱我办"帮办服务团队,建立了市、镇、园区三级帮办代办队伍服务项目。根据项目实际制定个性化"一图一表一单"(一张办理流程图,指挥审批部门"挂图作战";一份倒排工期表,让企业"心里亮堂";一套材料清单,指导企业"备齐资料")。协调莱西市发改局、市自然资源局、市住建局、市环保局等9个部门,主动深入青岛赛捷航空设备制造项目、青岛航空科技职业学院、水集王府井商业项目、万丰钻石飞机项目等90多个项目现场,为项目现场解决审批和建设过程中的难点和堵点问题。通过电话、微信等服务方式为200多个项目进行政策解读、审批材料预审等远程指导服务,由原来的"坐等审批"变为主动上门服务,实现政务服务与企业无缝对接。万丰钻石飞机项目签约落地后,代办员第一时间为项目列出"一图一表一单",成立了项目代办群,项目推进的各个关键节点由项目代办专员5＋2进行服务;组织"莱我办"帮办团到现场解决审批中的堵点问题,打破部门边界,改"串联"审批为"并联"审批,从规划许可到办理施工许可只用了5个工作日全部完成。

## (三)电子证照智能服务

以"电子营业执照＋电子印章"同步发放为契机,依托"青岛市企业开办及注销一体化平台",将自然人电子签名、企业法人电子签章在微信小程序"青e办电子签"进行融合,对同一次业务、同一份文件,支持多人、多企业即时、在线、混合签署。企业无须下载APP、无须申领实体Key,使用小程序即可同时申领下载电子营业执照和电子印章,极大便利企业办理业务。申领过程借助电子营业执照实人核身功能,用照、用章均需法定代表人授权,确保身份真实、意愿真实,有效防范冒用及无权使用情况。

## 二、优流程,项目审批更加高效

### (一)建立"一站式"管理机制

建立全市工程建设项目顶格协调推进机制,工程建设项目审批链条上的发改、住建、自然资源、水利、文旅、应急、生态环境等部门以及水电气暖等专营单位全部派驻专业人员入驻市政务服务大厅,并设立首席代表,制定任务清单,明晰工作职责,确保满足企业、群众现场咨询及业务办理需求。聘请第三方服务团队派驻窗口,工程建设项目审批全链条上的 77 个事项全部纳入无差别"一窗受理",实现部门间互联互通。

### (二)打造"清单式"审批服务

创造性实施"主题式""清单式"审批服务模式,将工程建设项目细化为政府投资房屋建筑类、市政公用线性工程类、一般工业类、社会投资非工业房屋建筑类、城镇老旧小区改造项目和社会投资简易低风险工程建设项目等六大类,梳理每类项目、每个阶段的事项清单和材料清单,分别制定"主题式"审批流程图,打造审批"一个窗口"综合受理、"一个系统"网上运转、"一张申请表单"提交基本信息、"一套申报材料"实施多个事项申报等"四个一"系统工程,审批环节、审批时限、审批材料在原有基础上分别压减 72％、29％和 40％。

### (三)实施"并联式"联合验收

全部专项验收单位均派驻专业代表进驻大厅,负责竣工验收事项答疑、验收材料审查和出具验收意见等工作,实现验收事项和专

业代表 100%进驻大厅。将规划、消防、人防、市政、城建档案等多
个专项验收事项整合为"联合验收窗口"一次性申请,并实施主动上
门验前服务指导,对发现的问题一次性告知,减轻企业负担。进一
步压减工程竣工验收申报材料,商住项目由原来的 79 项压缩为 33
项,工业项目由原来的 56 项压缩为 21 项,所有项目竣工联合验收
在 15 个工作日内即可完成,有力提升项目建设进度。

## 三、降费用,企业发展更具活力

### (一)从严清理规范涉企收费

严格按照住房城乡建设部、财政部《建设工程质量保证金管理
办法》等要求,2019 年 2 月以来,取消公共资源交易领域中工程勘
察、设计、监理和政府采购类项目的投标保证金,降低工程质量保证
金、工程施工投标保证金缴纳比例,其中,工程质量保证金缴纳比例
由 5%降为 3%,工程施工投标保证金缴纳比例由最高不得超过项
目估算价的 2%降为 1%,缴纳金额由最高不得超过 80 万元降为 50
万元,建设工程质量保证金管理得到有效规范,企业负担进一步减
轻。

### (二)全面推行公共资源交易全程电子化

目前,政府采购和建设工程项目已实现全流程电子化交易,全
部实行网上下载招标文件、网上签到、网上开标、网上解密投标文
件、电子评标、网上公开交易结果,投标人与评标专家"线下不见面,
线上面对面",投标"无纸化、零见面、零跑腿"成为现实,提高了资源
配置效率,每年为企业节省投标成本近 1000 万元。

## （三）下大力气推进保函应用

莱西市积极引导企业使用银行保函、保险保函、电子保函等作为信用凭证，通过保函替代缴纳保证金，大大降低企业现金流压力和融资成本。2022年3月，莱西市石岛路（南京路至杭州路）道路提升工程项目开标，参与项目投标的188家单位中，有168家以电子保函形式、18家以银行保函或保险保函形式缴纳投标保证金，为投标企业释放资金837万元，得到企业高度认可。

党建引领篇

# 关于民营企业党建工作的调研报告

青岛市民营经济发展局课题组

近年来,青岛市高度重视破解民营企业党建难题,把习近平总书记对民营企业党建"大有可为"的殷切期盼转化为"大有作为"的生动实践,探索出民营企业党建工作的新路径和新方式。特别是探索性提出民营企业党建的"专精特新"模式,以培育专业化人才队伍提升发展引领力、优化精细化管理机制凝聚发展向心力、建设特色品牌激活发展驱动力、打造创新型组织增强生产力,激发民营企业高质量发展的"红色动能",点燃民营经济高质量发展的"红色引擎",在全国有领先意义和推广价值。

## 一、青岛市民营企业党建工作的"专精特新"经验

### (一)培育专业化人才队伍,提升发展引领力

培育一支具有马克思主义专业知识和党的路线方针政策解读宣传能力的政策研究队伍和专业人才队伍是民企党建发展的第一资源。青岛市优秀企业发展证明,高度重视人才的招引和培养,大力打造党员队伍,是新时代民营企业成功的普遍道路。有典型意义的是青特集团发挥党支部主体作用,扎实开展"三有三无三表率"主题活动、党员"亮身份、亮承诺、亮业绩"活动以及"党员示范岗"创建

活动,发挥了共产党员的示范带头作用。特锐德始终坚持"企业招聘党员优先,干部选拔党员优先,攻坚克难党员优先"的三优先原则,在校园招聘中只要是党员身份,又专业对口,可以不进行面试直接录用。即发集团积极实施"三培养"工程,即"把生产经营技术骨干培养成党员,把党员培养成生产经营骨干,把党员生产经营骨干培养成企业经营管理人员"。达能集团实现业务骨干与党员标兵互融共通,注重在车间一线、技术研发等关键岗位的业务骨干中选拔党员发展对象,实现了企业决策有党员、项目建设有党员、技术创新有党员、困难面前有党员的良好局面。

### (二)优化精细化管理机制,凝聚发展向心力

总结青岛市优秀企业党建工作成功经验,可概括为:要有恒心,持之以恒,润物细无声;要有决心,无论企业发展如何起伏波动,党建工作不能受到丝毫影响;要有耐心,党建工作就是人的工作,不能靠一时热情,而是循序渐进,逐步做实;要有静心,党建工作是一个长期没有终点的工作,要保持冷静,不被荣誉冲昏头脑,要务实求真,将党建工作做成规范,做成企业生存的准则。因此,树立精细化管理思维,建立精细化管理机制,夯实强化党建工作基础,做好思想政治工作,最大限度地增强企业认同感和凝聚力是第二法宝。如特锐德通过党委组织高层民主生活会、中层反思会、全员吐槽会,开展批评与自我批评,结成思想共同体。明月海藻不断完善企业文化、党支部工作手册等规章制度,逐步推进企业制度工作标准化、制度化、规范化。即发积极协调调动党委办公室、工会、团委等部门的工作积极性,建立了组织网络健全、硬件建设齐全、规章制度完善、活动经费充足的党建工作机制。"把党建工作作为加分项纳入公司整体绩效考核体系,加权并入考核基础分,与经济指标'关键项'形成考核叠加……"在与民营企业家座谈交流过程中,部分民营企业负责人提出强化党建工作考核机制。

### （三）建设特色品牌，激活发展驱动力

青岛未来发展的重要引擎是专精特新"小巨人"，青岛民企党建依据青岛产业优势，实现"一企一策"，注重实效，品牌化党建工作成为"红色引擎"是第三个法宝。众多企业实践证明，民企党建做实了就是生产力，做强了就是竞争力，做细了就是凝聚力。特锐德党建构建了"命运共同体、利他哲学观、党员幸福感"生态党建体系，形成了"把党建做成企业'利润'，让党员收获幸福感"的党建理念，打造"生态党建展厅"，成为全国唯一通过党建题材入选清华大学案例库的非公企业，逐步形成民营经济领域的"特锐德生态党建效应"。即发始终坚持"党建强、发展强"的理念，积极打造"先锋即发"党建品牌，形成了"围绕发展抓党建，抓好党建促发展"的科学理念。

### （四）打造创新型组织，增强生产力

党建工作创新有永恒的生命力，它既是企业的精神核心，又是持续发展的力量源泉。市级层面，成立了市非公有制经济组织、市社会组织综合党委和市民办教育机构、互联网、个体私营企业等17家市级行业党委，建成全省首家市级社会组织党校和律师行业党校，为社会组织党建提供工作支撑。在互联网企业最密集区域打造了2000平方米市级互联网行业党群服务生态圈，在台东商圈打造了党建引领商圈治理枢纽"红立方"，在中铁中心、华润万象城、青岛国际金融中心等城市地标打造了一批富有时代气息、功能完备、高颜值的党建平台阵地。构建起"分级负责、条块结合、以块为主、镇街兜底"的工作格局，实现了"两新组织"党建工作全覆盖。企业层面，青力环保设备始终秉承"支部建在生产线，党建就是生产力"的理念，将"组织力"有效转化为"生产力"，现已成为中国岩棉设备领域的隐形冠军企业、工信部小巨人企业、山东省级技术中心。青特集团将公司党组织内嵌到公司治理结构之中，发挥党委政治引领作

用,集团董事长任党委书记,董事会成员任党委成员,事业部总经理任党支部书记,做到党务、业务"一肩挑",实现了党建工作与企业发展有机融合、互促共进。特锐德把党建的组织创新与企业发展的技术创新、管理创新高度融合,提出"不是市场需要什么,我们就开发什么;而是我们创新什么,市场就需要什么"的理念,在党员创新团队的引领下,特锐德在全球建立十大研发中心,拥有研发专利和专有技术 1500 多项,多款产品被鉴定为"产品国际首创、技术水平世界领先",引领行业发展。"只有始终拥护、坚决跟随党的领导,民营经济的长久发展才是有源之水、有本之木。"在疫情防控中,青岛汉唐生物科技有限公司党支部发挥组织优势,成立党员研发攻坚小组,在新冠病毒基因序列公布后第 5 天,就研制出新冠病毒核酸检测试剂盒。

## 二、青岛市民营企业党建工作存在的突出问题

青岛市民营企业还存在思想上不统一、认识上有偏差、工作中不重视的倾向,"两个覆盖"做到了,但党组织机制不健全,作用发挥不充分,工作较被动的问题普遍存在。

### (一)企业高层思想认识不到位掣肘党建

从调研中发现,自 2012 年 5 月中共中央办公厅印发《关于加强和改进非公有制企业党的建设工作的意见(试行)》以来,各级党组织和民营企业普遍认识到抓好党建的重要性。但在具体落实上,还存在很多思想认识不到位的问题。一是对中央精神领会不深,对党加强民营企业党建的意义、目的等认识不清,导致对党建工作支持不力。二是对党建工作存有疑虑,部分企业出资人对民营企业党建工作认识差距较大,有的对党怀有深厚的感情,也有一部分人没有意识到加强党建工作对企业自身发展的重要性、必要性,党建工作

被当作"标签"和"摆设",甚至是"装饰",抱有无用论思想,存在形式化问题。有的认为民企党建虚无缥缈、华而不实,倾向于追求经济利益,导致党建工作始终摆不上应有的位置。有的认为民营企业属"私",而党的建设属"公",担心会"公"吃"私";有的害怕党员会利用党组织维护个人权益,从而影响正常的企业管理。三是对抓党建还存在一些形式的、功利的想法,想利用党建充门面,捞点政治分以获得有关部门支持。

## (二)企业党组织作用发挥不充分影响党建

民营企业不同于国有企业,这决定了民营企业党建工作不能照抄照搬国有企业党建工作模式,而必须具有自身的特点。但在调研中发现,民营企业因为片面强调自身的非公特性,致使企业内部党组织的战斗堡垒作用和党员的先锋模范作用得不到充分发挥。一是一些民营企业党组织对党员的管理失之于宽、松、软。有的对党的制度规矩了解不多、执行不力;有的只提一般性要求而缺乏针对性措施;有的只管八小时以内,不管八小时以外,认为那属于个人隐私和自由空间。二是一些党员放松自我要求,先锋模范作用发挥不充分。有的党员认为自己身处民营企业,离组织远了,就有意淡化自己的党员身份和党员意识;有的党员认为自己拿的是民营企业的工资,就得为企业服务,从而淡化了为人民服务的宗旨;有的党员因为身处民营企业,流动性大了,管理不是严格了,学习就放松了,理想信念不知不觉地动摇了,对党的忠诚不坚定了。三是民企党建经费保障不足,整体党建文化氛围不高。一方面,民营企业党建经费保障主要来自企业自身,完全由企业主说了算,一旦生产经营遇到问题,经费困难,就会直接造成党建工作难以开展。另一方面,有些企业员工认为在民营企业中开展党建工作浪费时间精力,既不能直接为企业创造利润,又无法为个人带来薪酬增长和职务晋升,对党建工作持有轻视甚至排斥的态度。四是民营企业一般缺乏专门的党务人才,民营企业党务工作者"临时性""兼职化""业余化"问题仍然比较突出,政治强、业务精、懂管理的党务工作者本身就不足,加上人员流动性大、党务工作岗位缺乏吸引力,优秀人才选不进、留不住,普遍面临党建力量基础相对薄弱的困境。

## (三)企业制度建设不完善制约党建

不少民营企业对于党建工作缺乏深入思考和顶层设计,在政治建设、思想建设、纪律建设、作风建设、制度建设和反腐倡廉建设等方面相对较弱。有些企业甚至认为,政治建设、反腐倡廉等只是国家和党政部门的事。一是党建与生产经营融合发展不足。有的仅仅把党建理解成开几次会、搞几次活动等,没有做到把党建工作融入生产经营管理全过程,把党员作用落实到各节点,党的建设与企业中心工作呈现"两张皮"现象。二是工作机制不完善。有些民营企业开展党组织工作的随意性突出,"三会一课"等党内生活制度质量不高;有些党组织发展新党员标准不一,质量参差不齐。三是民企党建工作模式缺乏创新。要么仍然像传统党建那样以行政权力作为支撑,内容、方法单一,时间、人员集中,却不注重因地制宜地根据企业特点创新党建工作形式,只是走过场、完成任务;要么就是把国有企业党建的一些固有模式和经验简单地套用到民营企业,缺少新方法、新思路,难以跟上新形势、满足新要求。四是政府部门之间对于民企党建工作的指导监管协调配合不足。虽然在市委统一领导下,依托组织部门设立了"两新"工委,而在实际工作中,"两新"工委工作重心在行业协会商会,对民营企业指导不足,垂直对接区(市)"两新"组织工作较多,但成员单位之间横向协调配合不够,各方资源没有充分利用。

# 三、全面推进民企党建"专精特新",引领民营经济高质量发展的建议

加强民企党建工作,是巩固扩大党执政的群众基础和社会基础的现实需要,是当前稳经济、促发展的现实要求。根据青岛市民企党建基础,着眼解决突出问题,建议强化发展机制,出台有力措施,全面推行"专精特新"党建引领工作法,培育一大批专精特新"小巨人"企业,通过全面提升党的建设质量来提供坚强保障,形成"青岛模式",把青岛市建设为全国民营党建示范城市。

## (一)培育专业队伍,把握民营企业思想政治工作主动权

一是发挥党的优良传统、鲜明特色和突出政治优势,把思想政治工作作为民营企业党组织的一项经常性、基础性工作来抓,教育引导民营企业家树立"抓党建就是抓生产力"理念。完善领导干部联系非公企业制度,兼任联系企业党建工作指导员,履行组织宣传、联系服务、协调指导职责。建立健全民营企业家教育培训制度,在各级党校开设主体班次教育培训党员民营企业家,在各级行政学院开设主体班次教育培训非党员民营企业家,全方位提高民营企业家队伍的思想政治素质,使其真正做到"心中有党"。二是打造民营经济专家智库,征集各行业优秀民营企业家,各高等院校、科研院所、行业协会、金融机构、服务平台、双创载体、民营经济研究、发展服务相关工作的专家等,汇人、汇智、汇企、汇才,全面提升对民营企业的服务质量。三是建立健全新时代民营企业人才库,激发民营企业作为创新主体的积极性,在制定出台或修订涉及民营经济(中小企业)相关的政策、法规、措施时提供咨询意见、建议和参加省、市有关的工作座谈会、专题会议、重要活动、考察调研等,增强政府决策的科学化、民主化、精准度,帮助政府探索民营经济发展的新观念、新思

路、新实践。四是配齐配强镇乡（街道）党建干部，确保至少有一人专职负责，整合驻企服务员、驻村指导员（第一书记）等力量，每个片区至少有一名党建指导员，在小微企业集聚的园区、楼宇等区域，加强区域性党组织组建及人员配备，每个区域性党组织至少配备一名专职党务工作者。

## （二）做精党建平台，提升企业凝聚力和向心力

一是聚焦全面振兴实体经济发展战略，围绕 24 条重点产业链推行产业链"链长制"，出台产业链、供应链、创新链党建工作意见，进一步提升"两个覆盖"质量，以党建引领链主企业担当青岛开放发展的"主角"。二是把做好群团工作作为党建工作的延伸。鼓励民营企业建立健全工会、妇委会、青年工作委员会、团委等群团组织，坚持"党建"带"工建"、带"团建"、带"妇建"，同步抓，同步推，同步建。相关部门联合搭建民营企业工会、妇委会、青工委、团委等工作平台，组建民营企业群团工作领导小组，对接企业与各级组织，充分激发企业员工在各自岗位上建功立业的激情与活力，全面加强对民营企业党建工作的引领和发展，为民营经济高质量发展赋能聚力。三是落实小微企业党建工作经费，严格落实党费全额拨返、党组织工作经费税前列支等制度，鼓励通过党群活动一体化等方式，拓宽小微企业党建工作经费来源。参照农村工作指导员标准，落实非行政事业编制身份党建工作指导员的工作补贴，加强小微企业党建经费统筹使用。

## （三）培育特色品牌，激发民营企业高质量发展的"红色动能"

要挖掘培育、宣传推广民企党建品牌，在全市创造良好的舆论环境，为民营企业发展提供良好的社会环境，有利于提振民营企业发展信心，激发民营企业高质量发展的"红色动能"。一是通过发

现、培植和树立一批党建工作的先进典型,确立一批民营经济党建工作示范点,同时建立案例库,通过对典型案例的学习借鉴,发挥示范点带动引领作用。二是积极推进民营企业党组织分类管理,以基本队伍、基本阵地、基本制度、基本活动、基本保障为重点评价内容,制定具体分类细则标准,将全市民营企业党组织分为示范型、标准型、基础型 3 种类型,持续加强标准化规范化建设,推进党建工作再上新台阶。三是多类型阵地保障,采取更大力度支持民企党建工作。按照"六有"标准加强小微企业党组织活动场所标准化、规范化建设,加强小微企业集聚区域枢纽型党群服务中心建设,引导机关、学校、村社党群服务中心等党建阵地向周边小微企业党组织开放共享,推动形成"15 分钟党建阵地圈",利用微信群、党建 APP 等数字化手段拓展网上党建阵地。

### (四)创新党建做法,点燃民营经济高质量发展的"红色引擎"

一是从全市层面理清民企党建工作机制与制度,注重发挥区(市)组织部门的联动效应,支持配合好区(市)、功能区差异化、特色化发展。如组建民营企业党建联盟或联合党委,把党组织建在产业链供应链创新链上,构建党建引领、产业链接、互促共赢的链上党建工作体系,促进链上非公有制企业组织融合、资源聚合、发展联合。如建立完善市、区两级民营企业党建工作联席会议制度,具体负责民营企业中党的建设的筹划、组织、协调、督查和考评等工作,把民营企业党建工作列入重要议程。二是营造舆论氛围,充分发挥"青岛企业家日"作用,弘扬企业家精神,通过举办企业党建交流研讨会、企业家先进事迹报告会、企业家表彰会、产品展示会等丰富多彩的"青岛企业家日"活动,支持各类市场主体蓬勃成长,打造市场化、法治化、国际化的营商环境品牌。三是积极开展数字赋能,以数字化改革为契机,积极打造"指尖党建",探索"支部建在线上、党员连在线上、活动办在线上、考核评在线上",激发企业党建工作活力。

课题组组长:杨　超　青岛市民营经济发展局
课题组成员:刘　璐　青岛市民营经济发展局
　　　　　　王美霞　青岛市民营经济发展局

# 以党建为引领 聚焦改革成效
# 激发创新创业活力

**青岛市市北区人民政府**

2022 年，青岛市市北区根据国家、省、市关于深化"放管服"改革、优化营商环境的工作部署，坚持方法创新、政策创新、体系创新，不断向深层次改革堵点发力攻坚，推动各流程集约化、精准化、平台化和数字化，建设服务群众、企业新生态，实现"高效市北"提能升级，为营造更加开放、包容、国际化的营商环境提供强大动力。

## 一、取得的成绩与进展

2022 年，市北区持续深化"放管服"改革优化营商环境，坚持把发展基点放在创新上，加快聚集创新创业发展要素，取得优异的成绩。例如，青岛国际人力资源服务产业园成为全国首批、全省唯一获批的国家人力资源服务领域特色服务出口基地，并在中国国际服务贸易交易会精彩亮相，山东人才集团第二总部成功落户市北；在培育"政务服务体验官""首席审批服务官"等市北区特色政务服务上做文章，推动审批服务"换挡提速、优化升级"，被人民网、大众网、《青岛日报》等多家媒体宣传报道；先后申报了两批青岛市、山东省、工信部"专精特新"企业和山东省瞪羚企业，3 家企业被认定为山东省"瞪羚"企业，5 家企业进入市专精特新"小巨人"培育库，3 家企业被认定为省"专精特新"企业，105 家企业被认定为青岛市"专精特新"企业；立足纳税人、缴费人实际需求，精细研判涉税难题，由以往纳税人"单向自主"办税升级为"双向互动"，线上、线下相结合拓宽办税渠道，整合内部优势资源，构建互动型征纳关系，创新做好疫情常态化防控下的纳税服务工作。

# 二、市北区主要改革创新做法

## （一）聚焦"党建支撑"，筑牢"放管服"体制根基

以党建引领为支撑，聚焦优化组织架构、做强政策保障、培育营商品牌三项重点工作，增强营商环境竞争力和吸引力。

### 1. 夯实党建引领根基

深入贯彻落实"作风能力提升年"工作要求，充分发挥党建引领的主轴驱动作用，促进党建工作与深化"放管服"，优化营商环境工作深度融合，建立党政一把手任组长的市北区持续深入优化营商环境和推进政府职能转变领导小组，下设优化营商环境工作专班和精简行政审批组、激励创业创新组、深化商事制度改革组、改善社会服务组等 4 个专题组，综合组、法治组、信息资源整合组、宣传组等 4 个保障组，专班与各组协同配合，强化责任担当，凝聚起优化营商环境合力。

### 2. 筑牢政策制度保障

制定发布《"2＋6"特色产业发展支持政策》《市北区 2021—2025 年楼宇经济发展行动方案》《实施更大力度退税减税工作方案》《产业招商项目提质行动方案》《实施"北尚英才"计划 加快建设人才创新集聚高地》等系统性支持政策，架构助企纾困解难的"四梁八柱"。2022 年 1—11 月，累计增值税留抵退税额约 61.9 亿元，拨

付企业扶持资金4.6亿元,为5800余家企业实现"资金回流"拨付企业扶持资金4.6亿元,新增减税降费8.9亿元。

### 3. 培育营商环境品牌

以"店小二""保姆式""陪伴式"政务服务理念,塑造营商环境特色IP"营小北",制作"营小北"暖心形象宣传片。打造"在市北　北舒心"特色政务服务品牌,实施"首席审批服务官""政务服务体验官"等市北特色服务。目前,已选聘6名"政务服务体验官",建立全程跟踪闭环工作体系,加快审批终端用户信息汇集,及时解决企业群众问题诉求;择优聘任4名"首席审批服务官",最大限度压缩审批时限。

## (二)围绕"两种思维",实施营商环境提质行动

坚持有解思维、平台思维,围绕市场主体关切,坚持问题导向,深入实施"放管服"改革,优化营商环境提升行动。

### 1. 聚焦办事方便,打造高效便捷的政务环境

以市场主体满意度为标尺,着眼于全生命周期政务服务,聚焦供给侧改革,深化商事登记便利化改革,升级"一链办理"极简审批模式,打造90个线下"一事全办"主题服务场景,深化"一网多中心"建设,打造"1+22+137+N"标准化"一刻钟政务服务圈",首批6个试点街道行政审批"综合窗口"实现152项高频事项"无差别"办理,打造山东省RCEP企业服务中心,为企业提供原产地证书签发、涉外审批等"一站式"政务服务。目前,"异地通办"已覆盖山东省16个地市23个县区,围绕企业登记、教育等领域实现全省通办,并逐步扩大省外"朋友圈"。

### 2. 聚焦人才智力,打造富有活力的创业环境

一是在打造引聚平台上持续发力。打造市北区招才引智服务云平台,以青年硕、博人才为重点,丰富解码市北、政策之窗、引才招

聘等六大板块内容,免费为1473家企业发布10306个岗位。二是在创新服务模式上持续发力。建立校企服务机制,开展"智汇北聚·乐创市北"校企对接系列活动,组织古麦嘉禾等10余家新行业企业与青岛恒星科技学院、中国海洋大学等高校建立校企互联互通长效机制,为企业提供高校定制化人才的培养和引育。三是探索"双招双引"新模式。加大千人计划专家等高端人才引进,围绕战略新兴产业培树泰山产业领军人才、科技部创新创新人才,支持高端人才参加创新创业大赛,形成"人才+项目"培育引进模式,为产业发展提供人才支撑。2022年前三季度,推荐申报火炬计划4人;国家高层次人才特殊支持计划4人,2人已进入答辩阶段;推荐泰山产业领军人才工程创新领军人才项目(平台类)2人,1人已完成答辩并通过企业内部公示。

### 3.聚焦平台依托,打造畅通无阻的沟通环境

市北区现有市场主体总量已突破20万户,为破解中小企业多、个体工商户多等服务难题,进一步拓宽企业和政府的交流渠道、优化交流方式,搭建营商环境"智慧云"服务平台,推进营商环境数字化解决方案,建立政企常态化交流机制,构建全区企业资源信息库、政策资源信息库,形成区、部门、街道三级"立体化"数字化联络体系,将全区市场主体分批次纳入服务网格,根据企业需求匹配关联政策,提高政策推送精准度、便利度,有力形成"线上+线下"一体化服务企业格局,融洽政企关系。

## (三)瞄准"三个方向",打造优质服务高地

坚持"放管服"改革方向,打造"服务型"政府,推动"放"的效果持续显现、"管"的制度不断健全、"服"的体系逐步完善。

### 1.精准高效放权,持续激发改革内生发展活力

市北区严格按照省、市要求,对省、市政府取消和下放行政权力

事项做好承接落实工作,积极细化承接方案、办事指南、监管措施等,保证接得住、管得好。2022 年,按照国务院、省政府、市政府要求,全面实行行政许可事项清单管理,梳理发布 156 项区级行政许可事项清单,依法设定的行政许可事项全部纳入清单管理,清单之外一律不得违法实施行政许可,防止扩大审批范围、实施变相行政许可等行为。

### 2.夯实监管责任,优化事中事后监管体系

一是试行"行政监管＋行业自律"的创新管理模式,成立市北区企业服务协会,进一步梳理"企业需求清单"和"政务服务清单",发挥协会行业服务、行业管理、行业自律的功能,保障和维护企业合法权益。二是要树立"宽严相济"的服务型执法理念,加大对企业纾困帮扶力度,持续开展口岸收费及涉企收费、5G 基站转供电收费等重点领域整治,确保国家各类减税降费政策落实到位。三是抓好公平竞争审查,强化竞争政策基础作用,保障各类市场主体公平参与市场竞争,激发市场活力。对守法者"无事不扰",轻微违法者不予处罚,聚焦营商环境热点、重点,在权限范围内探索拓展"不罚""轻罚"领域,为企业提供更加宽松包容的发展环境。四是综合运用企业信用风险分级分类结果开展"双随机、一公开"抽查工作,按照信用等级区分抽查比例,对信用好的企业降低抽查比例和频次,提高监管效能,优化营商环境。坚持处罚与教育相结合,督促和指导市场主体依法依规生产经营。

### 3.聚焦民众需求,聚力开展服务企业"温情行动"

组织开展服务企业十大"温情行动",全面调动教育、医疗、人社、群团等方面资源,为创业者、企业家办好选址、用工、资金运转、教育、医疗、养老、住房等关键"小事",提供多样化"定制式"政务服务,以温情服务擦亮营商环境招牌。开展"暖心医疗服务"活动,为企业免费查体及办理健康证明;打造"巾帼北出"女企业家服务品

牌；建设青年发展友好型城区，发放住房补贴、一次性安家费等各项人才补贴4600余万元，办理人才引进落户600余人；建立完善高层次人才子女入学服务协调机制；实施区级领导联系企业制度，顶格协调解决企业诉求；组织开展"暖心惠企"大走访活动，组织全区各相关部门、街道工作人员深入企业一线，汇聚和带动各类优质服务资源进企业、进园区、进集群，为企业纾困解忧；实施"全域管家"楼宇包楼联系制度，为企业提供选址注册、落地经营、管理培训、发展壮大的全生命周期"保姆式"优质服务，拨付特色楼宇集聚度扶持奖励226.9万元；优化升级"1＋2＋7"服务型执法，修订轻微违法行为不予行政处罚和一般违法行为减轻行政处罚清单，累计"不罚"金额共100余万元，减轻处罚金额共300万余元，营造有温度、有情义的营商环境，让市场主体在市北安心、安身、安业。

## 三、市北区培育创新创业生态的措施

在看到成绩的同时，还应看到市北区在数据共享、证照分离等方面存在一定问题。下一步，市北区将继续以居民、市场主体满意度为标尺，围绕需求尤其是痛点、堵点制定改革举措，聚焦重点环节、领域，突出问题导向、目标导向、结果导向，在实践中进一步检验工作制度、理顺工作体系、锤炼工作队伍、提高工作效能。

### （一）做好政务数据资源整合共享工作

做好数据资源的发布、整改，梳理数据创新应用场景，培育打造数据创新典型应用。建设并完善市北区数据资源共享交换平台，实现与市级数据资源共享交换平台的数据对接、资源同步；根据市级考核和业务需求，定期对现有数据目录进行检查，保证数据的鲜活、有效；根据各部门的数据需求，进行数据整合和对外提供；根据全区各单位数据资源需求，完成上级数据目录的梳理、申请和接口、库表对接,根据流程向各单位进行数据返还;根据工作要求,实时开展各类业务系统和接口开发工作。

## (二)加快推行"点菜单式"政务服务改革

围绕企业和其他社会组织发展周期,将企业、群众需要办理的多个相关联政务服务事项梳理优化,将"多事多流程"整合为"一事一流程"。以"接触点最少、申请材料最简、办理时间最短"为原则,编制主题式服务关联事项清单,设计跨部门业务办理流程,建设智能化定制申报系统。以企业群众眼中的"一件事"为中心,加快推动政务服务由单个事项供给向菜单式、主题式集成服务转变。畅通线上、线下服务渠道,为企业群众提供个性化、精准化"点菜单"式定制服务,让申请人办事像网购一样便利。

## (三)加快政务服务领域数字化转型升级

根据《青岛市行政审批局 2023—2025 年发展思路》工作部署要求,持续配合全市升级 V4 智慧审批服务平台,建设两级协同的集成化服务平台,实现线上审批统一入口、一键切换。加快推进电子营业执照在市场主体准入、审批许可等领域实现互认共享,在营业执照办理、印章刻制、涉税办理等企业开办事项中全面应用电子证照,加快建设"无证明城市"。依托"跨域通办"平台,加强与其他部门及地区之间线上联系紧密度,推进电子证照全国互通互认进程,促进电子营业执照在政务服务领域跨行业、跨区域、跨层级应用,助推黄河流域及胶东经济圈一体化发展。

## (四)持续深化"证照分离"改革

结合行政许可清单实施规范,严格落实涉企经营许可事项四类改革方式。对直接取消审批的事项,不再变相审批;对审批改为备案的事项,原则上施行事后备案,线上提交备案材料,当日办理备案;对实行告知承诺的事项,明确告知承诺书示范文本,一次性告知企业所需提交材料,对企业作出承诺且材料符合要求的,当场作出审批决定;对优化审批服务的事项,通过精简材料、优化流程、推行网上办理等措施,进一步提升审批效率。通过完善的审批改革举措,不断增加改革透明度,提高企业群众办事便利度。

# 创建"亲商助企服务平台"
# 率先开启"亲商助企"服务新模式

平度市人民政府

2022 年,平度市创新政务服务举措,先行先试,率先建立"亲商助企服务平台",开启亲商助企服务新模式。依托 PC 端和移动手机端打造企业回访、问卷调查、政企互动、群众诉求等功能模块,实现企业回访、问卷调查、政企互动、群众诉求"一站式"梳理、多终端推送,通过线上"云对接"为企业提供"全、快、准、优"的服务,同时,为企业提供办实事、让企业好办事的新渠道,通过及时了解企业群众个性化诉求,提供精准服务,不断创新服务举措,为企业和群众提供更加优质、高效、便捷的政务服务。

## 一、"亲商助企服务平台"运行系统架构与取得成效

为了更好地为企业提供优质、高效、精准的服务,不断增强"双招双引"和经济社会发展的吸引力、创造力、竞争力,平度市坚持企业有所需、政府有所应,以更高标准提升服务质效,从办事企业和群众的视角出发,创新建设"亲商助企服务平台"。

### (一)"亲商助企服务平台"系统架构

"亲商助企服务平台"主要分为"企业回访""调查问卷""政企互

动""群众诉求""可视化分析"等业务板块。系统架构设计如图 1
所示。

图 1    "亲商助企服务平台"系统架构图

"亲商助企服务平台"整体架构分为基础层、数据支撑层、展示
应用层、用户服务层四部分。基础层：支撑上层业务应用所需要的
基础硬件资源,包含服务器、存储、网络、基础软件等;数据支撑层：
系统建设的数据中心以及支撑上层业务应用所需要的组件和中间
件等内容;展示应用层：主要包含本项目建设的各业务应用系统;用
户服务层：本项目建设面向对象主要是政府、企业、群众,支持移动
端和 PC 端访问本系统。

## (二)取得的成效

### 1.一站式办理,畅通政企沟通渠道

2022 年 8 月"亲商助企服务平台"上线试运行以来,已回访企
业 900 多家,短信调查发送 6700 余家企业,为企业解决诉求 526
次,为群众解决诉求 489 次。通过线上对接,有效减少了信息传递
的环节和时间,提供 365 天不间断服务,解决政府与企业、群众互相

之间缺少有效的交流和沟通造成的困境,减少政府和企业、群众之间的沟通环节,节约企业、群众办事成本,提高办事效率,降低了政务服务工作的行政成本,为企业、群众提供更加优质、高效、便捷的政务服务。

### 2.数据赋能,以大数据应用为核心提升营商环境

探索利用区块链及大数据技术,自动获取辖区内企业总量及本年度需回访企业,同时,针对企业提出的共性诉求问题,提出系统性的解决方案加以扶持,通过数据分析的力量让平台在后续纾困解难帮助企业发展、稳定产业链和供应链等方面发挥更大的作用。

采用行业主流的 Spring Cloud 微服务技术架构,以及 J2EE 的应用服务中间件,结合 Web Service 技术、XML 技术、消息中间件、大数据技术,符合信息技术发展的趋势,保证整套系统在一段时间内的整体技术领先,利用移动互联、微信技术和终端设备的全面打通结合,按移动门户的内容标准和展现标准,在移动设备平台和智能终端展现政务服务内容。

### 3.实施标准化流程,搭建营商环境任务督导全流程平台

平台实现了营商环境工作标准化流程督办、实时动态过程监控,通过业务系统数据导入、任务落实期限追踪、填写问卷并核验的方式定期更新,实现对重点事项的分解、执行、汇报、办结、催办、反馈以及统计分析的全流程周期管理,对任务的实时跟踪、逾期预警、统计分析,客观反映各项指标及改革任务进展情况,按照信息收集、交办落实、跟进监督、回访答复"四步流程",规范处置企业反映的问题,确保督办事项得到有效贯彻落实,做到"事事有回音、件件有着落"。

## 二、"亲商助企服务平台"运行的经验做法

良好的营商环境,是激发市场活力、稳定社会预期的重要保障。

2022年,平度市积极响应上级要求,进一步优化营商环境、深化"放管服"改革,设立"亲商助企服务平台",精准打通企业发展中的难点、堵点问题,开启亲商助企服务新模式,打造营商环境发展新高地,推动经济社会高质量发展。

### (一)创新企业回访机制,打造最优营商环境

实时了解平度市市场主体的发展情况、企业生存状况,避免多部门集中走访、重复走访"扰企",提升企业营商创业的便利度和对政务服务的满意度,建设一套常态化、智能化的企业回访系统。利用区块链及大数据技术,系统自动获取辖区内企业总量及本年度需回访企业,工作人员可通过系统直接给选择的企业批量发送政策相关的短信,并实现对企业回访情况查询及可视化分析。

灵活运用电话回访、短信回访、现场回访等形式对企业进行回访服务,及时了解平度市辖区内市场主体的发展情况、企业生存状况,形成企业回访台账,变被动服务为主动服务。

针对现存企业回访中企业提出的问题,回访人员通过平台进行记录,再转为诉求进行内部流转,由各指标专班指导对口业务部门进一步跟进和解决问题。通过使用该系统,各部门可以在企业回访前,提前掌握该企业基本信息和其他部门回访情况,合理组织安排回访,有效增强全区各部门与街道办事处之间服务企业的信息互通,避免了多部门集中走访、重复走访"扰企",确保企业回访工作更加精准、便捷、高效。

### (二)建设调查问卷系统,实现营商环境"云测评"

为了更好地优化政务服务,全面了解和提升业务人员工作水平,建设亲商助企调查问卷系统,群众通过调查问卷系统输入姓名、手机号,针对审批局的综合服务提出建议和意见。系统支持创建调查问卷模库、创建问卷对象库、问卷发布推送、在线问卷填写、问卷

导出和统计查询等功能。

创建调查问卷题库,实现平度市审批局和 19 个镇(街道、功能区)在线维护各自指标下调查问卷的相关问题,并设置督办机制,最高管理员可对不满意的问卷进行督办,可以给各指标账号用户发送提醒信息。各指标账号用户可以对问卷的处理结果在线提交。实现调查对象的导入及问卷结果导出、按月按年统计调查问卷结果,并以可视化形式展示。

### (三)畅通企业反映诉求渠道,高效解决企业"急难愁盼"问题

为了及时了解企业在政务服务方面的具体需求和意见建议,依托"平易办"微信公众平台,在线收集企业诉求,进行诉求研判、结果反馈,及时了解企业发展需求、瓶颈问题和意见建议。

针对收集的企业诉求进行跟踪,及时了解并解决企业在经营过程中的具体问题。按照"常年受理、分类建档、联动办理、反馈评价"的工作机制,属于哪个部门负责就分发到哪个部门,帮助企业排忧解难,维护企业合法权益。企业收到反馈结果后,通过移动端对反馈结果进行评价。平台跟踪诉求处理过程,协调处理疑难诉求,并对处理流程进行监督考评,定期汇总企业诉求处理情况和企业满意度情况,及时回应和解决企业合理诉求。将诉求信息汇总成数据源后进行数据挖掘,分析企业诉求与政策匹配问题。通过平台及时了解企业发展需求、瓶颈问题和意见建议,实实在在地为企业解决实际问题,助力企业快速高效发展。

### (四)聚焦群众办事的"诉求痛点",打造为民服务"直通车"

聚焦群众办事的"诉求痛点",打造为民服务"直通车",依托微信公众号,设立办事群众诉求的在线提报入口,及时了解群众在办理各类政务服务事项过程中遇到的难点、堵点、痛点,通过线上对

接、线下实施及时为群众解决实际困难,得到了群众的一致好评,进一步优化了平度市营商环境。

下一步,平度市将紧紧围绕优化营商环境和提升服务效能等方面,继续利用先进的信息化手段在建设管理、服务模式、流程优化等方面积极探索,利用好大数据,开展个性化、有特色的服务创新,促进互联网创新成果与政务服务深度融合,持续提升一体化政务服务平台对深化"放管服"改革和优化营商环境的支撑能力。

# 问需于企 搭台便企 纾困惠企
# 打出服务企业发展"组合拳"

**青岛西海岸新区管理委员会**

中小微企业是稳经济的重要基础、稳就业的主力支撑。在疫情等多重因素影响、经济下行压力加大的形势下,青岛西海岸新区聚焦市场主体特别是中小微企业普遍关切,找准助企惠企切入点,用好入企走访、服务平台"双杠杆",撬开影响企业发展的"堵石",把稳市场主体"政策包"第一时间送进企业,让企业切实感受到有力度的纾困措施、有温度的营商环境。2022 年以来,新增市场主体 4.1 万户、总量达 42.5 万户,稳增长、稳市场主体、保就业取得积极成效。

## 一、问需于企——全覆盖"大走访"架起政企"连心桥",干部与企业共同成长

转变服务理念和工作方法,变企业"上门找"为政府"送服务",面向全部市场主体开展大走访活动,真正让干部多跑腿,让企业更舒心。

### (一)全面开展"万名干部进万企 三送三问三帮"活动

2022 年 6 月,全区 1.7 万余名机关干部和社区工作者全部下沉到基层一线,对全部 42 万户市场主体逐一走访,通过"面对面"倾

听、"点对点"服务,宣传助企纾困、惠企便民政策,集中解决市场主体问题诉求 4.8 万余条,有力提升市场主体的发展信心。

## (二)提格开展"问计于港 问需于港 问策于港"涉港企业大走访大服务活动

新区依海而生、因港而兴。为精准服务港口发展,2022 年 9 月,全区 800 余名处级以上干部,对新区范围内与港口有关的贸易、船代、货代、报关等 7810 家企业进行专项走访,解决企业问题 1300 多个、收集发展建议 600 余条。在为企业精准纾困的同时,出台国家级新区支持建设世界一流海洋港口的意见,助推新区港口再次跨越发展。

## (三)固化政企联系对接机制

巩固走访活动成果,建立全部市场主体专人联系数据库,保持干部与市场主体"一对一"联系三年不变,彻底打通服务市场主体的"最后一公里"。

## 二、搭台便企——"平台＋小站"集成式服务,企业诉求一口受理、政策智能匹配

针对涉企服务事项多、多头办等问题,通过开发一个智能平台、布局一批服务小站,促进企业服务数字化、便捷化发展。

### (一)企业诉求统一收

开通企业服务云平台,将涉企服务事项集成嵌入平台,企业可通过手机 APP、新区政务网,随时反映生产经营中的问题,同时将"12345"政务服务热线、行业协会等渠道反映的问题,全部纳入平台办理。目前,已有 2.5 万家企业入驻平台。

### (二)涉企政策精准配

编制新区《惠企政策词典》,为 183 项政策逐一明确适用对象、申报流程,通过智能画像,实现政策与企业的精准匹配、自动推送。为制造业单项冠军、服务型制造业示范、绿色制造等 29 个领域的相关企业"免申即享"兑现扶持资金 5065 万元。

### (三)企业服务就近办

为解决线上平台对企业服务覆盖不够等问题,在全区 23 个镇街的重点产业园区或企业聚集区布局建设 100 个"优化营商环境服务小站",为周边企业提供政策咨询、法律服务、纳税、融资等涉企事项的就近办理,打造"零距离""一站式"服务企业的综合性"微平台"。

## 三、纾困惠企——"研、办、督、评、考"全链条跟进,涉企问题闭环办理、高效落实

涉企问题重点在"收"、关键在"办",新区建立全链条推进落实机制,保障各渠道收集的企业诉求问题快办实办。

### (一)建立四级研判机制

通过分件员预分、内部集中讨论、法律团队把关、主要负责人审核四级研判,分析收集的企业诉求事项,匹配办理部门、办理时限和相关责任人,为后续的事项办理提供准确的"施工图"。

### (二)建立分类办理机制

对简单问题即收即办,当天对接企业,三天内提出解决方案,七天内办结。对涉及金融、土地等复杂问题,区级层面研究形成助企

惠企的政策办法或长效机制。例如,对企业反映普遍的融资难、融资贵等问题,新区出台"一金两贷"金融政策,设立总规模 100 亿元的共同富裕基金,"专精特新"专属信贷办理放贷、授信合计近 64 亿元,"普惠稳岗贷"完成 229 笔共计 9.8 亿元,有力支持了小微企业保生产、稳岗位。

### (三)建立督办考评机制

实施"红黄灯"和"好差评"制度,企业可通过平台查看诉求办理进展,对结果进行满意度评价。区纪委监委、督查室建立联动机制,实行问题全程跟踪、调度督办,对工作推进不力的单位挂牌督办、全区通报,计入单位年度综合考核,保障问题从根本上落实到位。

# 深化改革创新
# 为群众和企业提供"一站式"政务服务

青岛市李沧区人民政府

青岛市李沧区始终坚持以人民为中心的发展思想,持续深化"放管服"改革,简化行政审批、强化行政监管、优化政务服务,不断提升政务服务标准化、规范化、便利化、数字化水平,努力做到想群众的难、说群众的话、办群众暖心的事、让群众满意,通过塑形象、促改革、强服务,积极深化改革创新,为群众和企业提供智慧化、便利化、精细化"一站式"政务服务。

## 一、完善组织领导,体制机制建设做优抓亮

### (一)坚持顶格推进

参照青岛市架构,调整成立持续深入优化营商环境和推进政府职能转变领导小组,办公室设在李沧区政府办公室,作为区委议事协调机构,顶格谋划、顶格部署、顶格推进。领导小组同时下设区优化营商环境工作专班和 5 个专项改革创新组、4 个保障组,形成了"职转办牵头抓总、专班和各专项组具体抓落实"的工作格局,提供了有力的组织保障。针对年度重点任务,由李沧区政府办公室、区行政审批局、区市场监管局分类牵头,围绕上级工作部署,定期调度

推进,重点协调解决跨层级、跨部门、跨领域问题。结合李沧区实际,印发《2022年李沧区持续深入优化营商环境和推进政府职能转变工作要点》《李沧区优化营商环境2022年工作要点》,梳理研究年度工作任务46条,结合区委、区政府重点工作任务一体调度、一体督导。

## (二)编制并公布区级行政许可事项清单

按照国家、山东省、青岛市《行政许可事项清单(2022年版)》及相关工作要求,全面梳理各类审批事项,区政府办公室会同全区相关部门认领行政许可事项154项,并通过区政府常务会议研究,于2022年8月30日对外发布。同时,根据山东省、青岛市统一部署,开展政务服务事项标准化提升工作,逐项梳理明确事项名称、主管部门、实施机关、设定和实施依据等基本要素,确保事项同源、统一规范、动态管理。

## (三)严格落实法律法规和"三定"规定监管职责

加强"互联网＋监管"系统数据应用,推动提高监管工作规范化、精准化、智能化水平。依托"双随机、一公开"监管平台,应用信用风险分类结果部门联合抽查。目前,"互联网＋监管"系统汇聚监管行为7.1万余件,部门内部信用风险分类应用率100％,"双随机、一公开"监管事项部门内部信用风险分类应用率和部门联合信用风险分类应用率100％;部门联合抽查比例达到33.08％。

## (四)精简证明事项

根据青岛市统一部署,向区政府各相关部门发送《关于做好证明事项自查清理工作的通知》,梳理本部门证明事项实施清单,及时调整更新办理指南并进行动态调整。同时按照要求做好证明事项自查清理工作,各部门按照要求进行了证明事项自查清理工作,全面自查证明事项设定依据,确保所有证明事项有法定依据,凡是无法定依据的一律取消。

## 二、聚焦便民利企,优化营商环境抓实做细

### (一)实施跨层级"一窗式"改革

作为 2022 年李沧区政府实事项目,深入开展全区 11 个街道便民服务中心标准化、规范化建设工作。通过制定《李沧区街道级"一窗受理"政务服务事项清单》,梳理 68 项"一窗受理"事项的颗粒化办事指南,按照"1＋2＋N"模式设置服务窗口,建立"窗口综合受理,帮办分类流转"的办理模式,通过统一制度管理标准、统一事项办理标准、统一场所建设标准,打造一支跨领域、跨层级、跨专业的基层"全科式"受理队伍,实现群众办事快办、易办、好办。目前,全区已办结"跨层级"业务 669 件。

### (二)探索部分事项"全域通办",满足群众"就近办"

选取个体工商户注册登记、个体食品经营等 28 项高频事项开展"全域通办",使个体经营者可以不受管辖地限制,就近到李沧区行政审批服务大厅或全区内任意街道、园区办理相关业务。通过线下帮办代办,线上平台联动,后台统一审批,实现高频业务跨街道、跨园区办理,更好地满足群众和企业的个性化办事需求。

### (三)推进"双全双百""一事全办"点菜单式改革工作

在大厅设置"双全双百""一事全办"窗口,为企业群众提供集成服务。同时,根据政务服务"一事全办"点菜单式改革试点任务要求,配合做好开设诊所、开设小餐饮小作坊两项"一事全办"主题事项试点梳理调研工作,实现"一件事"同标准办理、集成化服务。截

至目前,已为 200 余家企业提供了"一事全办"点菜单式服务。

## (四)不断提升政务服务专业化水平

探索实施首席审批服务官制度,对审批决策事项进行清单式动态管理,制定出台了《首席审批服务官管理办法(试行)》和《行政审批事项决策程序管理规则(试行)》,遴选 8 名最懂一线审批业务的专业干部担任"首席审批服务官",不断压缩审批层级,进一步规范重大行政审批决策行为,推动更多事项实现"一次办好"。

## (五)聚焦服务升温,提升办事贴心化水平

在大厅设立"潮汐窗口",破解排队"堵点",提供更加快捷、灵活的窗口服务。设立"找茬窗口"和"办不成事"反映窗口,公布监督举报电话,不断提升群众办事体验。创新实行"初创企业服务制",联合全区 21 个部门,以企业开办为入口,打造服务企业全生命周期的长效工作机制。截至目前,共服务中小微企业 1864 家,推送各类政策宣传资料 1500 余次,每日解答各类政策咨询约 200 条。

## (六)惠企政策精准推送、免审即享

出台《李沧区加快先进制造业高质量发展若干政策措施》,该政策措施以建设具有李沧特色的先进制造业体系为主攻方向,分别从提高企业发展能级、提升企业创新能力、引领企业数字转型、优化企业发展环境等 5 个方面提出共 16 条具体政策措施和 6 条保障措施。成立李沧区企业联合会,为李沧区各大企业以及相关单位搭建平台,加强了企业家与政府、企业家之间,企业家与社会之间的联系。让政府当好企业家的坚强后盾,真心实意地服务企业,深入践行"一对一"企业服务专员制度。让更多的好的政策好的服务,能够更快、更及时地传达给企业。

# 三、深化流程再造,审批提速高效便捷

## (一)积极开展审批服务提质增效改革试点工作

承担"跨层级一窗受理""智慧审批平台建设"和"个体户、个人独资企业嵌入式填报指引服务"三项 2022 年度审批服务提质增效改革试点,分别制订试点工作方案,明确试点目标、具体任务、时间安排、责任分工等,推进政务服务事项集成化、智能化办理,提升精准化、个性化服务水平。目前,已累计通过数字化场景办结电子证照 5938 张。青岛市首张通过全流程数字化审批服务场景模式办理的城市建筑垃圾处置核准运证由李沧区发出。

## (二)深化流程再造,提升项目审批质效

实施"地址库备案制度",只要企业注册地址在地址库条目内,仅凭 1 份租赁协议或入驻证明即可快速完成企业登记。目前地址库已涵盖 49 个地址和 4 家集中办公区,为 5000 余家入驻企业简化了登记材料。围绕建设项目落地推出"现场勘验直通车"服务,部门联动实施现场勘验和后台审批同步进行,办理时间缩短了 60% 以上。目前已累计为 246 个项目开通"直通车服务",出具准运证 10511 张。

## (三)高效做好重点项目、企业落地保障工作

精准实施重点项目"倒排工期、挂图作战"各项决策部署,坚持审批难点"请来办、领着办",全力为全区重点建设项目解决审批和招投标方面堵点问题。推出容缺受理、信用核查等服务方式,为重点招商引资企业提供"急事急办、特事特办"服务。对于急需开工的建设项目,开辟绿色通道,4 个小时内完成海璟恒创大云谷李沧项

目 491 张准运证的办理。

# 四、坚持科技赋能,数字平台建设智慧管用

## (一)坚持数字化赋能,打造智慧化大厅

自主研发推广"小智叫号""小智提醒""小智帮办"等集群众办事、查询、评价于一体的"小智管家"多功能集成小程序。截至目前,大厅平均办件时间已缩短到 6.56 分钟,平均等待时间 4.57 分钟,"小智帮办"累计辅助办件 2.2 万余次,"小智好差评"累计参评超 20 万人次,好评率达 99.92%。

## (二)加快"爱山东"统一政务服务平台建设

依托山东政务服务网,梳理完善 681 项政务服务事项并全部实现网上办。定期通过故障检测自动化机器人轮询事项及时发现异常并积极整改。爱山东 APP 李沧分厅持续推动建设开发,截至目前,已完成 100 项与企业、群众密切相关的高频事项的梳理并形成事项清单;已完成"智慧帮办""企业服务""疫情防控平台""养老地图""理赔指引"5 个应用并全部上线运行;已开发完成并上线两个"一件事"清单;完成"双全双百专区""跨域通办专区"两个特色专区的建立并上线;上线医养健康主题集成服务等。完成公众号和青 e 办的政务服务迁移和整合工作。

## (三)深化电子证照应用

完成山东政务服务网中的依申请政务服务事项用证事项清单处理和电子证照应用情况梳理。与各业务部门负责人沟通对接了电子证照的三种应用方式。目前以亮证为主要应用方式。梳理"用证"事项 311 项,实现证照"免提交"事项 237 项。

### (四)年内打造 2 个高频应用场景开发

结合智慧社区建设打造一码通城场景、对接机关事务服务中心打造机关一码通城场景等。目前,已与于家下河等社区进行场景调研和设计对接,一是针对社区场馆预约、活动组织等现场签到及出入记录采用出示一码通城的方式;二是针对集中餐厅,增加扫码识别设备,支持识别一码通城。强化数据整合共享能力,有效开放的数据目录为 732 条,已办结的共享需求为 12 条。

### (五)推行政务服务"静默认证"

将居民养老、事实无人抚养儿童救助、困难残疾人生活补贴和重度残疾人护理补贴、80 岁以上老人高龄补贴纳入"静默认证"事项。政务服务整点报时中的"静默认证"升级版,真正实现"到期主动提醒、在线自助办理"。依托青岛市人力资源和社会保障局 FAST 大数据实施"静默认证","静默认证"率达 95% 以上。"静默认证""到期主动提醒、在线自助办理"事项在"静默认证"优先前提下,系统设置了 3 个月警示期,对未实施到"静默认证"的人员,由街道人力资源和社会保障中心人员电话通知提醒在线自助办理或登门实施帮办代办服务,做到了全覆盖。

## 五、李沧区深化政务服务改革的重点与方向

### (一)持续提升审批服务数字化、智能化水平

充分利用青岛智慧审批平台建设,积极推动更多事项进行新场景建设和应用。加快推进权限范围内多领域电子证照签发工作,推动电子营业执照跨层级、跨领域应用。优化"一事全办"场景化集成服务模式,落实市级"点菜单式"改革试点任务。整合升级"小智＋"

系列创新应用,优化扩展服务品类,扩大李沧区审批品牌影响力。

## (二)进一步强化政务服务标准化规范化建设

不断提升办事指南准确性、可用性,全面落实"跨省通办""全省通办"要求,打造"标准统一、异地受理、远程办理、协同联动"的政务服务新模式。拓展"政务服务＋"范围,通过设立社会合作点等方式,实现高频政务服务事项就近能办、多点可办。持续推进政务服务向基层延伸,全力打造标杆型便民服务中心建设工作。

## (三)积极对接上级部门,将上级惠企政策第一时间精准推送企业

聚焦民营经济和中小企业发展及相关工作中的难点、痛点和堵点,顶格协调抓推进,确保各项决策部署落细、落小、落地、落实。及时梳理汇集各项惠企政策,结合"千名干部联系服务万户企业"工作,深入开展"送政策进企业"活动,同时加大"爱山东"政务服务品牌宣传推广力度,健全政策落实评价反馈机制,全面提高惠企政策的知晓度和惠及率。

## (四)继续配合上级部门开展相关工作

在不断完善开发"爱山东"APP各功能事项应用的同时,加大宣传力度,积极开展"爱山东"各服务渠道线上、线下宣传活动。同时对各部门反映的相关问题集中反馈,逐级上报至省级部门,争取上级支持。

## (五)积极推进证明事项自查纠正工作

根据各部门证明事项自查纠正工作开展情况,及时督促指导各部门按照要求进行自查纠正,对各部门反馈证明事项自查情况进行研判。

# 构建政务服务新生态
# 建设创新驱动发展示范区

### 青岛国家高新技术产业开发区管理委员会

2022 年以来,青岛高新区深入贯彻国务院《关于促进国家高新区高质量发展的若干意见》,牢牢把握"高"和"新"发展定位,全面实施"1264"战略,推进政务服务运行标准化、服务供给规范化、办事便利化,更好满足企业群众办事需求,为推动高质量发展、创造高品质生活、推进国家治理体系和治理能力现代化贡献高新样本、彰显高新智慧。为深入实施创新驱动战略,集聚科技创新要素,推动企业做大做强,青岛高新区持续推进行政审批流程再造,聚焦打造一流营商环境,坚持向改革要动力,向创新要活力,以"加""减"统一,探索审批改革新路径,以"乘""除"衔接,构建政务服务新生态,助力建设创新驱动发展示范区和高质量发展先行区。

## 一、善用加法,凝心聚力增服务

立足服务"落脚点",坚持从"管理思维"向"服务思维"转变,强化前置服务和全流程跟踪,努力当好"有求必应、无事不扰"的"店小二",实现"审批效率加速度,政务服务有温度"。

### (一)强举措,动力更足

创新"帮办代办＋产业园区"模式,启用蓝色生物产业园和康复孵化器两家"一站式企业服务微大厅",打造"10分钟政务服务办事圈",企业全生命周期中的开办、变更、纳税、退税、迁移、注销等124类事项均可足不出园办理。大厅启用仅1个月,已有40余家企业体验微大厅"不出园""就近办"。组建进企进园服务团队,为50余个企业项目提供上门审批服务,推进惠企政策落地,当好企业"服务员"、政策"宣讲员"。

### (二)畅通道,活力更盛

为重点项目开通审批绿色通道,配备专属管家定期调度进展,提供针对性审批帮扶服务,全力保障康复大学、览秀城等重点项目如期交付。根据企业需求,推行"点菜单"式主题服务,编制主题式关联事项清单,为简码基因等58家企业定制多证同步办理模式,助力防疫产品快速注册上市。

### (三)优制度,合力更大

坚持用制度固化好经验、好做法,促进改革举措和创新成果长效化、常态化,创新推行"首席审批服务代表"制度。打破人员身份和行政层级,由最专业人员担任首席审批官,第一批33个高频事项,实现"事项当场决定、审批不出科室",最大限度地压缩审批时限。

## 二、活用减法,多措并举提效率

打好效率"主动仗",聚焦企业群众办事需求,加大审批改革力度,实现审批流程再优化、申报材料再精简、办结时限再压缩、办事成本再减少。

### (一)减时限,耗时更短

全省首创"承诺即开工"审批模式,实现工业项目告知承诺办理施工许可证,为伟隆流体项目当天发证,缩短项目进场时间一个多月。创新推行施工许可"零材料",通过"数据共享＋告知承诺＋区块链"的方式,充分发挥叠加效应,为红岛会展配套项目等 10 个项目实现施工许可全程无纸化"即申、即办、即出证",有效缩短审批时间。

### (二)降费用,成本更低

降低开办成本,在全市率先实现市场主体"零成本"设立全覆盖,累计发放免费公章 2089 套,为市场主体节省资金 123 万余元。节省企业管理成本,与集中办公区管理公司签订项目服务协议,免费为入驻集中办公区的企业提供地址托管与商务秘书服务,累计为企业节省成本 50 余万元。

### (三)简环节,效率更高

推行市政公用"十二事合一"集成式办理,将原 9 个部门 12 个审批事项 49 套表单,减至 8 套表单,压缩材料 85%,审批提速 90%。实行企业开办多事项"一链办理,证照联办",一个行业涉及营业执照和经营许可多个审批事项的,申请人可同步申请、同步预审、并联审批、证照同发,累计为 53 家业户发放营业执照和食品经营许可证。

## 三、妙用乘法,开拓创新添活力

用好创新"突破点",加快构建数字化、智慧化、便捷化审批平台,打破信息壁垒,畅通数据共享,提高服务效率,真正实现"让数据多跑路,让群众少跑腿"。

### (一)搭平台,速度更快

全新上线企业智能登记小程序,推出设立登记校验等 7 项掌上功能,实现企业开办全过程"掌上办",企业设立全程电子化率达 92.76%。优化"掌上勘验"应用场景,利用互联网技术,以视频互动、重点环节拍照、全程影像记录的方式快速完成勘验,已为 162 家业户提供食品经营许可视频勘验。

### (二)融数字,交易更简

推行不见面开标,实现招投标全生命周期"网上办"、交易信息"共享化"、文件"无纸化"、环节"标准化"。实行远程异地评标,专家通过共享评标系统、实时语音、图像交互,实现无障碍沟通,评标报告由系统自动生成,全程留痕,可查可溯,有效提高交易效率,规避围标串标风险。

### (三)享智能,体验更佳

增设"一对多""行政审批服务岛"智能设备,工作人员可自由切换业务办理屏幕,与 4 名办事群众进行实时交互,创新"一对多、协同办"的服务模式,服务效率有效提升。推行证章 24 小时"随取随送"服务,通过自主开发系统和自取柜智能系统无缝对接,办事群众凭借身份证、短信二维码等即可实现各类许可证及公章、申请材料全天候随取随送。

## 四、勤用除法,纾困解难出实招

打通办事"中阻梗",破解制约高质量跨越式发展难题,扫除市场主体生长发育障碍,努力让企业、群众在高新区创业无忧、创新无忧、创造无憾。

### (一)除痛点,渠道更宽

设置"办不成事窗口",建立"首问负责制",完善闭环工作运行机制,精准解决各类"疑难杂症",让"办不成"的事"办成"。健全统一咨询全过程服务保障体系,有效做到提前预警、接诉即办、回访到位,2022年以来共接听处理咨询服务电话27298个,回访办事企业5285家,满意率达99.94%。

### (二)解难点,办事更准

针对"文字版"办事指南难懂又拗口等问题,开通"青岛高新区政务服务"官方抖音,发布17个群众喜闻乐见的办事指南小视频,点击量已达24100余次。针对企业、群众办事高频咨询事项,创新开展审批服务大讲堂"高兴办"系列讲座12期,累计吸引8000余人次在线观看、实时答疑,切实提高服务精准率。

### (三)破堵点,服务更优

为做实做细对企服务,开展"我为企业跑跑腿"等3项主题活动,梳理服务难点22个,倒推服务堵点20个,出台惠企政策和服务举措23项。针对服务薄弱环节,对标全国营商环境创新试点和市级营商环境优化提升方案,完成改革事项69项,借鉴先进地区典型经验做法16项,打造区域政务服务"金名片",推动营商环境持续优化提升。